Bibliografische Information der Deutschen Bibliothek: Die Deutsche Nationalbibliothek verzeichnet diese Publikation in der Deutschen Nationalbibliografie; detaillierte bibliografische Daten sind im Internet über dnb.d-nb.de abrufbar.

1. Auflage 2017

Umschlaggestaltung: Birgit Kempke (www.birgit-kempke.de)
Titelfoto: fotolia – Melica; Rückseite: fotolia – Thomas Söllner
Layout: Birgit Kempke (www.birgit-kempke.de)
Fotos: Günter Schmitt (weitere Fotografen s. S. 351)
Herstellung: Patricia Knorr-Triebe
Printed in EU

© Best-off-Verlag. Alle Rechte vorbehalten.
Postfach 12 03 47 · D-93025 Regensburg
Tel. +49 (0)9404 / 96 14 84 · Fax. +49 (0)9404 / 96 14 85
e-Mail: info@best-off-verlag.de · Homepage: www.bestoffverlag.de

ISBN 978-3-96133-045-4

Günter Schmitt

Heimat Hunsrück

Eine Sommerreise zwischen Saar,
Mosel, Nahe und Rhein

Über den Autor

Günter Schmitt, 1950 im Saarland geboren, war 30 Jahre als Rundfunk-Journalist tätig. Sportliche Herausforderungen faszinierten ihn von Jugend an. Er war Saarlandmeister verschiedener Radsportdisziplinen und studierte nach Abschluss einer Ausbildung zum KFZ-Mechaniker Sport- und Literaturwissenschaften an der Universität des Saarlandes. Nach verschiedenen Radsporthöhepunkten wie Ötztalradmarathon oder der Radfernfahrt Trondheim-Oslo, reizten ihn zunehmend anspruchsvolle Wandertouren. Er umrundete das Saarland zu Fuß in 20 Tagen, wanderte die Saar von der Quelle bis zur Mündung und vieles mehr. Im März 2010 legte er bei einer achtmonatigen nonstop-zu-Fuß-Deutschland-Umrundung 5200 Kilometer zurück. Begleitet von seiner Beaglehündin Emma begab er sich auf eine Reise, um den Begriffen »Heimat« und »Grenze« nachzuspüren: in sich selbst und bei den Menschen denen er begegnete.

Heimat ist für Günter Schmitt tief verwurzelt mit der Sprache als Ausdruck eines Lebensgefühls, besonders die Mundart, die regionalen Dialekte. Während seiner Rundfunkarbeit initiierte er ein Mundart-Symposium, das noch heute besteht. Alljährlich treffen sich Mundartdichterinnen und -dichter aus dem deutschsprachigen Raum in der Bosener Mühle im nördlichen Saarland, um eine Woche gemeinsam zu arbeiten.

Wenn Günter Schmitt unterwegs ist, ist sein Heimatbildersammelbuch immer im Gepäck. In den letzten vierzig Jahren hat er über 1500 Aussagen zum Begriff/Wort »Heimat« zusammengetragen.

Weitere Informationen auch unter www.guenterschmitt.eu

Heimat

Heimat ist da, wo das Herz verweilt.

Man fühlt sich geborgen und beschützt

Die Vertrautheit und Sicherheit ist unvergleichlich

und von Ort zu Ort verschieden.

Es gibt diesen Moment,

in dem man Heimat spüren kann,

wie Wind, der einen streift.

Es ist wie Musik, ein Geruch,

oder eine Farbe, die etwas umgibt.

Es gibt sie oft auf der Welt

nicht zu kaufen für alles Geld.

Sie währt ewig, lässt nichts aus,

ob Wohnung, Zelt, Hütte, Haus.

Zu bewundern ist jeder der sie hat.

Sie ist unvergleichlich diese Heimat.

Janne M. Bierwirth

Inhalt

Flugstunden über dem Hunsrück – Was für eine schöne Landschaft 11

Ankommen in Perl 17

Grenzenloses Europa – L'Europe sans Frontieres – Europa ouni Grenzen 21

Gourmetsterne an der Obermosel 31

Sonne im Glas ist Benzin zum Denken 37

Die biologische Vielfalt unserer Heimat 41

Panis militaris de luxe 45

Herzensbilder Saarschleife 51

Mit der Fähre »Welles« über die Saar 57

Weltkarte des Lebens, Erdgeist und der 1000jährige Turm 63

Bio-Bier aus Mettlach 65

Unvergessliche Wandererlebnisse 67

Historische Steinkreuze erinnern 71

Wanderglück zwischen Britten und Losheim 75

Das Traumschleifenland – eine Erfolgsgeschichte 79

Der Felsenweg, ein Weg »um Zeit zu dehnen« 83

Übernachten im Weinfass 89

Elfentanz am Herberloch 95

Paradiesgarten in Sitzerath 99

Wandern ist wie Bilderbuchlesen 105

Ingrid Peters und Frau Holle 109

Ebbes von Hei – Kell am See 113

Kasler Nies'chen im Weingut Weis 115

Vom Ruwertal ins Moseltal 121

Kulinarische Landmarke im Hunsrück 123

Auf den Spuren von Stefan Andres 125

Moselwein, Eifelwein, Hunsrückwein? 127

Erinnerungen an Heinz 131

Stella Noviomagi – Stern von Neumagen 133

Concorde im Hunsrück 135

Steine, Steine, Steine: Der Keltische Ringwall 139

Nationalpark Hunsrück-Hochwald 144

Auf Mördertour zum Tirolerstein 145

Rezepte

**Maries Ziegenkäse mit Belmacher Linsen
und Jacobys Apfelbalsamico** 29

**Wildschweinrücken an Rosmarinjus
mit Apfel-Lauch-Gemüse und Bratkartoffeln** 47

**Blumenkohlflan mit Salat aus Saubohnen,
Radieschenfrüchten und Haselnusskrokant
an Himbeeressig-Haselnussöl-Vinaigrette** 102

Gefüllte Klöße 167

Der Obersteiner Gerollte oder der Idarer Schwenkbraten 188

Hunsrücker Bauernbrot 244

Anne und Rüdigers Wiesenkräutersuppe 261

Martinas Quarkklößchen mit knusprigen Nussbröseln 305

Jeder Augenblick zählt 147

Wollgras und Sonnentau im Ochsenbruch 151

Bunker »Erwin«: Vom Luftverteidigungsbunker
und NATO-Kriegshauptquartier zum Rechenzentrum 155

Waldbrettspiel, Schornsteinfeger und Kaisermantel 157

Über Allem steht die Malerei 161

Sagenhafter Hunsrück 165

Café-Heimat 169

Kloster Marienhöh: Vom Kinderheim zum 4-Sterne-Hotel 171

Zweite Heimat Hunsrück 177

Die Wiege der Eisenindustrie 179

Hochwaldcowboy, Rockpoet, Balladensänger: Martin Weller 183

Spießbraten in Idar-Oberstein 187

Edelsteinmetropole Idar-Oberstein 191

Unterwegs in der Heimat meiner Großmutter 193

Schmidthachenbach kennt keiner 197

Was wirklich zählt: Unser Soonwald 201

Whisky-Tasting im Hahnenbachtal 203

Atemstilles Hahnenbachtal 207

Die andere Heimat 211

Windkrafträder wie Slalomstangen 217

Tankstelle für die Seele 221

Auf Umwegen nach Bingen 225

Rendezvous im Paradies 227

Der Duft von wildem Thymian 229

Kupfererze im Hosenbachtal 233

Stein Reich in Herrstein 235

Auf den Spuren Hildegards von Bingen 241

Vom Hüttenstandort zum Mühlenbetrieb 245

Elfenreigen am Mühlenteich 249

Orgelkonzert in Stipshausen 251

Reizenmühle: Erinnerungen an Anne 259

Sommerheimat – Winterheimat 263

Bärenbach – Der geografische Mittelpunkt von Rheinland-Pfalz 267

Wo der Hunsrück die Eifel küsst 271

Der Hunsrück lädt Dich auf 275

Über die Galgenflur nach Mörsdorf 277

Nervenkitzel in luftiger Höhe 279

Aug in Aug mit Sibirischen Tigern 283

Der Friedensacker im Hunsrück 289

Auf den Spuren des Räuberhauptmanns Schinderhannes 291

Zehn Häuser, sechzehn Einwohner, ein Dorf: Steffenshof 303

Felsbilder im Hunsrück 309

Spektakulär durchs Baybachtal 313

Was für eine schöne Landschaft 319

Naturschauspiele in der Ehrbachklamm 321

Operngesang und Ritterspiele 325

Ankommen im Weltkulturerbe »Mittleres Rheintal« 327

Traumschleife Rheinblick – Traumblicke ins Rheintal 333

Über den RheinBurgenWeg zum Günderodehaus 339

Heimat schmecken im Günderodehaus 345

Dank 351

Flugstunden über dem Hunsrück –
Was für eine schöne Landschaft

Inmitten von Feldern und Wiesen kaum auszumachen liegt der Sportflugplatz Nannhausen auf der Höhe zwischen Kirchberg und Simmern. Als ich mich mit meinem Auto dem holprigen Wiesengelände nähere, kann ich die Start- und Landebahn fast nicht erkennen. Nur der schlaff nach unten baumelnde Windsack zeigt mir, dass ich angekommen bin. Rechter Hand am Horizont der Idarkopf und davor die älteste Stadt des Hunsrücks: Kirchberg. Lerchen steigen tirilierend in die Lüfte. Weit und breit ist keine Menschenseele unterwegs. Vor mir die Hügelkette des Soonwalds, die sich von Kirn an der Nahe bis Bingen erstreckt. In wenigen Wochen werde ich dort auf dem Soonwaldsteig von Kirn nach Bingen unterwegs sein.

Während einer Wanderung mit meiner Beaglehündin Emma will ich Land und Leute des Hunsrücks kennen lernen. Roter Faden meiner Wanderung ist der Saar-Hunsrück-Steig von Perl an der Obermosel bis Boppard am Rhein. Einige Traumschleifen im Traumschleifenland, ein Abstecher nach Trier durch das Ruwertal und durch das Dhrontal nach Leiwen gehören ebenso dazu. Meine Sommerreise beginnt in Schengen und endet nach zweieinhalb Monaten am Günderode-Film-Haus oberhalb von Oberwesel am Rhein.

Als ich vor einigen Monaten Heiko Stemmler aus Kastellaun davon erzählte, war er begeistert. Der Hotelier und Geschäftsführer von iTAKEOFF, Flight-SimCenter Kastellaun bot an, mir meine Wegstrecke aus der Vogelperspektive zu zeigen. Ich war sofort dabei. Nun stehe ich oberhalb von Nannhausen am Flugplatz und warte auf meinen Piloten.

Der Himmel hüllt sich in Grautöne. Das Gelb der Rapsfelder liegt im fahl-blassen Licht. Langsam blinzelt die Sonne durch die Wolkendecke, zwei Raben kreuzen mit lautem Krächzen das Wiesenrollfeld. Die Glocken des Hunsrückdoms von Ravengiersburg klingen zu mir herüber.

Heimat Hunsrück – was für ein schönes Bild. So wie sie der Hunsrückmaler Otto Prochnow in seinen Bildern festgehalten hat: kleine Hunsrückszenen,

11

Dörfer, Brücken, Kirchen und Bäche, Senken, und Hügel zu jeder Jahreszeit. Er hat sie auf Leinwände gepinselt, immer und immer wieder. Die Landschaft und Prochnows Bilder verschmelzen vor meinen Augen.

Als der Himmel zum ersten Mal aufreißt und mich die Sonne langsam wärmt, höre ich von weitem leise Motorengeräusche. Das Dröhnen wird lauter, in den ersten blauen Himmelfenstern nähert sich ein kleines Flugzeug von Nordost, nimmt Kurs aufs Rollfeld und hoppelt wenig später über den Wiesengrund. Ein kurzer Handschlag und wenig später sitze ich neben Heiko Stemmler in seiner Cessna eingepfercht und angeschnallt. Wir rollen übers holprige Wiesengelände, bevor wir den Boden unter uns verlieren. Der Flug mit der Cessna 150 D-ECDM hat begonnen.

»Sie sagen mir, wo Sie hinwollen, was Sie sehen wollen, und ich fliege Sie dort hin«, bietet Heiko Stemmler an. Richtung Kirchberg hebt die Maschine ab, steigt schnell auf etwa 2000 Fuß. Das erste Bild überrascht mich: Nicht der Wald ist das dominierende Bild aus der Vogelperspektive, sondern ein Flickenteppich aus unzähligen kleinen Feldern, Wiesen, Koppeln und Weiden. Dazwischen kleine Ortschaften, Dörfer und Weiler. Jetzt, Mitte Mai, dominiert das Gelb der Rapsfelder. Viele noch unbestellte Felder wirken von oben als seien sie mit einem großen Besen ins Reine gebracht worden, klare Konturen wie mit dem Lineal gezogen. Ich bin fasziniert von der Landschaft, die ich in wenigen Tagen durchwandern werde.

Wir überfliegen Kirchberg. Gleich dahinter erhebt sich der Idarkopf, der zweithöchste Berg des Hunsrücks. Zwischen Krummenau und Horbruch erkenne ich das wunderschön gelegene Hotel meines Freundes Rüdiger: die Historische Schlossmühle. Auf der anderen Seite des Idarkopfs liegt Stipshausen. Dort lebt Bernd Munsteiner, ein weltweit angesehener Edelsteinschleifer, den ich bald in seiner Werkstatt besuchen werde.

Die Cessna nimmt Kurs Richtung Erbeskopf, mit 816 Metern, die höchste Erhebung des Hunsrücks, höchster Berg von Rheinland-Pfalz sowie höchste deutsche linksrheinische Erhebung.

Die imposante Skulptur »*Windklang*« (Bild rechts) erkenne ich erst, als mein Pilot Heiko Stemmler eine Zusatzschleife fliegt. Aus 600 Meter Höhe wirkt die mächtige Skulptur wie ein kleiner Turm in der Landschaft. Sie steht direkt an der Wegführung des Saar-Hunsrück-Steigs. In wenigen Wochen werde ich dort meinen eigenen Windklangsong hören.

Als der Hunsrück nach dem Wiener Kongress 1815 der preußischen Rheinprovinz zugeschlagen wurde, führten die dortigen Forstbehörden die Fichte als so genannten »Brotbaum« ein. Nach dem über mehrere Jahrhunderte dauernden Raubbau an den Wäldern durch Köhlerei und Waldweide sollte durch die Fichte eine rasche Regeneration erfolgen und zu kurzfristigen Holzerträgen führen. Zum Abtransport des Holzes wurde ein ausgedehntes Waldwegenetz durch den Hunsrück angelegt. Die breiten, weiß-grauen Wege sind aus der Luft gut sichtbar.

Weiter geht es übers Nahetal Richtung Idar-Oberstein, einst Heimat meiner Großmutter Meta. Die Felsenkirche und Schloss Oberstein sind markante Punkte der Edelsteinstadt an der Nahe. Es geht Schlag auf Schlag. Die unzähligen grauen Steine der ehemaligen keltischen Fliehburg oberhalb der Primstalsperre erkennen wir schon von weitem. Heiko Stemmler zieht mehrere Schleifen über das gigantische, von Menschenhand geschaffene Werk, das sich wie ein Lindwurm durch den Grüngürtel zieht. Anschließend überfliegen wir weitere Teile des Schwarzwälder Hochwalds. Die Ortschaften unter uns kenne ich alle. Sitzerath, die Heimat meiner Freunde Sigrun und Thomas, die ich unterwegs besuchen werde. Über die bewaldeten Berge des Schimmel- und Teufelskopfes verläuft die Grenze zwischen Rheinland-Pfalz und dem Saarland. Den Losheimer See überfliegen wir Richtung Saarschleife, einer der Höhepunkte der beiden Flugstunden. Schon oft, zu allen Jahreszeiten, zu fast allen Tages- und Nachtzeiten stand ich an diesem besonderen Aussichtspunkt. Aus der Luft ist die Kehrtwende, die der Fluss um den Bergsporn vollzieht, besonders deutlich zu erkennen.

Vom Moseltal zum Saartal sind auf dem Saar-Hunsrück-Steig zwei Tagesetappen zurückzulegen. Mit der Cessna sind wir von Orscholz an der Saarschleife nach wenigen Augenblicken in Perl an der Obermosel. Im luxemburgischen Schengen ist der Startpunkt meiner Wanderung durch den Hunsrück. Auf der linken Moselseite erkenne ich den Moselpfad, auf dem ich für einen Tag durch die Luxemburger Weinberge wandern möchte. Die ersten Vororte von Trier werden sichtbar. Bei Konz, kurz vor Trier, mündet die Saar in die Mosel. Dann überfliegen wir die älteste Stadt Deutschlands: Trier. Hier ist Heiko Stemmler einige Jahre zur Schule gegangen. Fast jede Straße kann er mir benennen. Wir ziehen einige Schleifen über der Stadt: Porta Nigra, Dom, Amphitheater, Kaiserthermen – touristische Attraktionen einer Stadt, die im 4. Jahrhundert mit 70.000 Einwohnern zu den fünf größten Städten der bekannten Welt zählte.

Hinter Trier beginnt unsere Luftfahrt über die vielen Moselschleifen bis Koblenz. In langgezogenen, eleganten Windungen schlängelt sich die Mosel zwischen Eifel und Hunsrück.

Links und rechts der Mosel steigen steile, oftmals schroffe Schieferfelsen von Eifel und Hunsrück in die Höhe. An den sonnenverwöhnten Hängen stehen die Reben der Moselwinzer. Die steilen Hänge der Felsen sowie der Mosel- und

Hunsrückschiefer garantieren optimale Wachstumsbedingungen. Moselwein vom Hunsrückschiefer – noch nie habe ich einen derartigen Hinweis auf einer der Flaschen entdecken können. Warum?

Burg Landshut in Bernkastel sowie die Reichsburg in Cochem stehen majestätisch oberhalb des Flusslaufs. Einen Blick zur Ehrenburg bei Brodenbach, wo ich gegen Ende meiner Wanderung wohnen werde, kann ich gerade noch erhaschen, denn der Flug über Koblenz hat bereits begonnen. Das Deutsche Eck am Zusammenfluss von Mosel und Rhein in Koblenz bildet den nordöstlichsten Zipfel des Hunsrücks. 1897 wurde hier ein monumentales Reiterstandbild von Kaiser Wilhelm I. zur Erinnerung an die deutsche Reichsgründung 1871 errichtet.

Es folgt ein kurzes Flugintermezzo am Rhein. Zwischen Koblenz und Bingen schlängelt sich der Rhein auf 67 Kilometern durch das Welterbe Oberes Mittelrheintal. Wir überfliegen Boppard und schnell kommt das Günderodefilmhaus oberhalb von Oberwesel in Sichtweite. Hier werde ich nach knapp zweieinhalb Monaten meine Wanderung beenden.

Heiko Stemmler dreht ab, wir müssen zurück nach Nannhausen. Bald liegt der Rhein hinter uns, der Hunsrück offenbart seine gesamte Schönheit: bewaldete Bergkuppen, tief eingeschnittene Bachtäler, blühende Rapsfelder, grüne Wiesen und Koppeln, kleine Dörfer, Weiler mit kaum mehr als 10 Häusern und Einzelgehöfte – wie in die Landschaft gemalt. »Was für eine schöne Landschaft«, wird in einigen Wochen mein neunjähriger Enkel Philip zu mir sagen, wenn er mich zwei Tage lang zwischen Morshausen, der Ehrenburg und Oppenhausen begleiten wird.

Ankommen in Perl

Die Fahrt mit dem Regio-Express von Trier nach Perl dauert fünfzig Minuten. Fast lautlos startet der Zug auf Gleis 11 im Trierer Hauptbahnhof. Zwischen Trier Süd und dem Haltepunkt Karthaus erhasche ich erste Blicke auf die Mosel und den dahinter aufsteigenden bewaldeten Höhenrücken. Nur ein Radweg trennt den Schienenstrang vom Moselufer.

Hinter Konz überquert die Bahn die Saar, die nur wenige Meter weiter ihr Wasser der Mosel übergibt. Gegenüber vom Bahnhof in Wasserliesch typisch deutsche Gartenzwergidylle. Im grünen Vorgartengras tummeln sich Zwerge mit Schneewittchen und allerlei bunten Tierfiguren. Ich sitze rechts in Fahrtrichtung. So ist die Mosel immer in meinem Blick. Erste Weinberge am gegenüberliegenden Ufer, sie werden im Verlauf der Fahrt das dominierende Element der Landschaft. Gegenüber dem Haltepunkts Oberbillig liegt das luxemburgische Wasserbillig. Unter einer alten Steinbrücke fließt das Flüsschen Sauer und verliert sich schnell in der Mosel. Im Mündungsbereich tummeln sich über fünfzig Schwäne.

Die Mosel wird Grenzfluss zwischen Deutschland und Luxemburg. Auf beiden Seiten erstrecken sich Weinberge zu denen auch die rheinland-pfälzischen Weindörfer, Nittel, Wincheringen und Palzem gehören.

Die Straße entlang der Mosel auf Luxemburger Seite heißt passend zum Landschaftsbild Route du Vin. Die Weinberge reichen dort bis zu den bewaldeten Höhen. Den kleinen Weinort Ahn erkenne ich sofort. Zwischen Weinbergen und Waldsaum verläuft dort die Traumschleife »Wein- und Naturpfad Palmberg«.

Schwer beladene Lastkähne schieben sich gegen den Strom. Der Regio-Express lässt sie schnell hinter sich. Auf dem Radweg auf rheinland-pfälzischer Seite strampeln einige Radgruppen Richtung Trier.

Oberhalb von Wormeldange steht an der Hangkante die St. Donat Kapelle. Der Panoramablick von dort übers Moseltal ist grandios.

Auf den sonnenverwöhnten Muschelkalkböden oberhalb der Mosel wird an den Steilhängen rund um den Weinort Ahn Riesling angebaut.

Die erste Station auf saarländischem Boden heißt Nennig. Sommerfrischler mit Wohnmobilen, Wohnwägen und Zelten bevölkern den Uferbereich. Wir nähern uns Perl, der einzigen Weinbaugemeinde des Saarlandes. Gegenüber des Perler Bahnhofs am anderen Moselufer steht in riesigen Buchstaben an der Schiffsanlegestelle SCHENGEN.

Dort beginnt meine Reise.

HEIMAT ist Geheischnis
ist Familie und Freunde
ist Erdung und Wohlgefühl
Dort wo ich mich wohlfühle und immer wieder freue zurückzukommen.

Reinhold Jost

Grenzenloses Europa – L'Europe sans Frontieres – Europa ouni Grenzen

Rasch verlasse ich mit Emma den in die Jahre gekommenen Bahnhof. Über die Moselbrücke gehen wir nach Schengen in Luxemburg. Hier wird Geschichte greifbar.

Auf dem Fahrgastschiff »*Princesse Marie Astrid*« unterzeichneten Vertreter aus Luxemburg, Belgien, den Niederlanden, Frankreich und Deutschland am 14. Juni 1985 ein Abkommen, das die Abschaffung der innereuropäischen Grenzkontrollen im Personen- und Warenverkehr besiegelte.

Das Europäische Informationszentrum Centre Européen präsentiert die Entwicklung der Grenzveränderungen der Schengen-Staaten mit einer interaktiven Kartenanimation.

Am Moselufer erinnern drei Stahlstelen an den historischen Moment der Vertragsunterzeichnung.

Spaziert man vom Denkmal »*Accord de Schengen*« Richtung Centre Européen, stößt man im Uferbereich auf ein Stück Berliner Mauer. Zum 25jährigen Jubiläum der Vertragsunterzeichnung aufgestellt, soll das Mauerstück ein Mahnmal gegen Grenzen und für ein vereintes Europa sein. Auf der Höhe des Museums dominieren auf dem »Place des Etoiles« die »*Colonnes des Nations*«, die Nationensäulen. Die Sterne symbolisieren die Mitgliedstaaten des Schengen-Raums, der Name eines jeden Staates wurde auf Bronzetafeln in den Boden eingelassen.

Am Schiffsanleger bin ich mit dem amtierenden saarländischen Umweltminister Reinhold Jost, dem ehemaligen Bürgermeister von Schengen, Roger Weber sowie mit Martina Kneip, der Leiterin der Tourist Information Schengen verabredet. Nach herzlichem Händeschütteln und guten Wünschen für meine Wanderung verabschiede ich mich mit Emma Richtung Stromberg. Roger Weber und Reinhold Jost begleiten mich.

Roger Weber war von 2000 bis 2012 Bürgermeister von Schengen. Der gelernte Winzer aus Remerschen erinnert sich an den Tag der Vertragsunterzeichnung: »Eigentlich war es für mich aus damaliger Sicht kein besonderer Tag. Ich war mit meinem Traktor unterwegs zu meinen Weinbergen. Dabei kam ich an der Schiffsanlegestelle vorbei, wo der Vertrag unterzeichnet wurde. Keine Absperrungen, keine besonderen Vorkehrungen. Der wirklichen Tragweite des 14. Juni 1985 war ich mir damals nicht bewusst. Den meisten Leuten in Schengen ging es ähnlich, sie nahmen kaum Notiz von der Vertragsunterzeichnung.«

An seine Amtszeit als Bürgermeister erinnert er sich mit Stolz. Dadurch hat er viele Persönlichkeiten kennengelernt.

Einmal wurde er von einem chinesischen Minister gefragt, wie viele Einwohner die »Metropole« Schengen habe. Als er die Einwohnerzahl des kleinen Winzerdorfes Schengen mit 550 bezifferte, erntete er ungläubiges Kopfschütteln. In Shanghai konnte man sich nicht vorstellen, dass das berühmte Schengen ein winziges Dorf ist.

Roger Weber träumt von einer Großregion Schengen. »Diese Großregion Schengen könnte man weltweit vermarkten, denn das Schengener Abkommen und der Schengen Raum sind überall bekannt.«

Zum 25jährigen Jubiläum des Abkommens im Jahre 2010 wollte ich die »grenzenlose Freiheit« einmal testen und Deutschland an seinen Grenzen komplett umrunden. Diese Vorstellung war in meiner Jugend völlig undenkbar. Gemeinsam mit Emma war ich acht Monate nonstop an der Deutschen Grenze unterwegs.

Zu Fuß ging es vom Saarland aus an den Grenzen zu Frankreich, Luxemburg, Belgien und den Niederlanden Richtung Norden. Die Küsten an Nord- und Ostsee sowie die dänische Grenze folgten. Anschließend war ich an der polnischen, tschechischen und österreichischen Grenze unterwegs. Nach den Uferwegen am Bodensee gaben wieder die Grenze zur Schweiz und danach die deutsch-französische Grenze bis ins Saarland meinen Weg vor.

In einer Grenzregion geboren, hatte ich mir immer grenzenlose Bewegungsfreiheit gewünscht. In meiner Kindheit waren Grenzen noch Barrieren und Bedrohung. Das damalige Saargebiet, wie das heutige Saarland einmal hieß, gehörte wirtschaftlich zu Frankreich. Wir konnten nicht »einfach mal so« nach Deutschland. An jedem Grenzübergang gab es Schlagbäume und Kontrollen. Zöllner wachten dort Tag und Nacht. Dazu kam bei jedem Grenzübertritt die Angst erwischt zu werden, da man meist etwas Verbotenes im Gepäck hatte.

Fünfundzwanzig Jahre nach der Unterzeichnung des Schengener Abkommens ging mein Wunsch tatsächlich in Erfüllung. Meinen Pass musste ich nur ein einziges Mal vorzeigen und zwar in der Schweiz!

In meinem Buch »*5200 km bei Fuß*« sind meine Erlebnisse von damals festgehalten. Wenn ich heute darin lese, kann ich selbst kaum glauben, was ich geschafft habe.

Die Traumschleife »*Schengen Grenzenlos*« nutze ich jetzt, um mich mit Emma einzuwandern. Zwischen Schengen an der Obermosel und Boppard am Rhein gibt es mittlerweile 111 Traumschleifen. Allesamt sind sie hochwertige Wanderwege, die Wandern zu einem besonderen Erlebnis machen. Nachdem der Fernwanderweg Saar-Hunsrück-Steig fertig war, entstand die Idee, Rundwege in unmittelbarer Nähe des Steigs anzulegen. Naturliebhabern sollten weitere Einblicke in die Schönheit des Hunsrücks erhalten und ihre Verweildauer in der Region verlängern. Erste Traumschleifen entstanden und viele

Drei Stahlstelen mit jeweils einem goldenen Stern stehen direkt am Moselufer.

kamen hinzu. Einige davon wurden zum »*Schönsten Wanderweg Deutschlands*« gekürt – ein Titel, der alljährlich auf der Messe TourNatur in Düsseldorf verliehen wird.

Als ich ein Buchprojekt in Angriff nahm, das die gesamte Palette der Traumschleifen umfassen sollte, kam mir die Idee, den Landstrich als »*Traumschleifenland*« zu bezeichnen.

2015 wurde das Traumschleifenland, die »qualitative und quantitative TOP-Marke im Europäischen Wandertourismus« als erste Premium-Wander-Region vom Deutschen Wanderinstitut zertifiziert und aus- gezeichnet.

Während meiner Sommerwanderung auf dem Saar-Hunsrück-Steig werde ich einige der Traumschleifen mit Emma erwandern, denn viele Wege im Traumschleifenland tangieren den Steig oder verlaufen ein Wegstück gemeinsam.

Blick auf Schengen vom Perler Hasenberg

Der Soonwaldsteig und der Schinderhannespfad gehören zu unserem Reiseprogramm, außerdem sind Abstecher ins Ruwertal nach Trier, übers Dhrontal nach Leiwen und Neumagen-Dhrohn und ein Stück des Rhein-Burgen-Weges zum Günderodehaus oberhalb von Oberwesel vorgesehen.

Über das Sträßchen »Beim Schlass« machen wir uns auf den Weg zum Europaplatz. In den Erinnerungsstein »*Accord de Schengen*« sind die Worte »Grenzenloses Europa« in drei Sprachen gemeißelt. In der heutigen Zeit sind sie zugleich Mahnung, die erreichte Freiheit nicht leichtfertig aufs Spiel zu setzen.

Der Weg im Dreiländereck Luxemburg, Frankreich und Deutschland verläuft durchs Naturschutzgebiet Stromberg. Nach längerem Anstieg genieße ich den eindrucksvollen Blick ins Moseltal. Auf der gegenüberliegenden Seite auf saarländischem Boden liegt der 13,2 ha große Perler Hasenberg. Er gehört zum Weinanbaugebiet »*Südliche Weinmosel*« und ist mit seinem Muschelkalkboden eine den besten Lagen der Obermosel. Hier wächst vor allem Grauburgunder.

Nur auf wenigen Kilometern des rechten Moselufers wird im Saarland Wein angebaut. Einzig die Gemeinde Perl kann sich mit dem Titel »*Weinbaugemeinde*« schmücken. Dass der saarländische Wein an der Mosel wächst und nicht an der Saar, sorgt immer wieder für Verwirrung, zumal die Reben, die an der Saar zwischen Saarhölzbach und Konz wachsen, in Rheinland-Pfalz stehen.

Ein alter Grenzstein am Weg markiert die Grenze zwischen Luxemburg und Frankreich. Auf dem Wiener Kongress (1814–1815) wurden viele Grenzen in Europa neu festgelegt und Luxemburg zum Großherzogtum erhoben. Wilhelm I. von Oranien-Nassau war der erste Großherzog des heute einzigen Großherzogtums der Welt.

Oben auf dem Stromberg folgt ein weiterer Blick ins Moseltal und zum gegenüberliegenden Sierck-les-Bains in Frankreich. Die dicken Mauern der ehemaligen Festung sind gut zu erkennen. Das Erscheinungsbild der Anlage wird durch den Erweiterungsumbau geprägt, der im 17. Jahrhundert durch den bekannten Festungsbaumeister *Sébastien Le Pestre, Seigneur de Vauban* (1633–1707) errichtet wurde. Er ließ eine massive Festungsmauer mit Bastionstürmen und Schanzen um die Ruine der Kernburg anlegen.

Vauban kam 1680 auch nach Wallerfangen und entwarf in knapp vier Wochen den Konstruktionsplan für eine Festung zur Sicherung der Ostgrenze im Bereich der mittleren Saar. Nur drei Jahre später reiste der Sonnenkönig Ludwig XIV mit viel Gefolge nach Saarlouis, um die fertiggestellte Festungsstadt zu inspizieren.

Auf dem Weg zurück nach Schengen entdecken Emma und ich durch Holzpfähle abgesicherte ehemalige Stolleneingänge.

1932 hatten die aus Lothringen stammenden Brüder *Alfons und Karl Knauf* am Stromberg das Abbaurecht eines Gipsvorkommens in der Gemeinde Schengen erworben. Nach dem Bergbaustudium in Berlin gründeten sie 1933 in Perl das erste eigene Gipswerk. Der Grundstein für das noch heute im Familienbesitz befindliche Unternehmen *Knauf* war gelegt. *Knauf* ist weltweit in mehr als 80 Ländern an über 220 Standorten vertreten.

Am Stromberg hat die Natur inzwischen ihr Terrain zurückerobert. Die lederartig glänzenden Wedel der einheimischen Farnart »Hirschzunge« bedecken die Bergflanken.

Unser Tag endet am deutschen Moselufer in Perl. Dort bin ich mit Emma im Hotel-Restaurant *Maimühle* bei Frederik Theis gut aufgehoben. Neben Hotel und Restaurant betreibt der gelernte Sommelier ein Bistro mit Weinbar und eine Vinothek. Er bietet zu bestimmten Terminen Wanderungen im Dreiländereck an.

»Ich möchte meinen Gästen die wunderbare Kulturlandschaft der Obermosel näherbringen. Dabei wandern wir auf der einen Seite an historischen Orten vorbei, auf der anderen Seite erhalten die Gäste einen Einblick in die Feinheiten des Weinbaus. Nicht zuletzt bieten wir ihnen an verschiedenen Punkten Weine der Region an und versorgen sie mit regionalen Produkten aus Lothringen, Luxemburg und dem Saarland.«

Bei der Auswahl des Essens und der Getränke halte ich mich am liebsten an regionale Produkte. Mein Gastgeber empfiehlt einen Wein des Jungwinzers Dipl.-Ing. Matthias Jacoby aus Oberperl. Das Etikett der Flasche weckt meine Neugier. Ein mit wenigen Strichen gemalter Katzenkopf mit kräftigen Schnurrhaaren, dazu der Name »*dr Matzinger*«. »Ein reiner Werbegag«, erzählt Matthias Jacoby, als ich ihn später in Oberperl besuche. »Lange habe ich nach einem Namen mit Durchschlagskraft gesucht, es sollte ein positiv besetztes Logo mit Wiedererkennungswert sein. Ein Freund meines Vaters hatte mal eine Katze die *dr Matzinger* hieß. Der Markenname samt Logo war gefunden.«

Nach dem Studium in Stuttgart und Wien bereiste Jacoby zunächst Neuseeland, ehe er in seine Heimat an der Obermosel zurückkehrte. Gemeinsam mit seinem Freund, dem Önologen Stefan Marx, begann er in einem angemieteten Gewölbekeller Konzepte für Weinbau und mehr zu entwickeln. »Wein und Schmieren« also Wein und Brotscheiben mit Aufstrich hieß sein erstes Standbein.

Ein Grundziel seiner Arbeit ist die Entwicklung der Region, in der er lebt. Viele Ideen möchte er in den nächsten Jahren auf den Weg bringen. So denkt er an biologischen Kartoffelanbau, an Schweinezucht und Verkaufsstände an stark frequentierten Wanderwegen. Ein junger Mann, der mit Volldampf seine Ziele anpackt und beim Schildern seiner Pläne sehr überzeugend wirkt.

Die Speisekarte der *Maimühle* ist ebenfalls überzeugend. Viele Gerichte sind in moselfränkischer Mundart überschrieben, »*Kleng Zalat*«, »*Kraiderpankesch*« oder »*Zalat mat Hinnchen*«. Das Cordon Bleu vom Wildschwein kann ich sehr empfehlen.

An der Hauswand des Hotels weckt ein Schild meine Neugier: »*Ambassadeur Vins et Crémants de Luxemborg*«. Die »*Commission de Promotion des Vins et Crémants de Luxembourg*« unterstützt mit dieser Auszeichnung Restaurants in Luxemburg als offizielle Botschafter von Weinen und Crémants. 2013 wurde auf der *Fete de Vins et Crémants* in Luxemburg mit der *Maimühle* zum ersten Mal in der Geschichte der Auszeichnung, ein Restaurant außerhalb Luxemburgs prämiert.

HEIMAT das sind für mich Weinberge, die Mosel
vor allem aber Essen, Trinken und damit
verbundene Gefühle und Eindrücke:
... der Geruch von frisch geschnippelten Bohnen
... das Glas Marmelade aus Omas Keller
... der erste fertige Pfannkuchen – frisch aus der Pfanne
Frederik Theis

2015 hat Theis mit Anja Awischus ein Kochbuch über den grünen Kreis Merzig-Wadern zusammengestellt. Herausgekommen ist eine Sammlung von alten Rezepten, die durch spannende Geschichten ergänzt werden. Der Leser erfährt, warum es in der Region eine Linsen- und eine Viezkönigin gibt und wo sich die einzige Alm des Saarlandes befindet. Das Nationalgetränk der Merziger, der Viez, wird dargestellt und die Geschichte der Honzrather Felsenkeller ebenso. Thematisiert werden auch »*Rommelboozen*«, und »*Bettsäächer*«. Das Buch ist amüsant geschrieben und alle Rezepte sind zum Nachkochen geeignet.

Maries Ziegenkäse mit Belmacher Linsen und Jacobys Apfelbalsamico

Zutaten für 4 Personen:

4 Stücke Ziegenfrischkäse (je 100 g) von Maries Ziegenhof, Silwingen
200 g kleine Linsen von Familie Hammes, Belmach
100 ml Apfelbalsamico von Josef Jacoby, Tünsdorf
1 Bund Rosmarin, 1 Bund Thymian, 1 Schalotte

(Die regionalen Zutaten lassen sich problemlos durch Produkte von anderen Herstellern ersetzen)

- Vom Apfelbalsamico 3 EL abmessen und zur Seite stellen. Den Rest bei niedriger Hitze reduzieren bis der Balsamico sirupartig eingedickt ist.
- Blättchen und Nadeln von den Kräutern abzupfen und zur Seite stellen.
- Einen Topf mit Wasser zum Kochen bringen. Linsen darin bissfest kochen. Anschließend in ein Sieb abschütten und zur Seite stellen.
- Schalotte schälen und fein würfeln.
- Den Ziegenkäse in eine kleine Auflaufform legen und für 10 Minuten in den vorgeheizten Backofen (180 Grad) geben.
- Währenddessen die Zwiebeln mit etwas Olivenöl in einem kleinen Topf anschwitzen bis diese glasig sind. Danach die Linsen zugeben und mit 3 EL Apfelbalsamico ablöschen.
- Sobald der Ziegenkäse fertig ist, kann angerichtet werden:
Dazu die Linsen in die Tellermitte geben und den Käse darauf setzen.
- Das Ganze dann noch mit den abgezupften Kräutern bestreuen und mit dem eingedickten Balsamico verfeinern.
- Dazu passt geröstetes Brot: Hierzu einfach etwas Butter erhitzen und das Brot bei kleiner Flamme braten, bis es goldgelb ist.

Rezept: Frederik Theis, Hotel-Restaurant Maimühle, Perl

Gourmetsterne an der Obermosel

Wir verlassen Schengen am 31. Jahrestag der Unterzeichnung des Schengener Abkommens. Der Weg führt zunächst entlang der Mosel. Ein futuristisches Gebäude am Rande der Weinbergslage Markusberg fällt sofort ins Auge. Es liegt unmittelbar an der Wegstrecke des »Moselle Paths«, der sich über 55 Kilometer von Schengen durch Weinberge und kleine Winzerdörfer bis nach Wasserbillig schlängelt und gehört dem Winzers Henri Ruppert. Nach kurzem Anstieg zum Markusberg erreiche ich die Domaine Henri Ruppert, die auf Sandsteinfelsen hoch über Schengen thront. Die Weinberge reichen bis zum Hause der Domaine Ruppert.

Henri Ruppert, dessen Familie seit 1680 Weinbau an der Mosel betreibt, bestellt zirka 16 ha Rebenfläche. Vom Panoramafenster des Hauses schaut man ins Moseltal, auf die Häuserzeilen, die sich entlang des Flusses aneinander reihen, auf die verschiedenen Weinbergslagen und auf die saarländische Gemeinde Perl. Vier Traubensorten bilden den Schwerpunkt der Domaine: Spätburgunder, Weißburgunder, Grauburgunder und Riesling. Die Weine finden sich auf vielen Weinkarten Luxemburgs wieder. Seit einiger Zeit liefert Henri Ruppert seine Weine bis nach China. Mitarbeiter chinesischer Großfirmen, die in Luxemburg ein europäisches Standbein gegründet haben, kamen in den Restaurants Luxemburgs in den Genuss seiner Weine.

Als ich Henri Ruppert frage wie sein Heimatdorf Schengen in hundert Jahren aussehen könnte, schwärmt er für ein außerordentliches Projekt: »Ich stelle mir einen grenzüberschreitenden Golfplatz für Jedermann vor. Das Kerngebiet könnte auf dem von der Mosel umflossenen Stromberg liegen. Mit Gondeln könnte man Luxemburg, Frankreich und Deutschland miteinander verbinden. In den drei Ländern könnten rund um Schengen drei Hotels mit verschiedenen Themenschwerpunkten liegen. Vielleicht wäre es möglich, mit einer Dreiländer-Bundesgartenschau die Idee voranzutreiben. Die Großregion rund um Schengen zwischen Trier, Metz und Saarbrücken, mit der Kernzone Schengen, hat unglaublich viel zu bieten. Daran will ich in den nächsten Jahren neben meiner Arbeit im Weinberg und im Keller arbeiten. Schengen hat im Ausland eine ungeheuer positive Reputation. Das müssen wir nutzen und weiter vorantreiben.«

Von oben, aus der Perspektive des Moselpfads, ist das gesamte Ausmaß des Naturschutzgebiets Remicher Haff mit seinen vielen Baggerseen gut zu überschauen. In den Weinbergen ringsherum herrscht geschäftiges Treiben. Der Regen der letzten Wochen hat die Rebstöcke intensiv austreiben lassen. Flinke Hände befreien sie von überflüssigem Grün. Ein freundliches »Moijen« und Emma und ich verschwinden hinter der nächsten Biegung. Bis Remich passieren wir die Winzerdörfer Wintrange, Schwebsange, Wellenstein und Bech-Kleinmacher.

Remich ist das Zentrum des luxemburgischen Weinbaus. Die Promenade am Moselufer verbreitet mit vielen Restaurants, Weinstuben und Hotelterrassen Urlaubsflair. Wer Zeit hat, kann während der Einkehr die vorüberziehenden Lastkähne und Jachten beobachten.

Wir verlassen Luxemburg über die Moselbrücke und machen uns auf den Weg zum Römischen Mosaikfußboden in Nennig. Der Eingang der Museumsanlage liegt etwas versteckt in der Römerstraße. Der Steinteppich aus 3 Millionen Einzelsteinchen schmückte einst die Empfangshalle einer großen römischen Villenanlage aus dem 2. und 3. Jh. n. Chr. Sieben Bildfenster zeigen Szenen aus dem Amphitheater, die dem Betrachter eine lebhafte Vorstellung von den Spielen der damaligen Zeit vermitteln.

Mit einer Größe von 161 Quadratmetern ist dieser Mosaikfußboden der größte und besterhaltene nördlich der Alpen. Er zierte die Villa urbana eines reichen Gutsherren. Der Hauptbau der Villa hatte eine Gesamtbreite von 140 Metern. Mit Wanderhallen und Badeanlagen erstreckte sich die Anlage über eine Länge von 650 Metern. Sie übertraf alle römischen Paläste, die man bislang im Moselraum gefunden hatte.

Unweit davon liegt auf einer Anhöhe Schloss Berg, das im 12. Jahrhundert zunächst als Wasserburg gebaut wurde. Im 16. Jahrhundert erfolgte der Umbau zu einem Renaissanceschloss. Im Zweiten Weltkrieg fast völlig zerstört, wurde es nach dem Wiederaufbau über viele Jahre als Schullandheim genutzt. Heute beherbergt Schloss Berg ein Luxushotel, ein Gourmetrestaurant sowie ein Spielcasino.

An der Uferpromenade in Remich

In direkter Nachbarschaft liegt das einzige 5-Sterne-Superior-Hotel des Saarlandes. Auf Einladung der Geschäftsführung bin ich mit Emma für eine Nacht zu Gast im Sterne-Paradies.

Die Hoteldirektorin Katrin Stegmaier begrüßt mich mit äußerster Herzlichkeit. Sie stammt aus Saarbrücken und kennt Christian Bau schon aus ihrer Lehrzeit zur Hotelfachfrau. Sie war zur gleichen Zeit im gleichen Hotel im Schwarzwald beschäftigt wie Christian Bau, der damals die rechte Hand des Sternekochs Harald Wohlfarth in Baiersbronn war.

Nach Auslandsaufenthalten im Elsass und Amerika wollte sie zurück ins Saarland. Sie erinnerte sich an die gemeinsame Zeit mit Christian Bau im Schwarzwald und meldete sich noch aus Amerika, um auszuloten, was im Saarland möglich wäre. 2003 wurde Katrin Stegmaier Assistentin der Geschäftsführung im neuen 5-Sterne Hotel in Nennig. Heute leitet sie gemeinsam mit Andreas Apel das Hotel im Herzen des Dreiländerecks.

»Wir bieten unseren Gästen ein umfangreiches Programm an Aktivitäten«, beschreibt Katrin Stegmaier ihr Arbeitsfeld. »Ich möchte unsere Gäste nicht nur informieren und unterhalten, sondern begleite sie auch zu verschiedenen Ausflügen, Weinproben oder Wanderungen. Wir wollen ein Hotel für Jedermann sein. Jeder Gast kann jederzeit zu uns kommen, wenn er besondere Wünsche hat. Und wir versuchen ihm möglichst jeden Wunsch zu erfüllen. Schließlich wollen wir, dass jeder Gast zufrieden wieder nach Hause fährt – und dazu gehören auch die Vierbeiner, die unsere Gäste begleiten«.

Leider bin ich an einem Dienstag im Hotel angekommen. So komme ich nicht in den Genuss der Kochkünste von Drei-Sterne-Koch Christian Bau, denn montags und dienstags ist sein Restaurant geschlossen. Aber er nimmt sich Zeit, mir von seiner Arbeit im Saarland und seiner Passion für kreatives Kochen zu erzählen.

Angefangen hat alles 1997. Christian Bau erinnert sich: »Ich weiß es noch ganz genau, wir hatten in der Traube Tonbach in Baiersbronn einen Stammgast aus dem Saarland. Ich kam zufällig dazu, als dieser Gast, der mit Harald Wohlfahrt gut bekannt war, erzählte, dass man im Saarland etwas ganz Besonderes aufziehen wollte.

Das Hotel Schloss Berg in Nennig sollte neu aufgestellt werden und dazu suchte man einen Spitzenkoch. Er fragte Wohlfahrt, ob er keine Lust hätte, ins Saarland zu wechseln. Wohlfahrt lehnte ab. Das war am Sonntagabend.

Am nächsten Tag hatte ich meinen freien Tag. Ich hatte mit meiner Frau schon länger geplant, einen Freund in Trier zu besuchen. Während der Fahrt kam uns die Idee, doch mal dieses Schloss Berg in Nennig anzuschauen. In Jeans, T-Shirt und Freizeitschuhen stiegen wir in Nennig aus und machten eine Hotelführung. Danach saßen wir im Hof auf einer Bank und ließen die Führung und das ansehnliche Ensemble auf uns wirken. Während wir uns unterhielten, kamen ein großgewachsener Mann und eine blonde Frau in den Innenhof und wunderten sich, dass so junge Leute wie wir sich das Hotel anschauen wollten.

Es war der erste Kontakt zwischen Susanne Kleehaas und Hartmut Ostermann, den neuen Betreibern des Hotels, und Yildiz und Christian Bau. »Es wurde ein längeres Gespräch. Wir vereinbarten zeitnah ein zweites Gespräch und nach unserem Sommerurlaub 1997 nahm die Zusammenarbeit Formen an«.

1998 übernahmen der damals 26jährige Christian Bau und seine Frau Yildiz den Gastronomiebetrieb und das Hotel in Nennig. Nach siebeneinhalb Monaten glänzte der erste Michelin-Stern über Schloss-Berg, dem der zweite bald folgte. 2005 hatte Bau dann den Koch-Olymp erklommen, und der dritte Stern leuchtete über dem Gourmettempel des Küchenchefs.

»Ein wichtiger Grund ins Saarland zu kommen war, dass man mir zusicherte, mir alle Freiheiten einzuräumen, die ich benötigte. Ich habe meinen eigenen Kopf. Aber vor allem wollte ich gut kochen und mich in meiner Arbeit verwirklichen«.

Nach seinem dritten Stern hat sich Christian Bau neu erfunden. Die bis dahin klassische französische Küche seines Restaurants veränderte sich. Neben seiner Familie und seinem Beruf gilt seine Liebe dem Reisen. Die asiatischen Länder und die asiatische Küche haben es ihm besonders angetan. Die Eindrücke und Erlebnisse der kulinarischen Vielfalt waren für Bau Quellen der Inspiration und hielten Einzug in seine eigene Küchenwelt. Heute bietet Christian Bau eine internationale Spitzenküche mit internationalen Weinen, wobei der Schwerpunkt der Weinkarte auf deutschen und französischen Spitzenweinen liegt.

Seit 2005 hat er jedes Jahr seinen Spitzenplatz im Reigen der besten Köche Deutschlands und Europas bestätigt. Was Christian Bau auf den Teller zaubert, gleicht einem Kunstwerk. Allerdings sieht er sich selbst nicht als Künstler, sondern als feinfühligen soliden Handwerker, für den der Geschmack der Speisen an erster Stelle steht.

Christian Bau und seine Familie sind im Saarland, am Rande des Hunsrücks, heimisch geworden. Hier ist der Ort seines Schaffens, aber auch der Ort, wo er sich mit seinen Liebsten zurückziehen kann.

3-Sterne Koch Christian Bau

Sonne im Glas ist Benzin zum Denken

Wohin ich auch schaue, schwere Regenwolken. Sie hängen tief und drohen sich über uns entleeren zu wollen. Heute verlassen wir das Moseltal Richtung Saartal. Unser Ziel: der Archäologiepark Römische Villa Borg. Dort darf ich dank einer Sondergenehmigung mit Emma übernachten. Aber zuvor bin ich noch mit Thomas Schmitt-Weber verabredet. Treffpunkt ist der Grenzstein in den Weinhängen des Perler Hasenbergs, der die Grenze zwischen Frankreich und Deutschland markiert. Einen schöneren Ort, um über Wein zu philosophieren, kann ich mir kaum vorstellen. Vor uns die sanft ins Tal abfallenden Rebhänge, unten im Tal schlängelt sich die Mosel von Frankreich kommend ins Dreiländereck.

Für Thomas Schmitt-Weber wird der Grundstein für einen guten Wein schon im Weinberg gelegt. »Nur im Einklang mit der Natur kommt ein exzellenter Tropfen in die Flasche. Das bedeutet: ein gesunder Boden braucht keine Herbizide, keine Insektizide. Wir benutzen im Weinberg keinen mineralischen Dünger, sondern arbeiten ausnahmslos mit organischem Dünger. Nachdem die Trauben geerntet sind erfolgt ein schonender Transport und eine schonende Pressung. Zusammengefasst kann ich sagen, die Qualität für guten Wein besteht zum einen im akribischem Arbeiten im Weinberg und zum anderen im kontrollierten Arbeiten im Keller.«

1995 hat Thomas das Weingut übernommen. Seine Klassiker wie Rivaner, Elbling, Weißer Burgunder, Grauer Burgunder und Riesling sind Weine, die jung getrunken werden. Nachdem er fünf Mal hintereinander den Saarländischen Staatsehrenpreis erhalten hatte, probierte der Visionär Thomas Schmitt-Weber etwas Neues. »Als Winzer hast du ein fertiges, nachweisbares Produkt. Die Sonne im Glas ist für mich Benzin zum Denken«.

2012 präsentierte er seine Premiumweine »1725«, benannt nach der ersten urkundlichen Erwähnung des Weinguts. Auf Anhieb ein durchschlagender Erfolg. Das Deutsche Weininstitut zeichnete seinen 2012 Grauburgunder Spätlese trocken, Perler Hasenberg, »1725«, mit dem Sonderpreis »Pinot Trio« aus.

Abendstimmung in der Villa Borg

Insgesamt 240 Grauburgunder standen bei der Jury aus Weinkennern und Medienexperten zur Wahl. Dieser Preis ging bislang noch nie ins Saarland. Nun hatte er neben seinen Klassikern ein Großes Gewächs, so die Bezeichnung im oberen Preissegment. Es fehlte noch der Mittelbau, die Lagenweine, trockene Spätlesen, die mindestens 6 Monate im Hefelager und Eichenholzfass ausgebaut werden. »Die Lagenweine«, so Thomas, »sind Ortsweine und damit die idealen Botschafter unserer Heimat.«

Im Weinführer »Gault Millau – Deutschland 2013« wurde das Weingut Schmitt-Weber neu aufgenommen und mit einer »roten Traube« ausgezeichnet. Auch dies ist bislang einmalig im Saarland.

Ein neues Projekt ist bereits in Arbeit. Zusammen mit den Winzerkollegen Jean-Paul Paquet aus dem französischen Contz-les-Bains und dem Luxemburger Henri Ruppert aus Schengen lässt er die »Cuvee de trois frontiere Schengener Eck« reifen.

Zwischen Mai und September veranstaltet das Weingut Schmitt-Weber einige kulinarische Dreiländerwanderungen. Während der 12 Kilometer langen Tour werden regionale Köstlichkeiten gereicht – von Quiche Lorraine bis Apfeltarte, von Winzersekt bis Grauburgunder. Auch Winzerkollege Henri Ruppert aus Schengen und der Gastronom Frederik Theis organisieren für ihre Gäste exklusive Wanderungen im Dreiländereck.

Thomas zieht es zurück in den Weinkeller, vor Emma und mir liegen spannende Wandertage. Zum Abschied trinken wir einen meiner Lieblingsweine, einen vollmundigen, gehaltvollen Grauburgunder aus dem Perler Hasenberg. »Sonne im Glas ist für mich Benzin zum Denken.« Mit diesen Gedanken machen wir uns mit Sonne im Herzen auf den Weg.

Die Pflege der Tradition ist sein Ansporn für die Zukunft:
Winzer Thomas Schmitt-Weber

Die biologische Vielfalt unserer Heimat

Im Grenzgebiet zwischen Deutschland und Frankreich zeigen alte Grenzsteine aus Bundsandstein an, ob wir gerade in Frankreich oder in Deutschland den Fuß auf den Boden setzen. Das Naturschutzgebiet am Hammelsberg gehört zu den über 100 Schutzgebieten, welche die Naturlandstiftung Saar (NLS) betreut. Die gemeinnützige, private Stiftung besteht seit 1976.

Reinhold Jost, der Vorsitzende der Naturlandstiftung, Geschäftsführer Eberhard Veith und Dr. Axel Didion, wissenschaftlicher Mitarbeiter, begleiten uns heute. »Als älteste Naturschutzstiftung setzen wir uns aktiv für den Schutz, die Pflege und die Entwicklung des saarländischen Naturerbes ein«, erklärt Reinhold Jost. Eberhard Veith fügt hinzu »Die Europäische Union hat sich verpflichtet, die Vielfalt an Lebensräumen, Pflanzen- und Tierarten in Europa nachhaltig zu sichern und zu entwickeln. Die biologische Vielfalt ist Teil unserer Heimat. Sie bildet die Lebensgrundlage für zukünftige Generationen.

Das Naturschutzgebiet Hammelsberg ist ein gutes Beispiel für die Zusammenarbeit mit unseren französischen Nachbarn. Naturschutz macht gottlob nicht vor den Grenzen halt.«

Dr. Axel Didion weist auf die Artenvielfalt der Orchideen hin. »Die Orchideen gehören mit über 20.000 verschiedenen Arten zu einer der artenreichsten Familien des Pflanzenreichs. Im Saarland wurden bislang 43 verschiedene Orchideen nachgewiesen. Davon gedeihen 16 wildwachsende Orchideen auf dem Hammelsberg.

Dazu gehören die Zweiblättrige Waldhyazinthe sowie die Grünliche Waldhyazinthe, die beide von Nachtfaltern bestäubt werden. Der Name der Großen Händelwurz geht auf die handförmigen Wurzelknollen zurück, das Purpur-Knabenkraut kann bis zu 80 Zentimeter hoch werden. Weiterhin findet man am Hammelsberg die Orchidee Hängender Mensch. Die Einzelblüten ähneln einem aufgehängten Menschen, die Blütenhüllblätter des Helm-Knabenkraut erinnern an einen großen Helm.«

Reinhold Jost erzählt, dass der Hammelsberg wegen seiner einmaligen Pflanzen- und Tierwelt in das Europäische Schutzgebietsnetz NATURA 2000

Berghyazinthe im Naturschutzgebiet Hammelsberg

aufgenommen wurde. Neben den wärmeliebenden Pflanzenarten finden sich auch wärmeliebende Tiere wie die Bergzikade oder die Gottesanbeterin. Außerdem ist das Gebiet des Hammelsbergs ein Paradies für Insekten und Reptilien.

Von Dr. Axel Didion erfahre ich, dass von den rund 110 im Saarland vorkommenden Tagschmetterlingen fast 70 verschiedene Arten hier gefunden wurden. Vom farbenprächtigen Schwalbenschwanz und vielen Bläulingen bis hin zum weltweit bedrohten Skabiosen-Scheckenfalter. Im Hochsommer bevölkern 20 verschiedene Heuschreckenarten die bunten Wiesen. »Der wohlklingende Gesang des seltenen Weinhähnchens, einer unscheinbaren Grillenart, ist 50 bis 100 Meter weit zu hören. Außerdem finden sich in den trockenen, warmen Mauerspalten die Zauneidechse und die Mauereidechse.«

Während einer Pause erläutert mir Eberhard Veith, dass die Pflege des Hammelsbergs nur einen kleinen Teil der Arbeit der Stiftung ausmacht. »Die Naturlandstiftung renaturiert Fließgewässer, baut Industriebrachen oder landschaftsfremde Elemente zurück, um der Zersiedlung der Landschaft entgegen zu wirken. Außerdem beleben wir ausgeräumte Agrarlandschaften durch das Anlegen von Biotopverbundsystemen und Streuobstwiesen. Wir wandeln Nadelholzforste in standortgerechte Laubwälder um, machen Erstaufforstungen für Waldausgleich und bauen einen landesweiten Waldflächenpool auf. Letztendlich wollen wir Mittler zwischen Mensch und Natur sein. Über 80 Führungen finden pro Jahr in den verschiedenen Schutzgebieten statt.«

Über steile Serpentinen geht es nach oben. Emma macht sich davon und sieht sich den mühsamen Anstieg der Gruppe von oben an.

Auf dem Hammelsberg angekommen, verlassen wir den Saar-Hunsrück-Steig und besuchen die Friedenskapelle zwischen dem saarländischen Oberperl und dem lothringischen Merschweiler. Sie ist ein Mahnmal für den Frieden zwischen den europäischen Völkern und wurde von Menschen aus Lothringen und dem Saarland ohne Baugenehmigung gebaut, in einem Landstreifen, der weder zu Deutschland noch zu Frankreich gehört. Seit der Einweihung 1999 wird alljährlich Mitte August ein dreisprachiger Friedensgottesdienst gefeiert, gemeinsam zelebriert von Priestern aus Deutschland, Frankreich und Luxemburg.

Danach wandern wir wieder auf dem Saar-Hunsrück-Steig Richtung Borg. Am Parkplatz, dem Startpunkt der Traumschleife »Panoramaweg« oberhalb von Perl, verlassen uns meine Mitwanderer. Sie müssen zurück nach Saarbrücken.

Der Blick zurück ins Moseltal verheißt nichts Gutes. Über der gestrigen Wanderstrecke zwischen Schengen und Remich hat der Himmel schon seine Schleusen geöffnet. Aus schwarz- bis violettfarbenen Wolken zucken erste Blitze, gefolgt von mächtigem Donnergrollen. Das Gewitter im Rücken, verschärfen Emma und ich unser Tempo, hoffen, dem Regen noch zu entkommen. Dann dreht der Wind und das Unwetter kommt direkt auf uns zu. In den Feldern auf der Höhe vor Borg finden wir weit und breit keine Unterstellmöglichkeit. Sturmwind zieht auf, schnell prasseln die ersten Regentropfen, dann teilweise Hagel. Emma schaut mich vorwurfsvoll an, als Eisperlen auf ihr Fell treffen. Blitze schlagen in unmittelbarer Nähe ein, mal direkt vor uns, mal seitlich, mal hinter uns. Wir sind den Wetterkapriolen mit Haut und Fell ausgeliefert. Weltuntergangsstimmung am dritten Tag unserer Sommerreise. Das Gewitter hat sich direkt über uns festgesetzt. Der Weg durch die offene Landschaft scheint endlos. Schließlich erreichen wir eine offene, alte Scheune. Geschafft! Hier harren wir aus und hoffen, dass der Regen endlich nachlässt. Emma rollt sich in einer Ecke zusammen, ich beobachte das Wetterschauspiel. Völlig durchnässt kommen wir später am Archäologiepark Römische Villa Borg an.

Panis militaris de luxe

Die Küche der Villenanlage haben wir schnell gefunden. Wir folgen unseren Nasen. Es duftet wie in einem Gourmetrestaurant. Zur Begrüßung stehen Mulsum (römischer Gewürzwein) und Moretum (Brotaufstrich aus Frischkäse, Knoblauch, Olivenöl und Kräutern) sowie hausgemachtes Römerbrot bereit. In einem der Backöfen schmort schon ein Mufflon, das Tavernenwirt Christian Heinzdorf, alias Quintus Valerius mit Kräutern, Rosinen, Datteln und ganz viel Knoblauch nach römischem Rezept zubereitet. Das schlechte Wetter ist vergessen. Mit am Tisch sitzen Günter Wolff, der die Besucher als Sklave Jatros durch die Anlage führt, Heiner Thul alias Servus, der Küchensklave, der fürs Brotbacken zuständig ist. Gerd Schmitt, der Legionär, Josef Benzmüller, ein römischer Gast und Eckhard Kleppe, der römische Wildlieferant, ergänzen die gesellige Runde. Nachdem Emma einige Stücke vom Mufflon abbekommen hat, legt sie sich vor den warmen Ofen. Hier bringt sie heute keiner mehr weg.

Die verschiedenen Feuerstellen der Küche werden mit Holz befeuert. An jeder Feuerstätte liegt das nötige Holz bereit. Neben einem Brotbackofen verfügt die geräumige Küche über einen Kuppelofen und eine offene Feuerstelle. An drei unterschiedlich großen, handbetriebenen Mahlsteinen, werden Dinkel, Roggen und Hafer zu Mehl vermahlen.

In Regalen, Fensternischen und Tischen finden sich Keramikbecher in allen Größen und Formen. Hier steht eine kleine Amphore, dort hängen Pfannen am Regal. Im benachbarten Raum trocknen Kräuter aus dem Kräutergarten hinter der Küche. In Schüsseln liegen hölzerne Löffel, kleine Schaufeln, Spieße aus Holz und Schöpflöffel. Dazwischen stehen Trinkbecher und Krüge. In der voll funktionsfähigen Römischen Küche finden regelmäßig Veranstaltungen zum Thema »Essen und Trinken in römischer Zeit« statt.

Im Garten ist ein offenes Zelt aufgebaut, das eigentlich für Emma und mich vorgesehen ist. Ich könne mich aber auch für das Schlafgemach des Kochs oberhalb der Küche entscheiden. Die Entscheidung fällt angesichts der Wetterlage nicht schwer, wir werden später in der Kammer schlafen. Klein, aber warm und voller Küchendüfte.

Heiner Thul, der »Küchensklave Servus«

Küchensklave Servus also Heiner Thul waltet seines Amtes. Nach dem Essen bereitet er einen Teig aus Dinkel, Roggen und Weizen und mischt dann Honig, Olivenöl, Sauerteig, Salz, Koriander, Anis, Kümmel und Fenchel zu. Das »panis militaris de luxe«, das Abendessen der Legionäre kommt in den Ofen. Wieder ziehen betörende Küchendüfte durch den Raum. Sobald das Brot fertig ist, wird es gekostet, dazu passt der in der Taverne zubereitete Kräuterschnaps. Eine weitere Brot-Variante wird zubereitet. Küchensklave Servus brät Dörrfleisch und Zwiebel mit Olivenöl in der Pfanne an. Anschließend drückt er einen Teig flach in die Pfanne, das Fladenbrot der Legionäre sieht mit Oliven und Fetakäse aus wie die erste »römische Pizza«.

Nachdem viel gelacht, erzählt, gewitzelt, getrunken, zugeprostet und gegessen wurde, verlässt die fröhliche Gemeinschaft das Gelage.

Vor über 100 Jahren wurden zwischen Borg und Oberleuken Spuren einer römischen Siedlung entdeckt. Jahre später stellte sich heraus, dass hier die Überreste einer der größten römischen Villenanlagen im Saar-Mosel Gebiet verborgen liegen. Seit 1987 wird hier systematisch archäologisch geforscht. Die laufenden Arbeiten verändern das Erscheinungsbild der Villa fast täglich. Die Ausgrabungen auf einer Fläche von über 7,5 ha sind noch längst nicht abgeschlossen.

Der rekonstruierte Archäologiepark »Römische Villa Borg« besteht aus einem Torhaus, dem Wohn- und Wirtschaftstrakt, einem Herrenhaus, dem Villenbad, einer Taverne, der römischen Küche und einer Gartenanlage. Das Herrenhaus ist Mittelpunkt der Anlage, nach dem alle anderen Gebäude ausgerichtet sind. Im Torhaus sind Verwaltung, Kassenbereich und Museumsshop untergebracht. Das Gebäude ist äußerlich so gestaltet, wie es wahrscheinlich im 2. und 3. Jh. n. Chr. ausgesehen hat.

Die Rekonstruktion des ehemaligen Wohn- und Wirtschaftstraktes entspricht ebenfalls nur im äußeren Erscheinungsbild dem Original. Der Zuschnitt der Innenräume ist den Bedürfnissen der heutigen Zeit angepasst.

Das Herrenhaus ist Museum. Das Mobiliar, Türen, Fenster sowie etliche technische Details wurden nach antiken Vorlagen nachgebaut. Ausgiebiges Baden war fester Bestandteil des römischen Tagesablaufs. Die großzügig gestalteten Räume waren ein Ort der Entspannung und Konversation. Vom Eingangsbereich des Villenbades aus erreicht man zunächst das große Becken, das als Kaltbad dient. Daran schließt sich der gewölbte Raum des Warmbades an.

Wildschweinrücken an Rosmarinjus mit Apfel-Lauch-Gemüse und Bratkartoffeln

Zutaten für 4 Personen:
800 g ausgebeinter und geputzter Wildschweinrücken,
Salz, Pfeffer, Rosmarin, Thymian, 20 g Butter.
Rosmarinjus: 1 kg Knochen vom Wildschwein (oder Reh/Damwild/Hirsch).
150 g Karotten, 150 g Lauch, 100 g Sellerie, 250 g Zwiebeln,
10 g Tomatenmark, 0,5l Rotwein, eine Prise Zucker, Wachholder, Lorbeer,
Nelke, Salz, Pfefferkörner, Piment.
Für das Gemüse: 3 Stangen Lauch, zwei Äpfel, 0,2 l Sahne,
4 cl Calvados, Salz und Pfeffer
Für die Bratkartoffeln: 1 kg Kartoffeln, 80 g Speckwürfel,
1 Zwiebel, Salz, Pfeffer

- Für die Sauce Knochen anbraten, Gemüse dazu geben, anrösten.
- Tomatenmark und Zucker beifügen, mit Rotwein ablöschen.
- Mit Wasser auffüllen, köcheln lassen, dabei Schaum abschöpfen.
- Nach ca. einer Stunde Gewürze hinzugeben und eine weitere Stunde köcheln lassen.
- Durch ein Sieb und Tuch abpassieren und anschließend um die Hälfte reduzieren lassen. In den letzten 5 Minuten einen Rosmarinzweig hinzugeben.
- Zum Binden etwas kalte Butter in die Sauce montieren und abschmecken. Danach nicht mehr kochen.
- Das Fleisch mit Salz und Pfeffer würzen und auf beiden Seiten anbraten und anschließend im vorgeheizten Ofen bei 180 C ca. 12-15 Minuten garen (je nach Dicke). Das Fleisch soll zartrosa sein.

- Butter in eine Pfanne geben und jeweils einen Thymian- und Rosmarinzweig dazu geben.
- Das Fleisch mehrmals mit der zerlassenen Butter übergießen.
- Zum Anrichten wird das Fleisch schräg in drei Zentimeter dicke Tranchen geschnitten.

- Für das Gemüse den Lauch der Länge nach halbieren und unter fließendem Wasser waschen. In feine Streifen schneiden.
- Die Äpfel waschen, vierteln, Kerngehäuse entfernen und ebenfalls in dünne Spalten schneiden.
- Lauch und Apfelspalten in einer Pfanne mit Olivenöl anschwitzen und mit Calvados ablöschen. Sahne aufgießen und ein reduzieren lassen.
- Abschmecken mit Salz und Pfeffer.

- Für die Bratkartoffeln die Kartoffeln waschen und mit Schale wie Pellkartoffeln kochen.
- Zwiebel schälen, halbieren und vierteln. In feine Streifen schneiden.
- Kartoffeln etwas auskühlen lassen, halbieren und mit Schale in feine Scheiben schneiden.
- In der Pfanne mit Rapsöl knusprig braten, in den letzten 5 Minuten Speckwürfel hinzugeben.
- Zum Schluss für die letzten zwei Minuten die Zwiebelstreifen hinzufügen. Mit Salz und Pfeffer würzen.

Zu dem Gericht passen ebenfalls sehr gut Serviettenknödel und Rosenkohl.

Rezept: Tavernenwirt, Villa Borg, Christian Heinsdorf

Beheizt wurde das Villenbad mit der römischen Fußbodenheizung, dem Hypokaustum. Der Aufbau dieses Heizsystems wird in einem Teil des Bades anschaulich dargestellt.

In der Taverne serviert man den Besuchern römische Speisen nach Rezepten des Feinschmeckers Marcus Gavius Apicius. Gegen eine geringe Leihgebühr ist es möglich, in einer passenden Tunika zu speisen.

Vor einigen Jahren wurde das Ensemble der Villenanlage durch das EU-Projekt »Gärten ohne Grenzen« ergänzt. Es präsentiert jetzt sechs verschiedene Themengärten: den Innenhofgarten, den Kräutergarten, das Rosenzimmer sowie den Obst-, Gemüse- und Blumengarten.

Das schlechte Wetter ist wie weggeblasen. Nachdem meine Tischgesellschaft gegangen ist, sitze ich mit Emma in der Abendsonne und spaziere später durch »meine Villenanlage für eine Nacht«. Einige Krähen ziehen lautstark zu ihren Nestern in der Nähe, ein Graureiher setzt zum Landeanflug an, einige Sperlinge tschilpen in den nahen Büschen und die Amseln bieten mir ein Abendkonzert. Sonst herrscht Stille im Park zwischen Borg und Hellendorf.

Zur Römerzeit war das sicherlich anders. Ich versuche mich in die Zeit vor 2000 Jahren zurückzuversetzen, Dr. Bettina Birkenhagen, Archäologin und Projektleiterin des Archäologieparks Villa Borg hilft mir dabei:

Die Anlage, die in einer Ost-West-Achse gebaut wurde, ist wahrscheinlich ein großer landwirtschaftlicher Betrieb gewesen, dem ein Verwalter vorstand. Außerhalb der rekonstruierten Anlage befinden sich weitere 17 Nebengebäude. Der Wirtschaftsbereich endet an der Römerstraße Trier-Metz, die eventuell bereits zur Keltenzeit bestand. Im Wirtschaftsbereich arbeitete sicherlich ein Schmied, eventuell gab es auch eine Töpferei sowie glas- und metallverarbeitende Werkstätten. Funde von vielen Tierknochen belegen, dass hier Ziegen, Gänse, Rinder, Hühner und Schweine gehalten wurden. Es waren natürlich auch Pferdeställe vorhanden, ebenso Lagerstätten für Getreide. Vermutlich bestand die Anlage zu zwei Dritteln aus dem Wirtschaftsbereich, ein Drittel war Herrschaftsbereich. Der Gutshof war wohl auch eine Station für Reisende, denn sowohl Trier als auch Metz lagen jeweils eine Tagesreise entfernt.

Leider gibt es keine Informationen über den Besitzer der Villenanlage, es kann aber davon ausgegangen werden, dass er – was die Funde betreffen – sehr reich gewesen sein muss. Zeitweise lebten hier Schätzungen zufolge um die 350 Personen. Um die Anlage befanden sich Wiesen, Felder und Wald. In nicht allzu weiter Entfernung standen weitere Villen, so in Perl, Nennig und Tünsdorf. Die Ausgrabungen brachten auch Reste von Fischen, Austern, Wild und Wildenten zutage. Man vermutet, dass die Mauer rings um die Anlage in erster Linie der Abwehr von wilden Tieren diente, denn in damaliger Zeit lebten hier auch Bären und Wölfe.

Hoch über dem Saartal: Der Baumwipfelpfad an der Cloef

Herzensbilder Saarschleife

Unsere Reise geht weiter – neue Ziele erwarten uns. Der Landstrich zwischen Mosel und Saar ist fruchtbar. Getreidefelder, Streuobstwiesen und kleinere Waldparzellen wechseln sich ab. Der Saar-Hunsrück-Steig ist vom Start in Perl kilometriert. Nach jedem Kilometer zeigt ein blaues Schild die Kilometerzahl an. Kurz vor Kilometer 24 treffe ich auf Carmen Modde. Die gebürtige Niederländerin zog es mit ihrem Mann vor einigen Jahren in den Hunsrück, wo Gusenburg zu ihrer zweiten Heimat wurde. Das Weizenfeld vor dem wir uns unterhalten ist übersät mit tausenden Kornblumen, Kornblumenblau in Vollendung. Ich fotografiere Carmen im blauen Kornblumenmeer. Wir verabreden in Gusenburg ein Wiedersehen.

Versteckt zwischen Streuobstbäumen und Buschwerk stehen mehrere Reihen Betonhöcker, teilweise mit Moos überwachsen. Es sind Überreste des Westwalls zur Sicherung der Westgrenze des Deutschen Reiches. Mehr als 18.000 Bunker, Stollen sowie zahllose Gräben und Panzersperren bildeten eine 630 Kilometer lange Verteidigungslinie von Kleve an der Niederländischen Grenze bis nach Grenzach an der Grenze zur Schweiz.

Zum Aussichtspunkt Cloef gelangen wir über eine Umleitung. Die Bauarbeiten für den Baumwipfelpfad mit vierzig Meter hohem Turm sind in vollem Gang. In ein paar Wochen soll er fertiggestellt sein.

Unmittelbar nach meiner Sommerreise besichtige ich das grandiose Bauwerk mit Daniela Auel, die zum Team Baumwipfelpfad-Saarschleife gehört.

Am frühen Morgen vor der offiziellen Öffnungszeit spaziere ich mit Daniela Schritt für Schritt in die Höhe, ohne es zu merken. Der Pfad zum Turm hat eine maximale Steigung von 6 Prozent. Dabei gibt mir meine Begleiterin interessante Detailinformationen. Auf einer Länge von 1250 Metern schlängelt sich der Weg durch Buchen, Eichen und Douglasien. Unterwegs sind didaktische Stationen und Spielstationen aufgebaut. Gleich zu Beginn wird die Frage gestellt: Quarzit – Was ist das? Es folgt eine Erklärung über den Buchenwald und bald danach eine Kinderrutsche.

nächste Doppelseite: Die Saarschleife bei Mettlach

Eine weitere Station erläutert dem Besucher, wie die Saarschleife entstanden ist.

Unversehens spazieren wir parallel zu den Baumkronen. Ein faszinierendes Erlebnis. Die Gesamtkosten des Pfades an der Saarschleife betrugen 4,7 Millionen Euro. Über einhunderttausend Schrauben wurden in der Konstruktion verarbeitet. Der barrierefreie Weg gewährt durch die Netzkonstruktion des Geländers auch Rollstuhlfahrern und Kindern uneingeschränkte Sicht. Dann folgt der Höhepunkt des Baumwipfelpfades: Die Panoramaaussicht von der Plattform. Die Saarschleife ist aus dieser Perspektive in ihrer gesamten Schönheit zu sehen.

Bei guten Sichtverhältnissen kann man von hier oben bis zu den Vogesen sehen. Ich muss wiederkommen, denn die Wolkendecke verwehrt mir heute diesen Blick. Die Saarschleifenregion hat eine neue, empfehlenswerte Attraktion erhalten.

Den Blick vom bekannten Aussichtspunkt Cloef auf Deutschlands schönste Flussschleife konnte ich fast zu jeder Tages- und Nachtzeit und in jedem Monat schon genießen. Die schönsten Bilder der Saarschleife trage ich im Herzen. Eines davon entstand im Morgengrauen, als die ersten Sonnenstrahlen auf die Burgruine Montclair, den Bergsporn und die Flussschleife trafen. Weißer Dunst stieg an den Bergkämmen auf – und ein Paar Schönwetterwolken waren im Tal so verteilt, als hätten ordnende Hände das Motiv gestaltet.

Ein zweites unvergessenes Bild ist ein Nachtbild. Weit nach Mitternacht spazierte ich mit Freunden zur Cloef. Auf dem unbeleuchteten Weg tasteten wir uns in finsterster Nacht Schritt für Schritt voran. Plötzlich standen wir überm Tal. Schemenhaft lösten sich tief unter uns einzelne Konturen aus dem Dunkel. Kein Windhauch war zu spüren, kein Blatt bewegte sich, nur ab und zu erklang der Schrei eines Uhus. Es war ein fast mystischer Augenblick.

Unser Nachtlager in Mettlach ist nur noch wenige Kilometer entfernt. Ich staune nicht schlecht, als mir Angelika Hießerich-Peter, die Chefin des Bio-Hotels »Gästehaus Schons« bei meiner Ankunft erklärt, sie habe mich im Fitnessraum untergebracht. Ok, denke ich, alle Zimmer ausgebucht, aber besser in einem warmen Fitnessraum die Nacht verbringen, als im Freien bei nasskaltem Frühsommerwetter. Das Zimmer Nummer 5 ähnelt einer Umkleidekabine: eine hölzerne Bank als Kofferablage, für Sportkabinen typische Kleiderhaken an der Wand, zwei metallene Kleiderspints, Kasten mit Lederüberzug als Nachttische. Ein Sandsack mit Boxhandschuhen baumelt an einem dicken Tau von der Decke. Eine Sprossenwand trägt eine Schreibtischplatte. Medizinbälle und hölzerne Ringe ergänzen das Ambiente. Im Gästehaus Schons zu übernachten ist ein besonderes Erlebnis. Insgesamt stehen neun verschiedene Themenzimmer zur Verfügung, unter anderem Bernsteinzimmer, Südseefeeling oder Siebter Himmel. Angelika dachte wohl, die Sportvariante passt am besten zu mir. Ich hätte mich bestimmt auch im Siebten Himmel wohl gefühlt.

Den Abend verbringe ich mit Doris Gerz und Heiner Thul im Mettlacher Hof. Die neuen Besitzer Olga und Detlef Mastel sind erst vor wenigen Wochen in Mettlach heimisch geworden.

Olgas Ur-Urgroßvater stammte aus dem Elsass, wo er im Schiffsbau tätig war. Er zog nach Odessa, wo die Familie zwei Hotels und eigene Weinberge besaß. Revolution und Krieg brachten große Umbrüche. Ihre Großeltern und ihr Vater mussten nach Sibirien übersiedeln, danach nach Kirgistan. Dort ist Olga geboren. 1994 wollte sie zurück zu den Wurzeln. Über Hamm, Eisenberg in Thüringen, Halle an der Saale, Hannover und Bad Oynhausen kam sie nach Bünde, wo sie Detlef kennenlernte. Detlefs Leben war ruhiger verlaufen. In Rahden, im nördlichsten Teil Nordrhein-Westfalens geboren, hatte er Rahden nur verlassen, wenn es ihn als Koch beruflich weiter brachte. Nachdem die beiden beschlossen hatten, sich selbstständig zu machen, suchten sie eineinhalb Jahre nach dem geeigneten Haus. Sie wollten sich irgendwo in den Weinanbaugebieten an Mosel, Saar oder Ruwer niederlassen. »Von Koblenz aus sind wir die Mosel rauf und runtergefahren. Dabei haben wir uns über 60 Projekte angeschaut. Jedes freie Wochenende waren wir unterwegs.« Den Mettlacher Hof hat Olga schließlich über eine Ebay-Anzeige gefunden. »Als ich die Fassade des 1905 gebauten Hauses sah, verliebte ich mich sofort in das Gebäude« erzählt Detlef. Dass er nach 40 Jahren seine alte Heimat verlassen hat, bereut er keine Minute.

Mit der Fähre »Welles« über die Saar

Am nächsten Morgen begleitet uns Angelika auf der Traumschleife »Saarschleife Tafeltour«. Die Tafeltour zählt für mich im Reigen aller Traumschleifen zu den besten fünf!
Der fünfzehn Kilometer lange Weg bietet eine erlebnisreiche Wanderung: Waldpassagen, Burgruinen, Panoramablicke, eine Fahrt mit der Fähre, das Naturschutzgebiet Steinbachtal und der Blick von der Cloef oder dem Turm des Baumwipfelpfades zur Saarschleife.
Wir überqueren am Hotel die Saar über eine denkmalgeschützte Stahlhängebrücke. Der Aufstieg Richtung Burg Montclair in Gesellschaft geht wie von selbst. Die Burg galt als uneinnehmbar und zählt zu den imposantesten Burganlagen Deutschlands. 1351 wurde sie dann doch nach einer längeren Belagerung eingenommen und geschleift. Arnold VI von Sierck ließ 1439 eine neue Burg mit kleineren Ausmaßen errichten, bewohnte sie aber nie. Viele Sagen und Geschichten ranken sich um das alte Gemäuer. Seit 1991 wird die Burg saniert. Im Burghof machen wir unsere erste Rast. Ein heißer Tee ist an diesem kühlen Junimorgen genau das Richtige. Angelika erzählt mir, dass sie, als sie noch für die Tourist-Information in Mettlach arbeitete, die Burgruine mehr ins Bewusstsein vor allem jüngerer Besucher rücken wollte. Daraus entstand das Burggespenst »Jakobine Clairchen«, das jeden ersten Samstag im Monat von April bis September im Burggelände allerhand kuriose Gruselgeschichten aus der fast 1000jährigen Geschichte der Burg zu berichten weiß.
Ein schmaler Pfad führt uns vom Bergsporn ins Saartal. Nach wenigen Minuten sind wir an der Anlegestelle der einzigen Fähre des Saarlandes. Die Fähre liegt am gegenüberliegenden Flussufer. Eine silberne Glocke signalisiert dem Fährmann, dass wir übersetzen wollen. Kurze Zeit später setzt sich die Fähre in Bewegung. Während die Fähre zu uns hinübersetzt, fällt mir die Ballade von Manfred Pohlmann ein. Mit wunderbaren Bildern beschreibt er in moselfränkischer Mundart das Leben am Fluss und den Fährbetrieb.
Wir sind an diesem Morgen die einzigen Gäste, die auf der Fähre, deren Name sich vom in der Nähe in die Saar fließenden Wellesbach ableitet, ans

Unterwegs auf der Saar: Die einzige Fähre des Saarlandes

Stephan, holl Iwwer

Text und Musik: Manfred Pohlmann

Mer dräen die Zeit paar Jahrzende zereck
Zwesche Benndoarf un Bastijanes, do woar noch kän Breck
Do dot Stephan Hoffmann met seinem Nache
Met Stab un met Ruder dä Fährmann mache
Die Arweider von denne Benndoarfer Hedde
Marktfraue, Gemees en Manne un Bidde
Die Mädscher nom Danze em Waldschlössje owe
Die standen am Ufer, mer hiert se noch roofe

Refrain: Stephan, holl iwwer
          Met deinem Scheff
          Stephan, holl iwwer
          Mer waden off Dich

Ob Sommer, ob Wender, ob et stürmt oder schneit
Ob Sonndaach, ob Werkdaach, e kom jederzeit
Un hätt dann met Mut, met Geschick un met Kraft
Jeden Fahrgast iwwer et Wasser geschaft

Un wenn dann die ahle Benndoarfer sterwe
Vermachen die Welt ihrer Kenner un Erwe
Un kommen zum Strom dä ent Jehnseits fürt
Se roofen aus Gewohnheit un bie et sich gehiert

Refrain: Stephan, holl iwwer …
          Met deinem Scheff
          Stephan, holl iwwer
          Mer waden off Dich

andere Ufer wollen. Als die Leinen los sind, wird es für Emma etwas ungemütlich. Das Schwanken der kleinsten Fähre, mit der ich je gefahren bin, ist ihr suspekt. Die Fahrt ist aber schnell überstanden und Emma freut sich, wieder festen Boden unter den Füßen zu haben.

Im »Fährhaus Saarschleife«, direkt am Saarufer machen wir noch mal eine Pause. Wir beobachten wie ein Frachtschiff die enge Kurve durch die Saarschleife nimmt. Bevor die Saar zur Schifffahrtsstraße ausgebaut wurde, brachten einige Untiefen in der Saarschleife so manchen Saarkahn zum Kentern. Fast senkrecht unterm Aussichtspunkt Cloef hat die Saar eine Einbuchtung in den Felsen gegraben. In einer kleinen Grotte steht die Statue des heiligen Sankt Nikolaus, des Schutzpatrons der Schiffersleute. Ihn riefen sie an, um gut durch die Stromschnellen und Untiefen der Saarschleife zu kommen: »Lief Nekleesji, maach, dat ma elo good dorchkomm. De kreischt och en Kierz esu dick wie min Arm«. Nachdem das Schiff schadlos durch alle Untiefen gekommen war, wollten die meisten Schiffer von dem Versprechen, eine armdicke Kerze zu spenden, nichts mehr wissen.

Wir verlassen das Saarufer und sind rasch im engen, dunkel-feuchten Naturschutzgebiet des Steinbachtals. Emma ist in ihrem Element, sprintet über die Holzstege, erklimmt in Windeseile die unzähligen Stufen, die uns nach oben bringen. Angelika und ich bleiben in gehörigem Abstand dahinter. Der dichte Blätterwald lässt kaum Sonnenschein in das enge Kerbtal vordringen. Dort, wo es die Sonnenstrahlen schaffen, beleuchten sie die gelben Flechten auf den mächtigen Felsblöcken. Emma kommt ab und zu zurück, um nachzusehen wo wir bleiben. Nachdem sie sich vergewissert hat, dass wir folgen, ist sie wieder hinter der nächsten Kehre verschwunden.

Von der Teufelssteinhütte haben wir einen imposanten Ausblick zur Saarschleife und ins Merziger Becken. Am Aussichtpunkt Cloef ist der Aufstieg geschafft.

Unweit des Aussichtspunkts befindet sich im Cloef-Atrium die Tourist-Information mit eigenem Verkaufsraum. Im hinteren Teil des Raumes verbergen sich kleine Schätze der Region. Matthias Hießerich, Leiter der Tourist-Information, hatte vor einigen Jahren die Idee, eine Regio- und Vinothek einzurichten. »Wir haben den Ehrgeiz, den Besuchern die bestmöglichste und umfangreichste Sammlung regionaler Produkte zu präsentieren. Wir wollen das Schaufenster mit Schätzen der Region sein«, so Matthias Hießerich bei einem gemeinsamen Rundgang. Über 20 Winzer aus Frankreich, Luxemburg, Rheinland-Pfalz und dem Saarland sind mit über 30 Weinen, Sekt und Cremants vertreten. Edelbrände, Viez, Honig, Senf, Essig und Apfelbalsamico runden das reichhaltige Angebot ab.

Daneben erhält der Besucher Informationen über die Bodenbeschaffenheit der Weinberge und deren Lagen. Matthias Hießerich arbeitet eng mit »Terroir Moselle« zusammen, einem grenzüberschreitenden Wein- und Tourismusprojekt, das die Weinbauregionen von Toul bis Koblenz miteinander verbindet. Matthias Hießerich hat sich mittlerweile mit etlichen Winzern im Dreiländereck angefreundet. »Allerdings kenne ich noch lange nicht jeden einzelnen Winzerbetrieb der Region, deshalb habe ich mir von Kennern der Szene Empfehlungen geben lassen. Ich denke, wir sind gut aufgestellt, zudem konnten wir namhafte Betriebe wie das Weingut Von Othegraven (Besitzer Günther Jauch) sowie das Weingut von Hövel aus Konz-Oberemmel, wo Maximillian von Kunow ausgezeichnete Rieslinge produziert, für unsere Vinothek gewinnen.«

Blick ins Saartal

Weltkarte des Lebens, Erdgeist und der 1000jährige Turm

Die Mönche des Benediktinerklosters und die Herren der Burg Montclair prägten das Leben in und um Mettlach vom Mittelalter bis in die Zeit der französischen Revolution.

Nach der Säkularisierung des Klosters erwarb Jean-François Boch 1809 die Alte Abtei. Die Lage unmittelbar an der Saar bot ideale Bedingungen. Die Rohstoffe zur Keramikproduktion konnten per Schiff angeliefert werden, die Region selbst hatte genügend Vorräte an Kohle und Holz. So entstand die Porzellanmanufaktur Villeroy & Boch, deren Firmenzentrale seither ihren Sitz in den prachtvoll restaurierten Sandsteingebäuden am rechten Saarufer hat.

Im Park der ehemaligen Abtei trifft Altertum auf Moderne. Der Alte Turm, das älteste sakrale Gebäude des Saarlandes, wurde als Grabkapelle für die Gebeine des Heiligen Lutwinus errichtet. Neben dem über 1000 Jahre alten Turm ragt der 14 m hohe »Erdgeist« des Wiener Künstlers André Heller in die Höhe. In unmittelbarer Nähe zeigt das Keramik-Puzzle von Stefan Szczesny die »Weltkarte des Lebens«, zusammengefügt aus mehr als 137.000 Einzelteilen. Beide Objekte zierten ursprünglich den Pavillon der Umweltorganisation World Wide Found for Nature (WWF) während der Weltausstellung EXPO 2000 in Hannover.

Im Innern der Alten Abtei befinden sich das Erlebniszentrum mit Keravision, das Keramikmuseum und das Museumscafé. Das Café ist im Stil des berühmten Dresdner Milchladens gestaltet, den Villeroy & Boch im Jahre 1892 für den Unternehmer Paul Pfund gebaut hatte. Zum Kaffeetrinken bleibt heute leider keine Zeit.

Der alte Turm im Park der ehemaligen Abtei

Bio-Bier aus Mettlach

Vor uns liegt die Erlebnisbrauerei Mettlacher Abtei Bräu. Hier wird das einzige Bio-Bier des Saarlandes gebraut: naturbelassenes, ungefiltertes Bio-Bier, nach traditionellem Verfahren. Karin und Wolfgang Fell sind Quereinsteiger in Sachen Bier.

Nach einem Urlaub in Bayern, wo sie verschiedene kleinere Brauereien besichtigt hatten, kam ihnen der Gedanke selbst einmal Bier zu brauen. »Die ersten Versuche fanden 1995 in unserer Küche statt«, erzählt mir Karin schmunzelnd. » Zusammen mit der Schwester meines Mannes hatte ich versucht, im Kochtopf Bier herzustellen.« Wolfgang erinnert sich:» Die Frauen haben das Bier gekocht und die Männer haben es verkostet. Es schmeckte nach Bier, aber es war zu stark. Die Mischung stimmte noch nicht: zu viel Malz, zu wenig Wasser. Es folgten weitere Versuche. Mein Schwager Michael Schorn und ich waren immer wieder fasziniert, was Karin und Ursula zusammenzauberten.«

Die Idee ließ die Vier nicht mehr los. Die Pläne wurden konkreter. Wolfgang Fell hatte damals einen Betrieb für Klima- und Lüftungstechnik, sein Schwager einen Zimmermanns- und Dachdeckerbetrieb. Ideale Voraussetzungen, um ein Brauhaus zu bauen. Zwei Jahre nach den ersten Versuchen »hauseigenes Küchenbier« herzustellen, wurde am Ostersamstag 1997 die Mettlacher Brauerei eingeweiht. Zwei große, blankgeputzte Braukessel stehen mitten im Gastraum. 30 Angestellte versorgen die Gäste mit Bio-Bier und deftigen Speisen.

»In der Brauerei werden ausnahmslos Bioprodukte aus Deutschland verarbeitet«, so Wolfgang Fell. »Unser Hopfen kommt aus einem Demeter-Betrieb vom Bodensee. Nach der Ernte werden die Hopfendolden gemahlen, gepresst und zu Pellets verarbeitet. Der Hopfen verliert dadurch nicht an Qualität und bleibt länger haltbar. Die Braugerste kommt aus der Nähe von Kirchheimbolanden in Rheinland-Pfalz, die in einer Mälzerei in Bamberg weiter verarbeitet wird. Selbstverständlich verarbeiten wir keine genmanipulierte Hefe sondern natürliche Bierhefe.«

Der 14 Meter hohe Erdgeist des Wiener Künstlers Andre Heller

Das Standartbier der Brauerei ist unfiltriertes Biobier, Mettlacher Abtei-Bräu. Es schmeckt jedes Jahr etwas anders, da die Natur den Geschmack bestimmt. Im Verlauf eines Jahres werden verschiedene Sondersude angesetzt. In den Sommermonaten wird ein leichtes Sommerbier mit etwas weniger Alkohol gebraut, ab November das Hubertusbockbier mit mehr Alkohol. Zu Litwinuswallfahrt an Christi Himmelfahrt wird ein Litwinusbier ausgeschenkt und zu den Römertagen der Villa Borg in Perl-Borg darf ein Römer-Pils nicht fehlen.

Gerne hätte ich eine kurze Rast eingelegt. Ein kühles Bier und dazu frisch gebrühte Weißwürste wären eine verlockende Idee, aber ich werde bereits erwartet.

Am Schloss Ziegelberg verabschieden wir uns von Mettlach. Abseits der Verkehrsstraßen liegt das Schloss oberhalb der Dächer von Mettlach. Edmund von Boch ließ es 1878 als Wohnhaus errichten. Vom Schlossgarten bietet sich uns nochmals ein fantastischer Blick auf das imposante Gebäude des ehemaligen Klosters und über das Saartal. Am gegenüberliegenden Ufer steht eine kleine Kapelle, zu Ehren des Heiligen Lutwinus von Benediktinern auf einem Felsplateau über der Saar erbaut.

Unvergessliche Wandererlebnisse

Am Schlossgarten treffe ich Anke Rehlinger. Im vergangenen Jahr hatte ich die saarländische Wirtschaftsministerin und stellvertretende Ministerpräsidentin eingeladen, mich und Emma für eine Wander-Reportage im Wochenmagazin Forum auf der Traumschleife »Himmels Gääs Paad« in Wadern-Noswendel zu begleiten. Nach unserer gemeinsamen Wanderung in Noswendel versprach sie, mich und Emma nochmals zu begleiten, wenn wir auf unserer Sommerreise unterwegs sein würden.

Emma hat sich sofort ins Herz unserer Begleiterin gewedelt. Bergauf zeigt uns Emma den Weg, der sich Meter für Meter nach oben windet. Vorbei geht es an mächtigen Gesteinsformationen, die mitunter den Weg zu versperren scheinen. Oben am Herrgottsstein folgt eine erste Pause auf einer Bank. Emma ist von der Steigung völlig unbeeindruckt.

Anke Rehlinger wandert gern. Nachdem wir die ersten Steigungen hinter uns haben und durch die offene Landschaft Richtung Hungerberg wandern, erzählt sie mir: »Zu Fuß unterwegs zu sein, ohne Zeit- und Leistungsdruck, das ist eine Art Gegenmodell zu dem, was ich den lieben langen Tag so treibe. Ich glaube, dass man beim Wandern eine besondere Unmittelbarkeit erfährt, sowohl in der Begegnung mit Orten als auch mit Menschen. Ich habe mich früh dafür interessiert, was Sie als Langstreckenwanderer und Wanderexperte machen. Wer 5.200 Kilometer rund um Deutschland läuft, hat nicht nur Ausdauer, sondern auch ein klares Statement: Wandern öffnet Augen, Nasen, Ohren. Und dieser Aspekt motiviert auch mich. Dass Sie sich nun den Hunsrück ausgesucht haben, um auf Erkundungstour zu gehen, finde ich eine gute Wahl. Ich bin im Hochwald aufgewachsen, den Hunsrück sozusagen vor der Haustür. Ich habe die Landschaft und ihren besonderen Reiz bei vielen Unternehmungen kennengelernt. Sie hat etwas Unverwechselbares.«

Da die Wirtschaftsministerin des Saarlandes auch für den Tourismus des Landes zuständig ist, befrage ich sie zu den Tourismusprojekten im Bereich Wandern. »Als Saarland haben wir einen Anteil am Saar-Hunsrück-Steig. Das ist eine grandiose Strecke. Auf 400 Kilometern geht man meist auf Waldboden oder Gras, hört selten Motoren, eher Bachgeplätscher. Seit einigen Jahren sehe ich solche Premiumwege nicht nur durch die Brille des heimatverbundenen

Naturmenschen, sondern auch durch die Brille einer für Tourismus zuständigen Wirtschaftsministerin.

Was an unserem Land von auswärtigen Gästen neben der Kulinarik und der Gastfreundschaft immer wieder gelobt wird, sind nun einmal die Wanderwege. Deshalb möchte ich die Zukunft des Wandertourismus im Saarland sichern. Die Kernfragen dabei lauten: Was können wir tun, um mit den wunderbaren Routen noch mehr Gäste anzulocken? Was sollen wir machen, damit diese über Nacht bleiben und auch die Wirte etwas von ihnen haben?

So viel ist klar, wenn wir gezielt in die naturtouristische Infrastruktur investieren, bringen wir die Dinge voran. Das gilt für die Freizeiteinrichtungen wie für die Unterkünfte. Wir müssen uns dabei mit den legitimen Erwartungen der Gäste genauso auseinandersetzen wie mit einer engeren Vernetzung entlang der Dienstleistungskette. Wir haben exzellente Wege. Jetzt richten wir unser Augenmerk auf das, was wir brauchen, um auf ihnen unvergessliche Wandererlebnisse entstehen zu lassen.

Wir haben im Saarland eine ganze Reihe von Trümpfen, die wir dabei ausspielen können: Gutes Essen und regionale Produkte, Kultur und Industriekultur, vielleicht auch Spiritualität wie beim Pilgern oder das Abenteuer wie beim Trekking mit Alpakas. Ich bin da ganz optimistisch. Das Vorurteil, dass an Wanderern wenig zu verdienen ist, halte ich für falsch.

›Wandern ohne Einkehr ist möglich, aber sinnlos‹, sagen manche frei nach Loriot. Und ich kann sie aus eigener Erfahrung gut verstehen! Sie müssen eben nur eine Chance haben überhaupt einzukehren.

Denken Sie daran, mit Fördergeldern bestimmte Maßnahmen zu unterstützen?

Die Marktforschung zeigt, dass die Tagesausgaben der Wandergäste im Saarland tatsächlich steigerungsfähig sind. Wir stellen deshalb solche Strecken in den Mittelpunkt, die über eine Mindestausstattung an Versorgung und Freizeitangeboten verfügen. Wo an wichtigen Routen Lücken sind, wollen wir sie schließen. Dabei ist es erlaubt, auch an ganz Neues zu denken, also mobile Getränkestationen, bewirtschaftete Wanderhütten oder einen Lieferservice zu beliebten Rastplätzen. Ich gebe der Förderung bestehender Betriebe aber Vorrang vor der Schaffung konkurrierender Angebote.

Für mich war Heimat nicht nur in der Kinderzeit immer auch ein Naturerlebnis. Der Hunsrück gehörte und gehört bis heute dazu. Ihre spannende Reise verschafft denen einen intensiven Eindruck, die den Landstrich noch nicht selbst erlebt haben. Und sie macht Kennern den Blick frei auf sympathische Details, die man leicht übersieht. Was die Gäste suchen, sind unvergessliche Wandererlebnisse.«

HEIMAT ...
ist da, wo man sich wohlfühlt!
Nette Menschen, interessante Landschaft,
alles zu finden in unserem schönen Saarland.
Ein wunderbares Stück Heimat – für mich.

Anke Rehlinger

Zwischen dem 17. und 19. Jahrhundert wurde rund um Britten der Brittener Buntsandstein gebrochen. Der Beruf des Steinhauers ernährte damals fast den gesamten Ort. Aus dieser Zeit stammen einige Wegkreuze aus Buntsandstein, wie das sogenannte »Kümmer-Kreuz« von 1761. Das von Petrus Pelcer aus Britten geschaffene Kreuz säumt den Weg der alljährlichen Fußwallfahrt zum Gnadenbild nach Beurig. Das Kreuz mit barocken Elementen zählt zu den »Neunhäuserkreuzen«. Ein Kaufmann aus Losheim und seine Söhne wurden im Neunhäuserwald Opfer einer Räuberbande. Am Fundort ihrer Leichen wurden in Erinnerung an die Gräueltat Kreuze errichtet.

Morgen werde ich auf dem Steinhauerweg den Spuren der Britter Steinhauer folgen. Erst einmal lockt am Dorfrand von Britten der Hinweis »Landcafé Zeit-Genuss« zu Käsekuchen und heißer Schokolade. Aber dazu hat Anke Rehlinger leider keine Zeit mehr, ihr Chauffeur wartet bereits auf dem Parkplatz des Cafés.

Die Inhaberin des Landcafés Doris Jakobs wagte erste vor einem Jahr den Sprung in die Selbstständigkeit. Hier kann sie ihre Leidenschaft für Heilkräuter in die Praxis umsetzen. Sie ist gelernte Kräuterpädagogin und bietet regelmäßig Kräuterwanderungen an. Bei meiner Schokoladenpause erzählt sie mir, dass sie hofft, ihren Besuchern den Umgang mit unserer heimischen Natur- und Kulturlandschaft näher zu bringen. Sie möchte sie dazu verführen, die Natur noch mehr zu lieben, zu schätzen und zu achten. »Meine Passion ist es, dass die vielen Wildkräuter unserer Heimat einen Platz in der Küche finden und dass ihr Wert für unsere Gesundheit erkannt wird«. In einer Zeit, in der das Wissen über unsere traditionellen Heilpflanzen zunehmend verloren geht, braucht es Menschen wie sie, die ihre Ideale leben. Gerne hätte ich eine Kräuterwanderung mitgemacht. Ich hoffe, ich kann das irgendwann nachholen.

Historische Steinkreuze erinnern an die Blütezeit der Steinbildhauer in Britten

Die Traumschleife Steinhauerweg führt uns mal ebenerdig, mal sanft bergab, durch schattigen Wald. Schmale Waldpfade sind mit breiteren Waldwirtschaftswegen verwoben.

Schon bald erreichen wir das erste Steinkreuz unserer Tour, das Kreuz der Dudisch Frau (der toten Frau) von 1786, das an eine Begebenheit erinnert, die sich im 30jährigen Krieg in Britten zugetragen haben soll.

Es folgt das sogenannte »Pelcer Kreuz« von 1749, dessen Inschrift an den Steinhauer Johannes Pelcer erinnert, der das Kreuz bearbeitet hat.

»Das Kreuz an der Mettlacher Straße« aus dem Jahr 1760 geht auf einen Schwur zurück. An dieser Stelle soll sich eine Wolfsgrube befunden haben soll. Ein Wanderer, der in die Grube gestürzt war, schwor, ein Kreuz an der Stelle zu errichten, falls er gerettet würde.

Wir erreichen einen stillgelegten Steinbruch. Sonnenstrahlen malen faszinierende Schattenspiele auf die dunkelroten Farben der Felsen. In Ritzen und Spalten wachsen Blumen und Gras, dicke Moosschichten überziehen einige Felsplatten. Hie und da können sich sogar Bäume behaupten, die Wurzeln fest um den Stein geschlungen. An einigen Stellen erkenne ich Kerben, die vermutlich von Hammerschlägen und anderen Bruchwerkzeugen stammen.

Nur wenige Meter von der Wegtrasse der Traumschleife entfernt ist die Hangkante des Steinbruchs von Detlef Jager. Hier wird noch Stein gebrochen. Es ist der einzige offene Naturwerk-Steinbruch des Saarlandes. Der gelernte Steinmetz und Steinmetzmeister betreibt den Steinbruch in der dritten Generation.

In der Blütezeit waren hier bis zu 25 Arbeiter angestellt. »Als mein Vater hier 1950 anfing, gab es in Britten noch fünfzehn verschiedene Betriebe. In der heutigen Zeit muss man vielseitig sein. Aus China und Indien kommen viele Billigsteine auf den Markt, da können wir nicht mithalten. Wir arbeiten an Kirchen und öffentlichen Bauwerken, restaurieren und lassen neue Steinmetzarbeiten entstehen. Hinzu kommen Aufträge für Grabsteine. Außerdem beliefern wir mit unserem Buntsandstein Steinmetzbetriebe in ganz Deutschland«.

Auch einige Kunstwerke der von Bildhauer Paul Schneider initiierten Skulpturenstraße auf den Höhen des Saargaues sind aus Buntsandstein aus Detlef Jagers Steinbruch gehauen.

Der Name Buntsandstein stammt von den verschiedenen Farben der Gesteine, aus welchen er aufgebaut ist. Vor ca. 245 Millionen Jahren lagerte in weitverzweigten Flusssystemen und flachen Binnenseen periodisch Sand und Ton ab. Mächtige Sanddünen und vertrockneter Flussschlamm verfestigten sich zum meist rot gefärbten Buntsandstein. Der Anteil an Eisen-3-Oxiden gibt dabei dem Sandstein seine typisch rote Farbe.

Detlef Jager führt mich über das Gelände seines Steinbruchs. Die Buntsandsteinschicht hat eine Dicke von mehr als zehn Metern. Mitten im Steinbruch zeigt er mir die wellenförmige Struktur des Steinbruchs. Ich kann die mächtige, zu Stein gewordene Sanddüne, gut ausmachen, die einstmals hier angeweht und angeschwemmt wurden.

Als wir uns verabschieden, macht er mich noch auf eine riesige Säge aufmerksam, mit der die dicken Felsbrocken zerteilt werden. Ein angelieferter Buntsandstein soll zu einem Grabmonument verarbeitet werden. Die Fläche des Steins zeigt die gleiche Schlierenbildung, wie ich sie vom Meeresstrand kenne. Am Meer ist es weicher Sand, hier ist der ehemalige Sandstrand zu Stein geworden, ein faszinierendes Bild, jede noch so feine Schliere unterscheidet sich in winzigen Farbnuancen voneinander.

Auf dem Weg zum nächsten stillgelegten Steinbruch passieren wir an einer Wegkreuzung der alten Römerstraße »Das Haecke Kreuz« von 1787, benannt nach dem Postboten Peter Haeck, der auf seinem Weg von Merzig nach Trier in einen Schneesturm geraten und vor Entkräftung eingeschlafen und erfroren sein soll.

Bäume hüllen den Steinbruch »Fonkenbruch« in mystisches Dunkel. An den Felswänden des schmalen Durchlasses erkennt man noch die Spuren von Hammer und Meißel.

In Britten lebte über viele Jahre die 1891 bei Saarburg geborene Heimatschriftstellerin Maria Croon. Als sie 1983 verstarb, hinterließ sie ein umfangreiches-literarisches Werk, das Kurzprosa, Gedichte, Essays, Theaterstücke und Romane umfasst, teilweise in moselfränkischer Mundart.

In einem Gedicht beschreibt sie ihr Dorf:

MEIJN DÄRFJEN

Meijn Därfjen es klän –
Däu sescht, et sei net schejn,
Ech hun op der Wält –
Nejscht Schejneres gesehjn.
De Gässjer sen kromp –
Die Heisersche alt,
Dach en user Schuft –
wort's sejlewen net kalt.
De Leit sen gehejt –
on dach net bedross,
En Patt Viez on e Schdeck Bröut –
Krejschd de ger on emsoss.
(…)

Maria Croon schrieb sehr lebensnah. Häufig entstammen ihre Figuren und Gestalten ihrem unmittelbaren Lebensbereich. Der 12 Kilometer lange, der von Orscholz nach Saarburg durchs Leukbachtal führt und ihren Namen trägt, erinnert an diesen unmittelbaren Lebensbereich der Dichterin.

In ihrem Buch »Die Mission der Traut Halbach« beschreibt Maria Croon das Leukbachtal:

»Von hier aus konnte man den Lauf des Flüsschens eine Strecke weit übersehen. Jenseits kletterte der bunte Herbstwald die Berge hinauf. Über seinen Gipfeln ruhte der Horizont, er war heute ein wenig getrübt von den aufsteigenden Nebeln und dem Rauch der Kartoffelfeuer, die auf den Äckern brannten.« Und an anderer Stelle weiter: *»Aber heute schaute Traut ihr Tal, das unter dem Hauch der Frühlingssonne aus allen Grasspitzen und Blütenknospen blinzelte, mit anderen Augen an. Das Mühlrad klapperte so lustig, die Schaumkronen des Baches glitzerten wie Silber. Gebeugt von der Last seiner Blütendolden, lehnte ein Fliederbaum über die zerbröckelte Gartenmauer, und wer den Kopf ein wenig zur Seite beugte, konnte sich im Vorübergehen eine Nase voll des köstlichen Duftes mitnehmen.«*

Zuletzt lebte Maria Croon in Britten im Haus von Rosemarie und Werner Ewerhardy. Rosemarie zeigt mir die Räume, in denen Maria Croon ihre letzten Jahre verbrachte. »Direkt neben dem Schlafzimmer hatte sie ihr Arbeitszimmer. An allen Wänden waren Bücherregale angebracht. Das Einzige, das man sah, waren Bücher, ihr Schreibtisch und ihre Schreibmaschine.«

Rosemarie beschreibt Maria Croon als eine sehr gläubige Frau, die ein großes Herz für die vom Leben Benachteiligten hatte. Beispielsweise hinterlegte sie beim Bäcker Geld für arme Menschen, damit er ihnen etwas mehr einpacken konnte. Auch viele Bittbriefe, die sie erreichten, wurden erhört.

Rosemarie erzählt, dass Maria Croon sehr gut kochen konnte. Besonders Eintöpfe liebte sie. In die Rindfleischsuppe gab sie immer ein Stück Dürrfleisch dazu, damit sie kräftiger schmecke.

Maria Croon und Rosemarie Ewerhardy verband eine innige Freundschaft. Da Maria Croon kein Auto besaß, chauffierte Rosemarie sie zu Lesungen oder Theaterpremieren. Oft saßen sie danach im Wohnzimmer bei einem Glas Wein.

Das Buch »Heielei hett« entstand in der Wohnung der Ewerhardys, per Hand und Schreibmaschine geschrieben.

Als Maria Croon im März 1983 verstarb, saßen Rosemarie und ihr Mann Werner an ihrem Bett. »*Lou owen san uus Leid – sie hann all strahlende Gesichda*«, waren ihre letzten Worte.

Wanderglück zwischen Britten und Losheim

Der neue Tag begrüßt uns mit Vogelgesang. Erste Sonnenstrahlen treffen den Morgentau und verzaubern die Wiesen zwischen Britten und Girtenmühle. Tausendfach glitzern und blinken »Wiesen-Edelsteine« an jedem Grashalm. Eine Märchenwelt, die nur früh morgens zu bestaunen ist.

Viele blaue Glockenblumen sind schwer beladen mit nächtlichem Tau, erste Bienen summen, Schwalben ziehen über uns ihre Kreise, kleine Nebelschwaden löst die Sonne rasch auf. Der Wiesenweg verliert sich im nahen Wald. Mal laut, mal leise gurgelnd sucht sich das Wasser der Bäche seinen Weg um die Steine im Bachbett und windet sich um die nächste Biegung. Sonst ist nichts zu hören, der Waldrand wirkt wie eine Lärmschutzwand, die alle Geräusche von außen abschottet.

Wir folgen dem Pfad zwischen mächtigen Fichten und alten Buchen. Der Schwarzwälder Hochwald macht hier seinem Namen alle Ehre. Hinter Bergen passt sich der Weg den Bachwindungen an. Wurzelwerk und Felsgestein bilden den Belag des Weges, Waldvögel hüpfen lautlos von Ast zu Ast. Für Emma ist das glasklare Bachwasser pures Hundeglück. Ich pflücke erste junge Pfifferlinge am Wegesrand. Wohin mein Blick auch fällt, neue Bilder bei jedem Schritt. Einatmen, ausatmen, innehalten, Stille genießen, Zeit spielt keine Rolle, Verweilen, ZeitGenuss.

Rauschendes Wasser, wenn der Bach über eine Steinkante nach unten fällt, leises Plätschern, fast unhörbar, wenn er sanft im Bachbett dahingleitet. Dicke Moosteppiche breiten sich zwischen den Bäumen aus, dazwischen tragen Blaubeeren erste, noch grüne Früchte. Die Walderdbeeren benötigen dringend warme Temperaturen.

Holunderblüten und Heckenrosen am Waldessaum verströmen süßlich-betörenden Düfte. Mannshohe Farnpassagen, Fernsichten von Hang- kanten alter Steinbrüche. Wasseradern durchziehen den Wald, es gluckert und gluckst aus allen Richtungen.

Emsige Amseln, Rotkehlchen und Eichelhäher versorgen ihre noch junge Brut. Hier und da der Ruf des Kuckucks, über freiem Feld zieht der Milan seine Bahn, Krähen stieben lauthals davon, ein Falke stürzt wie ein Stein zu Boden, es könnte das jähe Ende einer Feldmaus bedeuten.

Der Weg führt über schmale Pfade. Der Regen der letzten Tage hat seine Spuren hinterlassen. Wo der Weg stark aufgeweicht wurde, wandern wir über knorriges Geäst oder Knüppeldämme und mit feinem Draht überzogene Holzstege. Am Seeufer laden Sinnenbänke zum Ausruhen ein. Der Blick übers Wasser, mit dem sich im Wind wiegenden Schilfgras hat eine wunderbar beruhigende Wirkung. Sommerträume, Wanderträume, Wanderglück.

Blumenwiese bei Britten

Das Traumschleifenland – eine Erfolgsgeschichte

Seit Jahren bin ich während meiner Reisen ohne Armbanduhr unterwegs. Der Weg und seine Beschaffenheit geben den Takt vor, nicht der ständige Blick zur Uhr. Ich hoffe meine Leserinnen und Leser überzeugen zu können, auch einmal zeitlos zu werden. Nur so ist es möglich eine Wanderung mit allen Sinnen zu genießen – gerade hier!

Dem Wanderer wird im Traumschleifenland der Region Saar-Mosel-Nahe-Rhein der »grüne Teppich« ausgelegt.

Im Projektbüro Saar-Hunsrück-Steig in Losheim am See treffe ich mich mit Achim Laub. Der Projektleiter des Saar-Hunsrück-Steigs und Cheftouristiker Losheims ist ein leidenschaftlicher Wanderer, mit dem ich schon oft unterwegs war. Achim erinnert sich an die Anfänge des Premiumwanderns in Losheim im Saarland und der Großregion:

»Das weiß ich noch ganz genau, 1998 hatten wir rund um Losheim fünfzehn Wanderwege, die so gut wie nie gelaufen wurden. Walburga Meyer, Tourismuschefin in Kell am See hatte 1999 den Natursoziologen und damaligen Vorsitzenden des Deutschen Wanderinstituts e. V. Dr. Rainer Brämer aus Marburg zu einem Seminar nach Kell am See eingeladen. Dr. Brämer stellte während der Tagung das Konzept von Premiumwanderwegen vor. Ich war begeistert von dem Konzept. Noch während der Tagung spukte die Idee in meinem Kopf, einen Premiumweg zu gestalten. Der Weg über den Teufelsfelsen, das Naturdenkmal Bärenfelsen, der Adelsfels, die Römerburg, der Schlangenfels, keltische Kultstätten, das Lannenbachtal und eine alte historische Grenze sollten ausreichen, um einen entsprechenden Weg zu schaffen.«

Der später hochbewertete Felsenweg nahm in Laubs Kopf bereits Gestalt an. Der Premiumrundwanderweg »Felsenweg« in Zusammenarbeit mit dem ortsansässigen Förster und Ortsvorsteher wurde entwickelt und umgesetzt. Im April 2005 zertifizierte das Deutsche Wanderinstitut den ersten Premiumwanderweg im Saarland. Der neu geschaffene Wanderweg wurde noch im selben Jahr zum »Wanderweg des Jahres« in Deutschland gekürt.

Wasserlauf auf dem Felsenweg

Neben der Planung eines Fernwanderweges entstand die Losheimer Tafeltour, der zweite Premiumrundwanderweg und als dritter Weg der Schluchtenpfad in Losheim-Rissenthal. Der Grundstein für ein Erfolgsmodell, das in Deutschland seinesgleichen sucht, war gelegt. Der Fernwanderweg Saar-Hunsrück-Steig, der zunächst von der Saarschleife in Orscholz bis ins rheinlandpfälzische Idar-Oberstein führte, entstand parallel zu den Planungen der Traumschleifen. Kurze Zeit später wurde er zum »Schönsten Fernwanderweg Deutschlands« gekürt. Der Markenname »Traumschleife« wurde gemeinsam mit den Kollegen aus Rheinland-Pfalz der Öffentlichkeit vorgestellt. Mittlerweile sind 111 Traumschleifen in Luxemburg, Saarland und Rheinland-Pfalz entstanden. Fünf Traumschleifen waren bereits »Schönster Wanderweg Deutschlands«. Etliche belegten zweite und dritte Plätze. Viele Delegationen haben zwichenzeitlich das Projektbüro oberhalb des Losheimer Stausees besucht. Sogar Touristiker aus Dänemark oder Schweden wollten von Achim Laub lernen, wie man erfolgreiche Fernwanderwege plant.

Inzwischen sind deutschlandweit über 600 Premiumwege gestaltet worden. Der Fernwanderweg Saar-Hunsrück-Steig schlängelt sich nun auf 410 Kilometern von Perl im Dreiländereck Deutschland, Frankreich und Luxemburg durch das nördliche Saarland und den neu geschaffenen Nationalpark Hunsrück-Hochwald nach Idar-Oberstein und von dort bis zum Weltnaturerbe Mittleres Rheintal nach Boppard am Rhein. Ein Wanderweg auf erdigen, naturbelassenen Wegen mit einem Asphaltanteil von maximal fünf Prozent – unerreicht in Deutschland oder sonst wo in Europa.

Der Fernsehsender ARTE drehte eine Filmserie zum Thema Wanderlust. Untertitel: Die schönsten Weitwanderwege Europas. Wandern ist heutzutage nicht mehr altmodisch, sondern jung, grün, gesund und liegt fast überall in Europa im Trend. Neben dem Cornwall-Küstenpfad in England, dem Trockenmauerweg auf Mallorca oder dem Stevensonweg in Frankreich wurde der Saar-Hunsrück-Steig als einziger Weg Deutschlands in dieser Fernsehserie vorgestellt.

ARTE reagiert damit auf eine Entwicklung, die sich seit Jahren abzeichnet: Immer mehr Menschen wollen der Natur nahe sein, zur Ruhe kommen, ihre Sehnsucht nach Entschleunigung stillen und der ständigen Erreichbarkeit entfliehen. Anfang Oktober 2016 veranstaltete das saarländische Wirtschaftsministerium diesem Trend folgend den ersten »Walkshop« – »Zwischen

Emotion und Geschäft – Zukunft des Premiumwanderns.« Eine einzigartige Aktion: moderierte Fachgruppenarbeit von Touristikern, Kommunalpolitikern, Unternehmern und Fachautoren während einer Wanderung auf dem Losheimer Felsenpfad. Herausgekommen sind gute Ansätze, die Schritt für Schritt umgesetzt werden sollen.

Der Felsenweg, ein Weg »um Zeit zu dehnen«

Bevor ich mich mit meinem Freund Werner Bach zur Traumschleife »Felsenweg« aufmache, steht ein kurzer Abstecher zum Park der Vierjahreszeiten auf dem Plan. Auf 50.000 qm erleben Besucher das Wechselspiel der Natur zwischen Bäumen, Sträuchern, Stauden, Gräsern und Blumen. Kaskadenähnlich windet sich ein Blütenmeer vom Eingangsbereich hinunter zum See. Anregungen für eine naturnahe Garten- gestaltung bietet der NABU-Naturgarten. Überall im Park sind auch Kunstobjekte installiert. Der Park gehört zu den »Gärten ohne Grenzen«, »Jardins sans Limites«, einem Netzwerk kleiner und großer Gärten in Deutschland, Frankreich und Luxemburg.

Der Sommer zeigt sich heute von seiner besten Seite. Nach einigen Regenschauern der letzten Tage scheint endlich die Sonne. Wir spüren die Wärme schon am Start. Der Felsenweg ist auch an heißen Sommertagen gut zu laufen. Dem Wanderer bietet er reichlich Schatten, für Hunde findet sich fast permanent irgendwo ein Wasserlauf.

Werner Bach kenne ich seit seiner Wanderung zu Stationen seines Lebens. Der gebürtige Dortmunder hatte in vielen Regionen Deutschlands gelebt, bevor er in Darmstadt sesshaft wurde. 2013 machte er sich zu Fuß auf, ehemalige Freunde, Studien- und Arbeitskollegen, Nachbarn und Schulfreude, die er teils über 40 Jahre nicht mehr gesehen hatte, zu besuchen. Seine Reise, auf die ich zufällig im Internet aufmerksam wurde, glich in großen Teilen meiner eigenen Wanderung rund um Deutschland im Jahr 2010. Aber Werner Bach wollte tatsächlich das Saarland links liegen lassen! Ich konnte ihn überzeugen, das Dreiländereck und damit verbunden, den einmaligen Blick von der Cloef zur Saarschleife in seine Tour mit einzubeziehen. Ich lockte ihn mit dem Versprechen, ihn mit Emma von Orscholz nach Perl zu begleiten. Später schrieb Werner dazu in seinem Reisetagebuch: »*Schon gestern habe ich mit einem meiner Vorgänger, dem RundumDeutschlandwanderer Günter Schmitt für heute einen Termin ausgemacht. Er wird mir mit Emma, seiner Beaglehündin, etwas von seiner Heimat Saarland und auch Schengen in Luxemburg zeigen. Wir haben uns um 9 Uhr an der Cloef, oberhalb der Saarschleife verabredet.*

Der Teufelsfelsen auf dem Felsenweg

Meine Zimmerwirtin hat extra etwas früher das Frühstück hergerichtet. Mein Rucksack ist bereits gepackt und ich starte unmittelbar nach dem Frühstück. Mein Zimmerwirt beschreibt mir ausführlich den Weg zur Cloef. Doch im Ort werde ich unsicher und frage nach. Hier kennt jeder die Cloef und so erreiche ich schon 20 Minuten vor der Zeit diesen Aussichtspunkt.

Der Blick auf die Saarschleife ist atemberaubend schön. Über der Saarschleife liegt noch stellenweise Nebel und Reste des Sonnenaufgangs kann ich noch miterleben. Dieser Blick auf die Saarschleife ist der bisherige Höhepunkt meiner Wanderschaft. Immer und immer wieder fotografiere ich. (214. Etappe: 30. November 2013 – Orscholz-Schengen/Luxemburg-Perl-Mosel)«.

Wir verstanden uns auf Anhieb und waren seither schon öfter gemeinsam unterwegs.

Im Gegensatz zu mir, seit Jugend sportlich ambitioniert und fasziniert von extremen sportlichen Herausforderungen, war Werner früher ein bekennender Couch-Potato, dem jedwede Bewegung ein Gräuel war. Seine vorwiegend sitzende Tätigkeit in der Softwareentwicklung war Beruf und Berufung zugleich. Erst nach gesundheitlichen Problemen fasste er den Entschluss, sein Leben radikal zu ändern. Er schloss sich einer Nordic-Walking-Gruppe an und wandelte sich zum Gesundheits- und Fitnessfanatiker. Inzwischen betreut er die schnellste Nordic-Walking-Gruppe seines Vereins. 2009 ist Werner dann 2700 Kilometer von Darmstadt nach Santiago de Compostella gewandert.

Als ich Ende August 2015 nach meiner Hunsrück-Sommerreise wieder zu Hause bin ist Werner in Japan unterwegs: auf dem Shikoku-Pilgerweg. Mit seinen 88 Tempeln ist er ein wichtiger buddhistischer Pilgerweg auf der Insel Shikoku. Werner will auch die 20 Nebentempel und den heiligen Berg Koyasan (Weltkulturerbe und Mausoleum des Mönches Kukai) besuchen. Insgesamt wird er 1600 Kilometer zu Fuß unterwegs sein.

Als wir zusammen auf dem Felsenweg unterwegs sind, liegt Werners Pilgerreise in Japan noch in der Zukunft. Den Felsenweg begeistern Werner, mich und auch Emma bereits auf den ersten Metern. Wir verschwinden im schattigen Wald, Emma kann über Felsen klettern und wann immer sie Durst hat, kann sie diesen an einem kühlen Waldbach stillen.

Wie immer haben wir uns viel zu erzählen, während wir uns durch die hügelige Hochwaldlandschaft treiben lassen. Und wir genießen die Ausblicke von den Sinnenbänken, die uns verführen, längere Pausen einzulegen. Der Felsenweg ist ein Verführer, man entschwindet in eine andere Welt, Schritt für Schritt eine Traumkulisse, eine Traumschleife, die ihrem Namen alle Ehre macht.

Werner und ich sind uns einig: Eine absolut gelungene Inszenierung von Wald und Wiesen, Wasser und Felsen, Schatten und Licht. Achim Laubs Meisterstück!

Achim Laub, der Macher des Felsenweges, sieht »seinen« Weg so: »Der Felsenweg war der erste Premiumweg, den ich mit Partnern vor Ort entwickelt habe. Und dann gleich im ersten Jahr ›Deutschlands Schönster Wanderweg‹! In den Folgejahren wurde er schrittweise weiter verbessert und dann zehn Jahre nach der Zertifizierung 2015 der Weg in Deutschland mit den meisten Erlebnispunkten. Jetzt ist er ein Wandertraum, der Begeisterung auslöst.«

Lukas Meindl, Geschäftsführer der Lukas Meindl GmbH & Co. KG in Kirschanschöring an der deutsch-österreichischen Grenze, ist voll des Lobes. Er ist seit 2015 Pate des Felsenweges. »Der Weg liegt in einer Gegend, die wir Bayern nicht so oft zum Wandern bereisen. Das ist aber ein Fehler, wie sich herausstellte, als ich auf Einladung von Günter ins Saarland kam. Der Felsenweg ist mit sehr viel Leidenschaft und Liebe zum Detail angelegt. Man erkennt sehr schnell, dass hier mit sehr viel Erfahrung und Können eine Wegführung gefunden wurde, die einem immer wieder überraschende Eindrücke bietet. Ich fand eine wunderbare unberührte Naturlandschaft vor. Wunderschöne Aussichtspunkte und Wegführungen mit viel Abwechslung haben mich überzeugt. Der Felsenweg ist sicher mit Recht der höchst prämierte Premiumweg, für den ich gerne die Patenschaft übernommen habe.«

Für Peter Klein, Geschäftsführer des Saarschleifenlands, ist der Felsenweg wie ein alter Freund. »Er ist schon lange da, man kennt ihn genau. Jede Aussicht, jeder Bach und jeder Pfad ist einem vertraut. Und doch hat er sich immer wieder verändert, ist heute ein anderer als vor zehn Jahren. Natürlich viel besser, wie ein alter Freund eben.

Wie kann man einen perfekten Weg noch besser machen? Der Felsenweg zeigt es uns immer wieder aufs Neue. Eine neue Aussicht, eine neue Passage über die Viehweide, eine neue Gesamtkonzeption. Wieder ist man als Kenner des Weges überrascht und begeistert. Und freut sich schon auf die nächsten Verbesserungen.

nächste Doppelseite: Felsrippe auf dem Felsenweg

Der Felsenweg mit seinen 95 Erlebnispunkten zeigt, dass diese Bewertung des deutschen Wanderinstituts keine akademische Zahl, sondern ein Ausdruck der wahren Wegequalität ist. Jeder Punkt wird erwandert und genossen. Ein Meisterwerk.«

Michael Sänger, ehemaliger Chefredakteur des Wandermagazins, kennt den Felsenweg ebenfalls seit einigen Jahren:»Schön, dass der Weg auch jede Menge Begegnung mit dem harten Hochwaldgestein zu bieten hat. Was drauf steht, ist auch drin. Das gilt längst nicht für alle Traumschleifen zwischen Mosel, Saar und Rhein. Hier stimmt's. Dabei hat der Weg so viele Glanzpunkte zu bieten, dass man sich rückblickend bei der Erstellung einer Hitliste der allerschönsten Momente wirklich schwer tut. Teufelsfelsen oder Bärenfelsen, Adelsfels oder Schlangenfels? Kneippanlage oder Römerburg, Holzbachtal oder Lannenbachtal? Streuobstwiesen oder Obstbaumallee, Keltenheiligtum oder Wasserfall? Ich kann mich nicht entscheiden. Wo immer ich auf den 14 Kilometern angerührt stehen blieb, da wollte ich verweilen. So betrachtet ist der Felsenweg ›der‹ Weg, um die Zeit zu dehnen.«

Dem ist nichts mehr hinzu zu fügen. Aber alles stimmt, nichts ist übertrieben. Wie man die Zeit auch dehnt, der schönste Weg hat einen Endpunkt.

Emma und ich sind im Seehotel direkt am See untergebracht. Werner muss leider gleich nach unserer gemeinsamen Tour zurück nach Darmstadt.

Emma und ich freuen uns aufs Essen. Hotelier Thomas Schmitt hat in den letzten Jahren intensiv an seiner Speisekarte gebastelt.»Die Gäste haben in der letzten Zeit immer häufiger nach regionalen und saisonalen Gerichten gefragt. Zunächst haben wir die Speisenkarte mit einer regionalen Karte ergänzt. Wir stellten fest, dass die kleinere, regionale Karte zum Renner wurde. Daraufhin habe ich mich entschlossen, die große Speisekarte auf regionale und saisonale Erzeugnisse auszurichten.«

Heimat schmeckt, oder wie ein Slogan im Hochwald und Hunsrück heißt »Ebbes von hei«. Es freut mich, dass mittlerweile viele Gastronomen diesen Schritt gewagt haben. Auf meiner Reise werde ich einige davon kennenlernen. Kostproben inklusive. Jetzt sind wir erst einmal in Losheim am See. Ich genieße saarländischen Spargel und trinke dazu einen Tropfen saarländischen Wein von der Obermosel. Auch Emma kommt nicht zu kurz. Sie bekommt ihr Lieblingsgericht: Hühnerfleisch mit feingeraspelten Karotten – ein perfektes Ende eines perfekten Tages.

Übernachten im Weinfass

In der Nacht hat es weiter aufgeklart. Von meinem Balkon habe ich einen wunderbaren Blick über den Stausee. Der Vollmond spiegelt sich im Wasser und lässt die Nacht fast zum Tag werden. Es fällt mir schwer, den Blick zu lösen. Doch ich muss morgen zeitig los. Es soll sehr heiß werden.

Ich starte mit Emma in aller Frühe, denn wir werden etliche Stunden unterwegs sein. Die Etappe von Losheim am See nach Weiskirchen gilt mit 460 Höhenmetern als schwierig. 15,3 Kilometern mit vielen Bergauf- und Bergabpassagen erwarten uns. Der erste schweißtreibende Anstieg führt nach Scheiden, dem höchstgelegensten Dorf des Saarlandes.

Eine Sinnenbank am Dorfrand steht zur rechten Zeit am rechten Platz. Die Aussicht ist grandios. Vom Schaumberg schweift der Blick über die vielen bewaldeten Kuppen bis weit nach Lothringen und Luxemburg. Ein Saar-Hunsrück-Steig-Blick der absoluten Extraklasse.

Emma macht es sich im Schatten unter der breiten Bank gemütlich, träumt vielleicht vom nächsten kühlen Waldbach. Ich schließe die Augen und bin glücklich, dass ich diese Tour mit meiner Wanderfreundin Emma so gestalten kann, wie ich sie mir vorgestellt habe.

Heimat Hunsrück – Eine Sommerreise. Endlich ist der Sommer da, ich genieße die Wärme auf der Haut, beobachte die Bienen bei ihrem Flug von Blüte zu Blüte. Die Wiese vor Scheiden ist mit Blumen übersät, auf der Pferdekoppel, die wir im Aufstieg passiert haben, liegen die Pferde träge im Schatten, der Schweif wedelt die Mücken immer und immer wieder davon. Das Summen der Bienen ist deutlich zu hören, über uns kreist ein Milan, hält Ausschau nach seinem Mittagsmahl.

Ich denke an die Deutschlandumrundung mit Emma: »Glück ist mit Emma im sonnendurchfluteten Herbstlaub zwischen Laufenburg und Bad Säckingen am Hochrhein auf schmalem Pfad, handbreit neben dem Ufersaum, linksrheinisch Richtung Westen zu wandern.« So schrieb ich damals in mein Tagebuch.

Viele Glücksmomente waren mir beim Wandern mit Emma vergönnt. Viele interessante Menschen kreuzten unseren Weg. Meist vermittelte Emma den Kontakt. Emma kann fast ausnahmslos ein Lächeln auf ein noch so trauriges

Gesicht zaubern – unwiderstehlicher Hundeblick und enthusiastisches Schwanzwedeln. Wandern ohne Emma ist möglich, aber nur halb so schön. Emma und ich sind dabei zusammengewachsen, verstehen uns ohne Worte. Emma ist ein Traumhund, sie weiß, wo sie sich benehmen muss, aber sie spürt auch sofort, wo sie ein Flegel sein darf.

Wenn wir abends ankommen, ist eine meine ersten Fragen: »Können Sie Emma auch etwas kochen?« Bei meiner gesamten Deutschlandumrundung und bei vielen anderen Unternehmungen ist auch Emma immer satt geworden. Menschenglück und Hundeglück liegen dicht beieinander. Ich kann mich noch gut an den Restauranttipp der jungen Frau in meinem Hotel in Flensburg erinnern, »Ristorante Casa Giuliano« in der Augsburger Straße in Flensburg. Der Chefkoch kümmerte sich höchstpersönlich um Emmas Wohl und verwöhnte sie kulinarisch. Vielleicht schüttelt manch einer den Kopf. Kochen für Hunde? Ich esse jedenfalls freiwillig kein Fertigprodukt. Reine Chemie: Farbstoffe, Konservierungsmittel, Geschmacksverstärker. Meinem Hund möchte ich das auch ersparen. Wir ernähren uns gesund. Beide!

Nach der Pause geht es bergab ins schattige Lannenbachtal. Es folgen Auf- und Abstieg über verschiedene Felsformationen und alte Kultstätten. Sie heißen Schlangenfels und Römerburg, Adelsfelsen, Bärenfelsen und Teufelsfelsen. Ich wünsche mir schon bald, dass mein Rucksack etwas leichter wäre. Schweiß rinnt von meiner Stirn, Emma meistert die steilen Kletterpartien ohne Anstrengung mit gekonnten Sätzen. Immer wieder der fragende Blick zurück: Wo bleibst du denn?

Bei der Rast am Wildpark leistet uns eine Dreigenerationen-Wandergruppe Gesellschaft: Ludwig, Tochter Veronika und Enkelin Anna-Lena kommen aus der Nähe von Bad Schussenried und wollen in einer Woche von Mettlach nach Idar-Oberstein. Veronika ist begeistert vom Beschilderungssystem: »Wir haben uns mit Karten eingedeckt und einen Wanderführer im Gepäck. Bis jetzt haben wir ihn nicht benutzt. Das Beschilderungssystem ist einfach großartig.« Die drei ziehen weiter. Ich genieße noch einige Augenblicke die Abgeschiedenheit und Ruhe des Schwarzwälder Hochwalds.

Eine Stunde später sind wir am Abholpunkt am Waldrand von Weiskirchen angekommen. Apropos Abholpunkt: Am gesamten Saar-Hunsrück-Steig sind Abholpunkte eingerichtet, da die meisten Hotels nicht unmittelbar am Fernwanderweg liegen. Eine besondere Annehmlichkeit des Saar-Hunsrück-Steigs.

Wir sind heute Gast in einer besonderen Hotelanlage: dem Weindorf mit Weinstrand am Schwarzrindersee zwischen Thailen und Nunkirchen. Wir übernachten im Weinfass mit angegliedertem sanitärem Weinfass. Nach meinem Anruf werde ich wenig später vom Abholpunkt in die Anlage des Weindorfs gebracht. Das Abholen ist hier kostenlos. Das ist leider nicht überall inklusive.

Es ist Donnerstag. Alle vier Wochen spielt donnerstags ein Alleinunterhalter auf und bittet zum Seniorentanz am Weinstrand. An diesem sonnenverwöhnten Spätnachmittag bleibt kein Stuhl frei. Nach Kaffee und Kuchen ziehe ich mich mit Emma in den schattigen Teil unseres Weinfasses zurück. Oberhalb des Weinstrands am Holzbach stehen 18 Schlaffässer mit je einem weiteren Fass, indem die sanitären Anlagen untergebracht sind. Die Innenausstattung der Fässer ist von bester Qualität.

Wie alles angefangen hat, erfahre ich später von Horst Krause und seiner Tochter Petra Paul. Zwischen 1996 und 1999 kam Horst Krause aus Mainz nach Weiskirchen mit dem Auftrag den verwahrlosten Campingplatz an den Schwarzrinder Seen für seine Bank »abzuwickeln« wie es im Fachjargon heißt. »Es campierte dort eine wilde Gesellschaft, ohne Genehmigung in absolut ungeordneten Verhältnissen«, erinnert sich Horst Krause. »Unsere Bank hatte damals ein Dutzend solcher Anlagen quer durch die Bundesrepublik abzuwickeln. Drei Jahre dauerte der Kampf in diesem heillosen Durcheinander. Man stellte mir ein mobiles Büro in Form eines Wohnmobils zur Verfügung. Damit konnte ich flexibel und schnell die einzelnen Brennpunkte erreichen.«

Da ihm die Anlage zwischen Thailen und Nunkirchen besonders gut gefallen hatte, entschloss er sich, das Leben eines Bankangestellten mit dem eines Campingplatzbetreibers zu tauschen. Er kaufte die Anlage, sanierte sie und sorgte für einen Bebauungsplan des 260.000 Quadratmeter großen Geländes. Der ursprüngliche Campingplatz avancierte zu einem Wochenendhaus-Gelände in intakter Natur. Heute stehen in Hanglage 300 Häuser mit einer Grundfläche zwischen 40 und 60 Quadratmetern. 2013 übernahm Tochter Petra Paul mit ihrem Mann Josef den Betrieb. Neue Ideen wurden auf den Weg gebracht. Das Fasshotel am Weinstrand entstand.

Als die Sonne lange Schatten wirft, suche ich mir eine Sitzgelegenheit direkt am See. Der Flammkuchen und ein Glas Wein sind die richtigen Begleiter für einen stimmungsvollen Abend in sommerlich-lauschiger Atmosphäre.

Elfentanz am Herberloch

Wenn Engel und Elfen tanzen, tun sie es am Herberloch. Doch bis ich mit Emma dort ankomme, liegt noch ein ordentliches Stück vor uns. Wald dominiert das Bild des Tages. Über unzählige geschlängelte Waldpfade gewinnen wir Höhenmeter um Höhenmeter, wir scheinen allein auf der Welt zu sein. Keine Menschenseele begegnet uns an diesem Morgen. Die Sonnenstrahlen fallen schräg durch die Bäume, zaubern wundersames Lichtspiel unter das schützende Dach der Baumwipfel. Mich ergreift ein Gefühl von Glückseligkeit und Dankbarkeit, hier unterwegs sein zu dürfen. Emma dicht an meiner Seite, wandere ich in Schleifen und Kehren entlang eines Baches im dunklen Tannenwald und über kleine Brücken zum Herberloch.

Ein winziger See ruht in der Mulde eines ehemaligen Steinbruchs. Von Birken umsäumt, wirkt er wie aus einer anderen Zeit. Die Bank steht an der richtigen Stelle. Im Hintergrund, an den steil ins Wasser abfallenden Flanken, bringt das Sonnenlicht die rotbraune Färbung des Gesteins zum Glühen. Eine Welt wie in einem Märchenbuch. Den hinteren Bereich des Sees säumen grüne Wasserrasenteppiche, im Vordergrund recken gelbköpfige Teichrosen ihre Blüten dem Sonnenlicht entgegen, das nur zaghaft den See erreicht. Mitten im See liegt eine winzige Insel mit jungem Grün und einer zarten Birke. Ich sitze mit geschlossen Augen, ergebe mich der völligen Einsamkeit. Nur ab und zu blinzele ich ins Sonnenlicht, wage einen verstohlenen Blick. Momente eines zauberhaften Morgens, taggeträumte Märchenwelt. Vor meiner Abreise hatte ich meine Enkelin Johanna besucht. Sie zeigte mir ein Bilderbuch mit Prinzessinnen und Elfen, die in pastellbunten Kleidern über Blumenwiesen und neblige Auen schwebten. Mit strahlenden Kinderaugen erzählte sie mir voller Begeisterung von Elfen und guten Feen.

Hier sehe ich sie vor mir, die Elfen, wie sie auf der kleinen Insel umherschwirren, wie sie unbeschwert tanzen und lachen. Mittendrin Johanna, meine kleine Prinzessin, in einem lila-pinkfarbenen Kleid Hand in Hand mit den Fabelwesen. Im Reigen scheinen sie um ein weißes Einhorn zu tanzen. Heitere

links: Traumhaftes, märchenhaftes Herberloch
nächste Doppelseite: Das schöne Wadrilltal

Fröhlichkeit durchströmt das Herberloch. Ein Tagtraum, der niemals enden sollte.

Ein Donnergrollen beendet jäh den zauberhaften Moment gelebter Glückseligkeit. Mit dem zweiten Donnergrollen prasseln dicke Regentropfen auf uns nieder. Emma verzieht sich unter die Bank, um dem Regen zu entkommen, der immer stärker wird. Das heftige Gewitter scheint sich direkt über uns zusammen zu ziehen. Nichts wie weg hier.

Blitze zucken, Emma zuckt, und ich wäre froh, wenn sich das Unwetter über uns verziehen würde. Es grollt unaufhörlich. Erst als wir den Behlengraben erreichen, leuchten die Blitze in weiter Entfernung. In der schwülen Hitze wird die Regenjacke zur Sauna. Schweiß von innen, Regen von außen. Der Regen lässt sich vom Regenschutz nicht länger abhalten, durchnässt die letzten noch trockenen Kleiderstücke.

Kurz vor Reidelbach hat der Regen endlich aufgehört, die Sonne zeigt sich immer häufiger. Am Waldrand steht eine Sinnenbank. Dort ziehe ich meine nassen Kleider aus und nutze die Sinnenbank als Wäscheleine. Nachdem ich wieder trocken bin, laufen wir zur Hochwaldalm oberhalb von Wadrill.

1955 wurde mit dem ersten Viehauftrieb der Weidebetrieb auf der Hochwaldalm aufgenommen. Kleinbetriebe ohne eigene Weideflächen konnten auf einer Genossenschaftsweide Jungvieh aufziehen. Damals entstand auch die erste Almhütte, in der ein Weidewärter die Herde Tag und Nacht bewachen konnte. Heute ist die Alm Rastplatz für Wanderer. Über die Traumschleife »Almglück« gelangen wir ins Wadrilltal. Nach dem letzten steilen Anstieg des Tages über einen Teilabschnitt der Traumschleife »Wadriller Tafeltour« erreichen wir am späten Nachmittag Sitzerath, Heimat meiner Freunde Sigrun Essenpreis und Thomas Nickels.

Paradiesgarten in Sitzerath

Unter dem Motto »*Von der Lust auf dem Land und der Kunst auf dem Land zu leben*« verwöhnen Sigrun Essenpreis und Thomas Nickels ihre Gäste. Sie zelebrieren eine Landart-Küche mit Kräutern, Blüten und Aromen und komponieren dabei Gaumenfreuden, die man nur in Sitzerath im nördlichen Saarland erleben und genießen kann: eine außergewöhnliche ländliche Gourmetküche überwiegend mit regionalen und saisonalen Grundprodukten, bereichert durch Wildkräuter und essbare Blumen.

»In einer Zeit ohne Zeit nehmen wir uns die Zeit, unsere Gäste im wahrsten Sinn des Wortes zu bekochen«, beschreibt Thomas Nickels die Philosophie des Landgasthofes. Thomas serviert glasweise Spitzenweine aus aller Welt, mit viel Liebe zum Detail und einer gehörigen Portion Leidenschaft. Im Landgasthof ist man, um es mundartlich auszudrücken, »rischdisch gudd offgehoob«.

Das stilvoll restaurierte Bauernhaus mit Gastronomiebetrieb, Biergarten sowie Wein & Genuss Zentrum wird in der siebten Generation von Familie Paulus betrieben. Es wird vermutet, dass bereits vor 500 Jahren auf dem Gelände des heutigen Landgasthofes, das erste Gebäude Sitzeraths gestanden hat.

Vor über 30 Jahren lernten sich Sigrun und Thomas kennen, als beide innerhalb der Steigenberger Hotelgruppe in Frankfurt am Main arbeiteten. Thomas hatte Betriebswirt für Touristik, Sigrun Haushalts-, Ökonomie- und Wirtschaftswissenschaften sowie Biologie studiert. Beide sind gelernte Restaurantfachkräfte. Nach verschiedenen beruflichen Stationen starteten sie vor über 20 Jahren in Thomas' alter Heimat Sitzerath ihr einzigartiges Gastronomieprojekt.

Thomas kümmert sich um den Service des Restaurants. Der exzellente Weinkenner und Sommelier kredenzt bevorzugt Weine aus den Weinanbaugebieten Mosel-Saar-Ruwer, angereichert mit interessanten Hintergrundinformationen sowie mancher Anekdote über die Winzer der Region. Sigrun gehört inzwischen zu den besten Bio-Köchen Deutschlands.

Bevor allerdings die besten Produkte auf den Tisch kommen, müssen sie erst einmal wachsen und gedeihen.

So erfuhr Sigrun in vielen Gesprächen über den Gartenzaun, wie viel Wissen und Erfahrung in heimischen Gärten steckte. 2008 initiierte sie das Modellprojekt »Sitzerather Haus- und Küchengärten«. Es entstand ein buntes Netzwerk von Gartenliebhabern, die ihre Gärten, ihr Wissen und ihre Arbeitskraft einbrachten. »Viele heimische Pflanzen, die unsere Großmütter und deren Vorfahren in der Küche verwendet haben, sind in Vergessenheit geraten«, erzählt mir Sigrun beim abendlichen Plausch, »ich habe viele wiederentdeckt, um mit ihnen zu experimentieren und zu kochen. Blumenkohlflan mit Haselnusskrokant und Königskerzenblüten mit in hausgemachtem Himbeeressig und kalt gepresstem Haselnussöl marinierten Saubohnen sowie Knospen von der Haferwurz und Radieschenfrüchten sind ein Ergebnis meiner Küchenexperimente«.

Die Idee einer Kelten-Küche nahm in ihrem Leben einen gewichtigen Platz ein. Nachdem Sigrun rund ums Privathaus in Sitzerath Hochbeete angelegt hatte, studierte sie in alten Quellen Inhaltsstoffe von Samen, Blättern und Blüten und deren Wirkung in den Speisen. Vor allem interessierte sie sich für Pflanzen, die bereits bei den Kelten Verwendung fanden. Ein größerer Garten musste her, die Hochbeete reichten nicht mehr aus. Zunächst blieb die Suche nach einem geeigneten Grundstück ergebnislos. »Doch dann«, sagt sie freudestrahlend, »hat mein Garten mich gefunden«. Es stellte sich nämlich heraus, dass das Gartengrundstück, das sie schlussendlich in unmittelbarer Nähe ihres Wohnhauses erwerben konnte, eine besondere Kraftquelle der Kelten war. Der Paradiesgarten war geboren.

Marko Pogačnik, slowenischer Bildhauer, Land-Art-Künstler und Geomant, untersuchte das Grundstück und stellte fest, dass am Ort des Paradiesgartens eine besondere Kraftquelle der Kelten lag, ein sogenannter Drachenpunkt. Sigrun fühlte sich in ihrer Arbeit bestätigt, hatte sie doch festgestellt, dass die Landschaft rund um Sitzerath eine bedeutsame Landschaft der keltischen Hochkultur war. »Das Paradies soll deswegen keltisch interpretiert werden«, philosophiert sie, »keltisch im Sinne von: wie wir für unsere Zeit die Naturverbundenheit der Kelten und die nachhaltigen und ganzheitlichen Ansätze des keltischen Denkens im Sinne von Ökologie, Heilkunde und Spiritualität erschließen können. Das Paradies der Kelten war Avalon, der Apfelgarten. Als ich das Grundstück erwarb, standen auf dem Grundstück bereits neun Apfelbäume«.

Inzwischen ist das Projekt »Paradiesgarten« zwar noch nicht fertiggestellt, gewährt jedoch schon spannende Einblicke und Eindrücke. »Das Gartenprojekt ist permanent im Fluss«, strahlt Sigrun, »wir wollen auch möglichst viele

Menschen zum Mitgestalten gewinnen. Gestalten ist unser Ziel, nicht das Fertigwerden. Deshalb ist die Projektdauer ungewiss, das Bruttosozialglück allerdings gewiss«.

Die Verwirklichung des Paradiesgartens ist ein Prozess, der vor allem regional verankert ist. Es besteht ein Projektnetzwerk, dem Gartenbauer, Geomanten, Sozialarbeiter, Handwerker, Künstler, Archäologen, Lehrer und Selbständige verschiedener Sparten angehören.

Wer sich auf eine Führung durch den Garten einlässt, wird viel Neues, aber auch viel Althergebrachtes finden: Hier wächst die Vogelmiere, die an den Geschmack von Mais erinnert, dort wächst Weißer Gänsefuß, den die Kelten als Spinat verwendet haben, die Taubnessel erinnert an den Geschmack von Champignons und wenig weiter steht Giersch, den Sigrun am liebsten mit Hirse als Plätzchen genießt. Der Anbau verschiedener Gemüse erfolgt in Hügelbeeten, wir finden Heu-Kartoffeln, Wildgemüse und Johannisbeerspiralen.

Dieter Kienast (1945–1998), einer der renommiertesten Landschaftsarchitekten seiner Zeit, formulierte es so: »Der Garten ist der letzte Luxus unserer Tage, denn er erfordert das, was in unserer Gesellschaft am Kostbarsten geworden ist: Zeit, Zuwendung und Raum.«

Sigrun möchte mit ihrer Gartenarbeit einen alten Schatz bewahren und den verantwortungsvollen Umgang mit der Natur anmahnen.

Einen Rundgang im Garten, der sich ständig verändert, werde ich bei meinem nächsten Besuch nachholen, denn nach einem langen Wandertag meldet sich mein Magen mit unüberhörbarem Knurren. Thomas empfiehlt mir als Vorspeise Topinambur-Fritten mit Salzzitronen-Leindotteröl-Mayonnaise und Sauerkraut-Karotten-Salat und als Hauptgang Cordon Bleu vom Peters Farm Biokalb mit Witzenheldener Bauernrohmilchkäse nach Gouda Art und Bauernkochschinken. Dazu will er mir korrespondierende Weine servieren. Ich bin einverstanden und freue mich auf den vielleicht schönsten Teil eines langen Wandertages.

Blumenkohlflan mit Salat aus Saubohnen, Radieschenfrüchten und Haselnusskrokant an Himbeeressig-Haselnussöl-Vinaigrette

(10 Portionen in Dariolförmchen)

Zutaten für den Flan (Blumenkohlpüree):

700g Blumenkohlstrünke in ca. 2-3cm große Stückchen geschnitten
(die vorher »abgeschälten" Röschen werden für den Salat
aus Saubohnen gebraucht)
60 g Schalotten, fein gewürfelt · 50 g Butter · 300 ml Sahne
250 g ungesalzener, von 750 g auf 250 g einreduzierter Blumenkohlfond
aus Kohlputzabschnitten wie z.B. Blätter von Blumenkohl,
Außenblätter und Strünke von Weißkohl, in Wasser gekocht
Salz nach Gusto · Pfeffer weiß · Muskatnuss
60 ml Weißwein · 9 DL Agazoon = Agar-Agar (DL= Dosierlöffel von Agazoon)

Zutaten für Himbeeressig-Haselnussöl-Vinaigrette:

50ml hauseigener Himbeer-Gäressig vom Landgasthof Paulus
100 ml neutrales Pflanzenöl · 100 ml Haselnussöl von der Ölmühle Solling
Fleur de Sel nach Gusto
pro Portion werden ca. 5 EL Vinaigrette verwendet

Zutaten für Salat aus Saubohnen und Radieschenfrüchten:

Saubohnen in gut gesalzenem Wasser blanchiert und die Schale abgezogen
Blumenkohlröschen roh · Radieschenfrüchte roh
rote Zwiebeln in Julienne geschnitten
das Grüne von Lauchzwiebeln ca. ½ cm breit geschnitten
Haselnusskrokant (Haselnüsse grob gehackt und karamellisiert
oder kandiert)
Blüten von Königskerze

Zubereitung Blumenkohlflan:
- Schalotten und die Blumenkohlstrunk-Stücke in der Butter ohne Farbe 2-3 Minuten dünsten
- mit der einreduzierten ungesalzenen Kohlbrühe ablöschen
- dann mit der Sahne auffüllen und aufkochen lassen
- mit Salz, weißem Pfeffer und mit Muskatnuss abschmecken
- zugedeckt dann bei milder Hitze die Blumenkohlstrunk-Stücke weichkochen
- das Ganze sehr fein pürieren
- in der Zwischenzeit das Agazoon (Agar-Agar) mit dem Weißwein verrühren und aufkochen lassen und unter das noch warme Blumenkohl-Püree rühren. **Achtung!** Es ist für die Bindung wichtig, dass das Blumenkohl-Püree warm ist!
- nochmals mit Salz abschmecken
- in Dariolförmchen (150 ml Fassungsvermögen) füllen
- mindestens 6-8 Stunden kaltstellen

Fertigstellung:
- die Salatzutaten mit Ausnahme des Haselnusskrokants und den Königskerzenblüten mit der Vinaigrette vermischen und etwas ziehen lassen
- die Förmchen mit dem Blumenkohlflan kurz in heißes Wasser tauchen und mit einem Messer den Rand von dem Förmchen lösen.
- Den Flan mittig auf einen weißen flachen Teller stürzen
- dann außen herum den Salat geben
- auf den Flan wird gestoßener Haselnusskrokant gestreut
- 3-5 Königskerzenblüten über den Salat streuen

Vom ersten bis zum letzten Schritt: viel Liebe!

Rezept: Sigrun Essenpreis, Landgasthof Paulus

Wandern ist wie Bilderbuchlesen

Beim Abstieg ins Wadrilltal können wir einen ersten Blick auf den Turm der Grimburg erhaschen. Die Grimburg, um das Jahr 1190 als Landesburg der Trierer Erzbischöfe auf dem steil abfallenden Bergsporn zwischen Wadrill und Mühlenbach erbaut, war Amtssitz und für fast 40 Gemeinden im Hochwald zuständig. Die weitläufige Burganlage ist ganzjährig zu besichtigen.

Im Grimburger Hof, idyllisch an der Wadrill gelegen, machen wir im Gartenlokal unter uralten Linden eine ausgedehnte Pause.

Unter den schattigen Lindenbäumen hänge ich meinen Gedanken nach. Mit welchen Worten würde mein Freund Johannes Kühn diesen außergewöhnlichen Platz wohl beschreiben. Seine Werke sind unglaublich ausdrucksstark, er malt seine Heimat mit Worten.

Die sanft hügelige Landschaft rund um Hasborn mit dem Schaumberg, den er als »Hirten der Dörfer« bezeichnet, gibt ihm das Gefühl der überschaubaren Weite, gleichzeitig auch der vertrauten Geborgenheit. Professor h.c. Johannes Kühn gehört zu den bedeutendsten deutschsprachigen Lyrikern der Gegenwart und ist außergewöhnlich produktiv.

Zu seinem Schaffen gehören über 8000 Gedichte, annähernd 100 Dramen sowie 40 Märchen. Seine Gedichte wurden ins Englische, Französische, Spanische, Italienische und sogar ins Japanische übersetzt. Kühn erhielt den Kunstpreis des Saarlandes, den Horst-Bienek-Preis für Lyrik, den Leonberger Christian-Wagner-Preis, den Hermann-Lenz-Preis sowie die Friedrich-Hölderlin-Plakette. Seit 2002 ist er Ehrenbürger seiner Heimatgemeinde Hasborn. Uns verbindet die Wertschätzung und Pflege der Mundartliteratur seit vielen Jahren.

Für meinen ersten Wanderführer des Saar-Hunsrück-Steigs, schrieb er mir spontan ein Gedicht in seiner Mundart.

Die Grimburg zählte neben den Burgen in Arras, Ehrenbreitstein, Manderscheid, Neuerburg, Saarburg und Welschbillig zu den sieben Landesburgen der Trierer Erzbischöfe. 1522 wurde die Grimburg durch Franz von Sickingen kampflos eingenommen

HUUWALLWÄSCH

Wannere ess ebbes wie Billerbouchläse!
Gurre Oremm soll mer hann
o käm Schbetzbou gläwe
ett wär neischd
off seijm Paad.
Emmer wirrer
häld die Naduur
Nauischkäre hin,
beij de Wolke, bei de Berje, bei de Däler.
O medd de Drääm
kannschde langsam mache,
deij Wannere brengt mehh
onn Bessered.
Mä mischd sisch schballe kinne,
veijerdäle,
for alles se erlääwe
off däm Huuwallwäsch.
Mä gett ne froh
o hatt kä Peijn en de Feijs.
Beij de dicke Bääm
griesse eijsch aach
die Johrhonnerte,
die wo se waase geloss hann.
Wäller, Derfer, Schdätt
mache in dir
e frässlich Begeischderung wach.
O mir ess ett ganz rescht,
wenn ich manschmo,
for e Litt se senge
e Schdemmschi hann,
orrer eerschd e ganz nauet kreije,
off meiner Wannerung
de Huuwallbockel eroff
onn erab.   *Johannes Kühn*

Unweit des Grimburger Hofes, in Gusenburg bin ich mit Carmen Modde verabredet. Carmen begegnete ich vor ein paar Tagen bei Orscholz. Unser kurzes Gespräch hat meine Neugier geweckt. Sie und ihr Mann Vincent hatten sich 2006 bei einem Kurzurlaub auf Anhieb in die Gegend um Grimburg verliebt. In die Einsamkeit, Ruhe und Stille und in die Möglichkeit mit wenigen Schritten im Wald zu sein. Vincent van Eldijk arbeitete als Informatiker und Grafiker in Rotterdam. Carmen Modde, Künstlerin, Modedesignerin und Illustratorin wohnte in Roosendaal. Für beide stand nach dem Urlaub im Hunsrück fest: Da wollen wir leben. Bereits ein Jahr später war es soweit. Das Haus des ehemaligen Schneiders in Gusenburg wurde zur neuen Heimat. Vincent arbeitet in Heimarbeit für seine alte Firma in Holland. Carmen fertigt in ihrer Werkstatt orientalischen Schmuck. Die handgemachten Unikate »Treasures from Orient and Occident« verkauft sie per Internet.

Carmen und Vincent haben ihren Umzug nie bereut. Inzwischen sind holländische Freunde in ein Haus im nicht weit entfernten Züsch eingezogen.

> Meine Heimat ist jetzt Gusenburg:
> Das schöne Haus mit traumhaftem Garten.
> Und wichtiger sogar:
> Die Möglichkeit jeden Tag im Wald wandern zu können
> Wald... überall... in jeder Richtung
> Und es langweilt mich NIE!
> Carmen Modde

Ingrid Peters und Frau Holle

Durch Wadrilltal gelangen wir rasch zu einem wichtigen Knotenpunkt des Saar-Hunsrück-Steigs, dem Keller Steg. Hier treffen der Fernwanderweg und die Traumschleife »Frau Holle« aufeinander.

Als ich vor zwei Jahren für das Wochen-Magazin FORUM eine Wanderbeilage zusammenstellte, hatte ich Schlagersängerin Ingrid Peters eingeladen, mit mir die Traumschleife »Frau Holle« zu erkunden. Später schreibt sie dazu:

»Es war gerade erst ein paar Tage her, dass ich darüber nachdachte, dass Wandern in unseren Wäldern doch eigentlich eine gute Idee wäre, mir etwas Bewegung und Ausgleich zu verschaffen. Eine hervorragende Möglichkeit, endlich mal runter zu kommen vom ewigen Sitzen am Computer und diesem « ich muss, ich muss, ich muss«. Da klingelt mein Telefon und Günter Schmitt, der Wanderexperte fragt:» Wanderst du mit mir«? Ohne zu überlegen, worauf ich mich einlasse, sagte ich spontan zu. Schnell waren jedes Wenn und Aber aus dem Weg geräumt, der Termin gefunden und an einem Montag im Juli sollte es soweit sein.

»Wir gehen die »Frau Holle«-Traumschleife, direkt am Saar-Hunsrück-Steig gelegen! 7.3 km mit einem Anstieg von 100 m, also gut zu schaffen. Eingestuft als leicht. Gott sei Dank. Ein tiefes Durchatmen meinerseits, denn ich halte mich nicht für besonders fit. Ich bekam einen kleinen Nachhilfeunterricht in Sachen Wandern, denn davon habe ich, wie sich bei Günters Erläuterungen schnell rausstellte, absolut keine Ahnung. Gut zu hören, dass man sich im Grunde nicht verlaufen kann, denn alles ist bestens beschildert.

Und schon geht's los. Ein kurzer Blick noch auf den Verlauf der Strecke und schon nach wenigen Schritten stehen wir vor der Felsformation, die der Strecke ihren Namen gibt: Frau Holle. Nach einem germanischen Volksglauben sollen in diesem Felsen ihre Augen zu sehen sein. Ich hoffe nur, dass sie nicht ausgerechnet heute mal wieder ihre Kissen ausschütteln will und wir gar mit Hagelkörnern zu rechnen haben, wie sie in den letzten Tagen überall in Deutschland vom Himmel gefallen sind. Aber wir haben Glück, soviel sei schon verraten. Der Himmel ist für Juli zwar recht grau und wolkenverhangen, aber das kann sich ja noch ändern.

Kaum an Frau Holles Augen vorbei geht es über eine kleine Brücke der Wadrill und dann auch schon steil bergan. Tut gut – denke ich und stapfe frohen Mutes hinter Günter her, denn der Weg ist schmal. Locke (mein Hund) hat riesigen Spaß *und ist wohl die Einzige von uns Dreien, die nicht mal ein wenig außer Atem ist. Bevor ich mich versehe, ist der Berg auch schon zur Hälfte erklommen und wir stehen inmitten von bereits abgemähten Kornfeldern und genießen den weiten Blick in die Landschaft und auf Reinsfeld.*

Links und rechts des Weges entdecke ich immer wieder gebrochene Baumstümpfe, die mit wunderschönen satten Moosen bedeckt sind und mir das Gefühl geben, vielleicht doch nicht nur mit Günter und dem Hund unterwegs zu sein. War da nicht eben ein kleiner Troll zu sehen, der sich in den Wurzeln eines umgefallenen Baumes versteckt hat? Überall sehe ich im Geäst kleine Wesen, die mir zu sagen scheinen: das machst du richtig. Geh weiter, schau dich nur genau um und ... genieße.

Linker Hand eine kleine Koppel mit vier Pferden, dann noch ein kleines Stück bergauf und schon ist der höchste Punkt der Wanderung erreicht, denn gleich schlängelt sich der Weg wieder sanft bergab. War doch gar nicht so schlimm, denke ich. Hat nicht mal gereicht, um richtig feste zu schnaufen.

Wieder und wieder wird mein Blick angezogen von den unendlichen Farben und Formen, die die Natur hier zu bieten hat. Fast wie in einem Urwald ist es.

Einen kleinen Moment später führt uns der Pfad nun in einen Nadelwald, dessen Boden mit einem schimmernden Pflanzenteppich bedeckt ist wie mit einer weichen Decke. Es duftet intensiv nach Tannennadeln und feuchter Erde. Dunkel hebt sich der noch vom nächtlichen Regen nasse Weg vom leuchtenden Grün des Bodenbewuchses ab.

Genau so habe ich mir immer den Wald vorgestellt, durch den das Rotkäppchen lief, als es zur Großmutter ging. Stehenbleiben, sehen, hören, fühlen – innehalten und sich verzaubern lassen!

Und da ... was hüpft da?

Ein Zaunkönig ist es, der flink seine Nahrung sucht. Gibt es über ihn nicht auch ein Märchen?

Links ist der Lauschbach zu sehen. Wir folgen seinem leisen Plätschern und passieren das Sauscheider Kreuz, das zu Ehren von Thomas Becker aufgestellt wurde, der hier 1883 durch einen Blitzschlag ums Leben kam. Einen Moment später ein weiteres kleines Kreuz, namenlos und wohl von einem Wanderer aus dem oberen Teil eines abgesägten oder abgeknickten Baumes heraus geschnitzt, dann Wildschweinspuren am Bachlauf, ein Baumstumpf, der eindeutig von einem hungrigen Specht bearbeitet wurde und am Boden Heidelbeeren. Noch ein paar wenige sind zu finden und in mir werden Kindheitserinnerungen an die Schullandheimaufenthalte in Weiskirchen wach.

Für einen Moment öffnet sich der Wald nach rechts, gibt eine Lichtung frei und verzaubert mit dem Anblick des Weidenröschens, das großflächig den Waldboden für sich beansprucht und nur an seinen Rändern den Himbeeren ihren Platz lässt. Hmmm, lecker!

Noch ein wenig bergab, dann halte ich es nicht mehr aus und gebe einem unwiderstehlichen Verlangen nach: ein kurzer Stopp am Lauschbach, Schuhe aus und für eine kleine Weile die Kühle des Wassers genießen. Sitzen und wieder Geist und Körper von der Schönheit dieses Ortes ganz durchfluten lassen.

Weiter geht's, und ehe ich mich versehe, sind wir auch schon am Keller Steg, wo Lauschbach und Wadrill zusammentreffen und ein Biber fleißig seines Amtes als Landschaftsarchitekt waltet. Auf der anderen Seite des Dammes eine weiß blühende Wiese und mich beschäftigt die Frage, was das wohl ist: Labkraut, Schafgarbe oder vielleicht Mädesüß? Eine Antwort werde ich wohl heute nicht mehr bekommen, denn hinabsteigen und die Pflanze aus der Nähe betrachten würde mir bei dem, was vom Schulwissen übrig geblieben ist, auch nicht weiterhelfen. Also lassen wir es gut sein und wandern dankbar für diesen märchenhaften Anblick weiter entlang der Wadrill, überqueren sie über eine kleine Holzbrücke und steigen noch einmal ganz kurz auf.

Ausladende Haselnusssträucher säumen den Weg und tragen schon reichlich Früchte.

Nach meinem Gefühl müssten wir unser Ziel fast schon erreicht haben, als noch unverhofft eine große Holzliege zum Verweilen einlädt. Mittlerweile ist auch die Sonne zu sehen und so bleiben wir eine gute Viertelstunde, bevor wir durch das schöne Tal der Wadrill zwischen Taubenberg und Bocksberg aus einer wunderbaren Märchenwelt zurück zum Auto kommen. Ich wäre gerne noch ein wenig länger geblieben.

Besser als Ingrid könnte ich den Weg gar nicht beschreiben.

Ebbes von Hei – Kell am See

Durch eine ausgedehnte Wiesen-und Feldwirtschaft wandern wir über erdige Wege Richtung Kell am See. Auf dem Weg zum Keller See gelangen wir zur »Ruwerfichte.« Die Fichte, vor 1850 gepflanzt, gilt mit 40 Metern Höhe und einem Umfang von 3,70 Meter in Brusthöhe als größter Baum im Keller Wald. Unweit der Ruwerfichte entspringt die Ruwer auf 660 Meter Höhe am Rösterkopf. Die Ruwer ist der wasserreichste Hunsrücknebenfluss der Mosel und wurde schon vom römischen Dichter Ausonius in seinem »Mosella-Text« erwähnt und beschrieben. Das Wasser der Ruwer diene dazu, in schwindelnden Wirbeln die kornzermahlenden Steine zu drehen und die kreischenden Sägen durch glatte Marmorblöcke zu ziehen.

Wir haben die Ferienanlage der Firma Landal Greenpark Hochwald erreicht, 235 Ferienhäuser, stehen teilweise versteckt im Wald. Zwischen Ferienanlage und See wandern wir für ein kurzes Stück entlang der Uferpromenade. Die 1966 beschlossene Anlage einer Feriensiedlung und eines Sees in der Keller Mulde sollte im wirtschaftlich benachteiligten Hochwaldraum neue Arbeitsplätze schaffen. Mit der Grundsteinlegung des Feriendorfes begannen auch in die Arbeiten für den Stausee, der 1972 mit einer Wasserfläche von 14 ha fertig gestellt wurde. 1992 erhielt Kell offiziell die Zusatzbezeichnung »am See«.

Über die Traumschleife, den »Schillinger Panoramaweg« erreichen wir Schillingen, wo wir in der Pension Maßem mit angeschlossenem Gasthaus und Metzgerei übernachten werden. Ich bin mal wieder gut aufgehoben auf meinem Weg durch die ausgedehnten Waldgebiete des Hochwalds und Hunsrücks. Christof Maßem, Metzger, Gastronom und Pensionsbetreiber hat ein besonderes Fleisch auf seiner Karte, Schnitzel vom Kräuterschwein. »Die Schweine leben in naturnaher Umgebung in mit Stroh eingestreuten Ställen und haben ausreichend Bewegungsfreiheit. Die Tiere erhalten neben dem normalen Futter Kräutermischungen von ausgesuchten Kräutern österreichischer Bergwiesen. Das Fleisch der Schweine, die im Hunsrückdorf Kempfeld aufwachsen, ist besonders zart, frei von Antibiotika und wachstumsfördernden Mitteln und enthält weniger Cholesterin als normales Schweinefleisch.«

Kühe in der Nähe von Kell am See

Wie viele seine Kollegen setzt Maßem auf die Regionalinitiative Saar-Hunsrück »Ebbes von Hei – Aus der Region, für die Region«. In seiner Metzgerei geht er permanent neue Wege, arbeitet ausnahmslos mit Biogewürzen und versucht seine Produkte ständig zu verbessern und zu verfeinern. Seit 140 Jahren ist der Name der Maßems eng mit Schillingen verbunden. Im Zuge der Hugenottenverfolgung kamen seine Vorfahren, die ursprünglich an der Maas in Frankreich lebten, in den Hochwald. Die Region des Hochwalds war damals geprägt durch Landwirtschaft und Waldwirtschaft. Auch das Gasthaus Maßem war ursprünglich ein landwirtschaftlicher Betrieb, dem vor 140 Jahren ein Wirtshaus angegliedert wurde. Vor 60 Jahren kam eine eigene Metzgerei dazu. In der Gastwirtschaft wurde 1881 mit Erlaubnis der königlich-preußischen Regierung auch eine Poststelle eröffnet. Vorfahren Christofs begleiteten über viele Jahre das Amt des Ortsvorstehers und Ortsbürgermeisters.

Selbstverständlich probiere ich am Abend im Gasthaus die Spezialität des Hauses: Kräuterschwein, mit Kartoffeln und Salat. Dazu ein einheimisches Bier. Die perfekte Mischung.

Kasler Nies'chen im Weingut Weis

Ein Wegelabyrinth bringt uns von Kell am See durch den Staatsforst zum Weyrichsbruch, einem Quellmoor am Rösterkopf. Quellmoore mit intaktem Wasserhaushalt sind äußerst selten geworden, da sie zur besseren forstwirtschaftlichen Nutzung entwässert wurden. Die verbliebenen intakten Kleinstmoore sind Lebensraum einer Vielzahl seltener Pflanzen und Tiere und mittlerweile gesetzlich geschützt. Über einen Knüppeldamm wandern wir durchs Bruch. Der lichte Baumbestand der Moorbirken lässt weite Blicke ins Moor zu. Pfeifengrasbestände und Torfmoospolster prägen das Bild. Nach der Moordurchquerung wandern wir nochmals für längere Zeit durch den Osburger Staatsforst.

Am Rastplatz Römerlager bietet sich ein wunderbarer Fernblick zum Moseltal und den dahinterliegenden Bergen.

Über Wiesen und Felder mit imposanten Ausblicken geht es bergab Richtung Riveris Talsperre. Die Talsperre, zwischen 1954 und 1958 erbaut, dient als Trinkwasserreservoir für Trier und hat ein Fassungsvermögen von fünf Millionen Kubikmetern.

Von einem Rastplatz oberhalb des Stausees gelingt uns ein Überblick über die riesige Wasserfläche. Kurz vor Riveris steigt der Weg nochmals an. Oberhalb des Ortes erreichen wir das Naturdenkmal »Langenstein«, einen rippenartigen, fast senkrecht aus dem Boden vorspringenden Quarzitfels von bis zu 9 Metern Höhe.

Bis Waldrach sind wir im Wald unterwegs. Geschichtliche Dokumente belegen, dass in Waldrach seit über 1800 Jahren Wein angebaut wird. Nach Ende der kriegerischen Auseinandersetzungen zwischen Kelten und Römern breiteten sich römische Villen und Hofgüter in den Tälern von Mosel, Saar und Ruwer aus. Im Bereich der Marmorschleifmühle wurden Reste römischer Siedlungen gefunden. Etwas oberhalb der Mühle war der Anfang der mit Ruwerwasser gespeisten römischen Wasserleitung, die unter anderem die Römerstadt Trier mit Wasser versorgte.

In den Steillagen wird heute vor allem Riesling angebaut, aber auch Kerner, Rivaner sowie weißer und blauer Spätburgunder. Wie in anderen Regionen pflegen Waldracher Winzer die Tradition der Straußenwirtschaft.

Die Weinverkostung muss noch warten, ich habe noch ein gutes Stück Weg vor mir, zunächst geht es nach Kasel.

Das Auffallendste an Kasel sind die rund um den Ort liegenden Weinbergslagen. Auf 51 ha wachsen auf Schieferboden regionaltypische Weine. Sie genießen unter Kennern einen guten Ruf. Bekannte Lagen sind das Kaseler Nies'chen, die Kaseler Hitzlay, der Kaseler Kehrnagel sowie der Kaseler Dominikanerberg, der zum Dominikaner-Weingut gehört. Es gehört der aus Irland stammenden Familie von Nell, die über Umwege an die Mosel kam.

Nikolaus von Nell war Kanonikus des Stiftes St. Paulin in Trier und kaufte ein Landhaus auf der Kaseler Meierei, im Distrikt des heutigen Kaseler Dominikanerberges. Während der Säkularisierung erwarb die Familie die zum Abbruch freigegebene Abtei St. Matthias in Trier, die zum Familiensitz umgebaut wurde. Seit nunmehr sieben Generationen betreibt das Familienunternehmen der Nells Weinbau in Kasel. Die Hauptlage ist der Dominikanerberg, auf dem ausschließlich Riesling kultiviert wird.

In der Schulstraße besuche ich das Domizil der Kaseler Winzergenossenschaft mit Vinothek und Weinlokal. Die Genossenschaft ist die kleinste ihrer Art in Deutschland. Dreizehn Winzer aus dem Ruwertal hatten sich 1934 aus einer wirtschaftlichen Notlage heraus zur Winzergenossenschaft Kasel zusammengeschlossen, um sich gegenseitig bei der Erzeugung und Vermarktung des Weines zu helfen. Damals gab es fast ausschließlich bäuerliche Mischbetriebe. Die Weintrauben verkaufte man, der Most ging an große Kellereien an der Mosel. Das änderte sich, nachdem man die Geschäftsidee umsetzte, gemeinsam zu ernten und zu vermarkten. Die Weinmanufaktur befindet sich in dem Gebäudeensemble, das 1938 gekauft wurde. Der Weinausbau aus einer ertragsreduzierten Handweinlese schlägt sich in rund 25.000 Flaschen pro Jahr nieder: »Heute, nach über 80 Jahren, ist das gemeinschaftliche Miteinander immer noch die Basis unsere Genossenschaft«, erzählt der 1. Vorsitzende Gerhard Biewer. »Wir bieten unseren Kunden sortenreine, unkomplizierte Alltagsweine. Die Gutsweine sind nach Mitgliedern unserer Genossenschaft benannt: Leos trocken ausgebauter Wein, Jupps harmonischer Klassiker und Annes spritziger Riesling Hochgewächs«. Die Mitglieder der kleinsten Winzergenossenschaft

Holzsteg im Weyrichsbruch, einem Quellmoor am Rösterkopf

Deutschlands sind stolz auf das Erreichte, stolz auf ihren Riesling und auf das System Solidarität.

Entlang des Ruwer-Hochwald-Radweges erreichen wir zwischen Kasel und Mertesdorf die Karlsmühle, umgeben von Weinbergen, Bäumen und Wiesen. Ihre Mühlentradition reicht bis zur Römerzeit zurück. Noch heute ist der Mühlenbach von römischem Mauerwerk begrenzt.

Auch sie ist im Gedicht »Mosella«, des römischen Dichters Ausonius erwähnt und gilt als eine der ältesten Mühlen nördlich der Alpen. Über 1.000 Jahre war die Mühle im Besitz des Klosters St. Maximin in Trier. Nach der Auflösung des Klosters im Jahre 1803 ging sie in den Besitz von Johann Karls über. Heute beherbergt die Karlsmühle ein Hotel mit 80 Betten, das Restaurant Taverne mit gutbürgerlicher Küche, einen eigenen Forellenteich sowie eine romantische Gartenterrasse direkt am Mühlenteich. Das angrenzende und vielfach prämierte Weingut »Karlsmühle« gehört zu den besten Weingütern in Deutschland.

Unser Tag endet in Mertesdorf. Umgeben von Weinbergen steht dort das Hotel und Weingut Weis. Herbert Weis und seine Frau Mechthild, Deutsche Weinkönigin 1985, empfangen mich mit einem Glas Kasler Nies'chen aus der eigenen Kellerei BEULWITZ.

Beim Abendessen erzählt Herbert Weis:» Meine Mutter hatte 1950 »Pelzers Weinstube« mit Gastraum und Fremdenzimmer in Mertesdorf errichtet. Mein Vater Carl stammte aus Leiwen.«

Herbert Weis kaufte 1982 das traditionsreiche Weingut Erben von Beulwitz in Kasel. Die Familiengeschichte derer von Beulwitz, einem thüringischen Adelsgeschlecht, reicht bis ins Jahr 1137, als »Erwin von Bulewicz« urkundlich erwähnt wird. Das Stammhaus der Familie Beulwitz ist heute ein Ortsteil von Saalfeld in Thüringen.

Caroline von Lengefeld, die mit 16 Jahren mit Friedrich Wilhelm Ludwig von Beulwitz verlobt wurde und später heiratete war die Schwester von Friedrich Schillers Ehefrau Charlotte, mit der er sich austauschen und philosophieren konnte. Schiller veröffentlichte einige Schriften Carolines, Caroline schrieb eine der ersten Biografien über Friedrich Schiller, die im Verlag Cotta erschien.

Bereits 1867 wurde das »kleine Chateau« in Kasel von der königlichen Central-Commission für besondere Qualitäten der Weine ausgezeichnet.

Herbert Weis hält die Tradition höchster Qualität aufrecht. »Nach langjähriger Erfahrung wissen wir: ein guter Wein entsteht bereits im Weinberg. Die Grundlage dafür bildet neben dem komplexen Zusammenspiel von Lage, Boden und Witterung die gewissenhafte Bewirtschaftung im Weinberg. Ob bei der Bodenpflege und den Laubarbeiten, bei der Düngung oder dem gezielten Rebenschutz, überall versuchen wir so naturnah wie möglich zu arbeiten.

Durch Mulchen spontan auflaufender Wildkräuter oder selbst eingesäter Gründüngungs-Pflanzen und dem gezielten Einsatz von Rindenmulch und Stalldünger können wir stolz darauf sein, seit Jahren naturnahen Weinbau zu praktizieren und auf den Einsatz chemischer Herbizide verzichten zu können.

Bei erhöhten Ertragsaussichten scheuen wir auch nicht vor einer ›grünen Ernte‹ zurück. Durch dieses gezielte Herausschneiden von Trauben oder Traubenteilen vor der eigentlichen Ernte tun wir so unser Möglichstes, optimale Qualität zu erzielen.

Schließlich versuchen wir im Herbst bei trockener Witterung durch gezielte späte Lese und strenge Differenzierung der Trauben in mehreren Lesedurchgängen die bestmögliche Qualität des Jahrgangs zu erzielen – und das beginnt im Weinberg.«

Die alljährlichen Prämierungen und Auszeichnungen auf nationaler und internationaler Ebene belohnen die akribische Arbeit von Herbert Weis im Weinberg und im Weinkeller.

Vom Ruwertal ins Moseltal

Kaum haben wir das Ruwertal verlassen, steigt der Weg für längere Zeit an. Es wird still und einsam beim Aufstieg. Die sattgrünen Moose sind vollgesogen mit Wasser. Meine Handflächen hinterlassen deutliche Abdrücke beim Betasten. Plötzlich – wie aus dem Nichts – schnellt ein dunkler Körper vom Waldboden und hat mit zwei Sätzen den nächsten Baum erreicht. Eine Wildkatze! Mit mächtigen Sätzen und in Windeseile steigt sie den kerzengeraden Baum nach oben und entschwindet in der Baumkrone. Emma, die interessiert Spuren erschnüffelt, bleibt von dem Erlebnis unberührt.

Das Hämmern eines Buntspechts hallt durch den Wald, Kleiber laufen kopfüber die Baumstämme nach unten, ein Rehbock entzieht sich unseren Blicken mit einem eleganten Satz ins nahe Unterholz.

Den Bergsattel zwischen Ruwertal und Moseltal erreichen wir entlang von Wiesen und Feldern. Wir befinden uns auf 372 Meter Höhe. Ich lasse den Blick zum Osburger Hochwald schweifen. Die Hügel der Ardennen in Luxemburg scheinen greifbar nahe und das weit unten im Tal liegende Trier wird teilweise sichtbar.

Die Trasse des Saar-Hunsrück-Steigs führt in einem langen Bogen um einen Bergsporn herum. Nach dem Waldsaum folgen Bergwiesen und ein erster traumhafter Blick auf Trier und das Moseltal.

Dann geht es bergab ins Moseltal und nach Trier. Der Saar-Hunsrück-Steig endet am Trimmelder Hof, einige Kilometer vor der Tier. Durch verschiedene Weinbergslagen kommen wir direkt zum Amphitheater in Trier.

Der Abholservice von Herbert Weis bringt mich zurück ins Ruwertal

Weinberge im Ruwertal

Kulinarische Landmarke im Hunsrück

Bislang war ich auf dem Saar-Hunsrück-Steig und den Traumschleifen auf bestens ausgeschilderten und gepflegten Wanderwegen unterwegs. Von Reinsfeld zur Mosel steht leider kein Premiumweg zu Verfügung. Ich muss mir eine passende Route suchen. In der Touristinformation Reinsfeld besorge ich eine regionale Wanderkarte und entscheide mich für den Großen Rundwanderweg mit der Wegbezeichnung GR. Doch schon bevor wir die B52 überqueren können, verliert sich die Spur des Weges in dichtem Unterholz. Es dauert, bis wir endlich die andere Seite der Straße erreicht haben, dort findet sich dann auch die Beschilderung wieder.

Kurz nach dem Hinzerter Kreuz wird der GR fast unpassierbar. Hier ist schon lange kein Mensch mehr gelaufen. Wir bewegen uns vorsichtig durch meterhohes nasses Gras, versuchen tiefen Kuhlen auszuweichen, die im unwegsamen Gelände kaum auszumachen sind. An der Straße zwischen Hinzert/Pölert und Beuren kommen wir zur Gedenkstätte SS-Sonderlager/KZ Hinzert. 60 Jahre nach Ende des Zweiten Weltkriegs wurde das rostbraune Dokumentations- und Begegnungshaus gebaut, das inmitten der friedlichen Natur wie ein Fremdkörper wirkt. Ein inszenierter Kontrast, mit dem die Architekten Prof. Wolfgang Lorsch und Nikolaus Hirsch »ein Zeichen einer Irritation« setzen und die Ambivalenz von heutiger Idylle und vergangenen Verbrechen aufzeigen wollten. Das Gebäude sollte »als Verwerfung der Landschaft deutlich machen, dass die Idylle an diesem Ort trügt«. Eine Dauerausstellung informiert über die Geschichte des Konzentrationslagers von 1939 bis zur Auflösung des KZ im März 1945. Dokumente, Fotos und Filme, Berichte zahlreicher Zeitzeugen erinnern an die Gräueltaten, die hier begangen wurden. Die Häftlinge waren größtenteils Widerstandskämpfer aus Luxemburg, aber auch belgische und niederländische Mitglieder nationaler Widerstandgruppen waren nach Hinzert deportiert worden. Der in unmittelbarer Nähe befindliche Ehrenfriedhof »Cimetière d'honneur« wurde 1946 von der französischen Militäradministration zur Ehren der ehemaligen Widerstandkämpfer auf dem Gelände der ehemaligen Wachmannschaftsunterkünfte angelegt.

Nach dem Kreuzungsbereich am »Holzhackerkreuz« verläuft der GR einige hundert Meter unmittelbar an der Landstraße. Wir sind froh, an der Fischerhütte unterhalb von Beuren endlich auf die Wegtrasse der Traumschleife »Rockenburger Urwaldpfad« zu treffen, der wir bis kurz vor die Bescheider Mühle folgen. Wir überqueren die kleine Dhron Richtung Rüssel's Landhaus St. Urban, wo wir die Nacht verbringen.

Sternekoch Harald Rüssel lernte während seiner beruflichen Wanderjahre die Sommelière Ruth Weis kennen, die aus dem renommierten Weingut St. Urbanshof an der Mittelmosel stammt. Mit der Eröffnung ihres Landhauses »St. Urban« in Naurath/Wald im Dhrontal verwirklichten die beiden 1992 ihren Traum eines eigenen Hotels. Schon 1994 erkochte Rüssel seinen ersten Stern, sein Restaurant gehört seitdem zu den 30 besten Häusern in Deutschland. Neben der Gourmetküche im Landhaus kann man im Restaurant »Hasenpfeffer« auch einfache Landküche genießen.

Harald Rüssel hatte schnell erkannt, dass auf den Traumschleifen im Hunsrück sehr viele Wanderer unterwegs sind. Warum also nicht eine eigene »Hausschleife« mit Start und Ziel am Landgasthof im lauschigen Tal der Dhron gestalten? Die Traumschleife »Fünf-Täler-Tour« hat Harald Rüssel mit initiiert.

Sternekoch Harald Rüssel mit seinem Hund

Auf den Spuren von Stefan Andres

Nach einem späten Aufbruch im Landart-Hotel St. Urban gelangen wir entlang der Kleinen Dhron nach Büdlicherblick. Ich möchte am liebsten weiter am Ufer der Kleinen Dhron Richtung Dhrönchen laufen, finde aber keinen direkten Zugang zum Bachlauf. Alle Wander- und Spazierwege scheinen in Büdlicherblick zu enden. Wir versuchen unser Glück über eine Wiese. Das Gras wird immer höher, das Gestrüpp mit Brennnesseln und Brombeerhecken immer dichter. Ich will unbedingt ans Wasser, das ich zwar ständig höre, aber nirgends sehen kann. Emma betrachtet mein Vordringen aus respektvollem Abstand. Das sollte mich eigentlich warnen, denn wenn es irgendwo einen Weg gibt, kann ich mich auf Emmas Spürnase immer verlassen. Im dichten Buschwerk steigt der Hang rechts von uns steil nach oben, ich rutsche über feuchten Lehm nach unten und stehe im Bachbett. Ein Weiterkommen ist unmöglich. Wir müssen den ganzen Weg zurück.

In Büdlicherblick wandern wir über die Landstraße zur Josefskapelle. Hier finden wir den Hinweis auf eine weitere Hunsrück-Traumschleife: »Wasser, Dichter, Spuren«. Sie führt von Heidenburg ins Tal der Kleinen Dhron. Eine Informationstafel direkt am Wanderweg informiert über das Leben der Dichter der Region.

Ich interessiere mich vor allem für den Schriftsteller Stefan Andres, der 1906 im nicht weit entfernten Dhrönchen, im Tal der Kleinen Dhron, geboren wurde. In seinen frühen Werken beschreibt er Personen und Geschehnisse seiner Heimat. Sein Roman »Die unsichtbare Mauer« von 1934 schildert die existenziellen Veränderungen, die der Bau einer Talsperre für die Müller des Dhrontales mit sich brachte. Stefan Andres Familie war selbst unmittelbar von den radikalen Umbrüchen betroffen. Die Breitwies-Mühle, in der Stefan Andres als neuntes Kind eines Müllers und Kleinbauern geboren wurde, musste wie viele andere Mühlen infolge des Staumauerbaus aufgegeben werden.

Im Tal der Kleinen Dhron folgen wir dem Wasserlauf. Geräuschvoll braust das Wasser in vielen Kurven um Gesteins- und Felsbrocken, schnell und lautstark wie ein Gebirgsbach. Plötzlich Ruhe und Stille im Tal. Ich bin angekommen am Stausee, der das Leben so vieler Anwohner verändert hat.

Auch die Kleine Dhron hat sich anpassen müssen. Lautlos gleitet sie nun dahin. Hinter der Staumauer ist die wilde Dhron zu einem Rinnsal verkümmert. Dem einst tosenden Bach hat man seine Seele genommen. Ein 1.400 Meter langer Stausee mit einer bis zur 20 Meter hohen Staumauer speichert etwa 530.000 Kubikmeter Wasser. Sein Wasser wird über eine Druckleitung ins einhundert Meter tiefer gelegene Dhronkraftwerk nach Leiwen an der Mosel geleitet.

Ich will das Geburtshaus von Stefan Andres in Dröhnchen besuchen. Der Ort besteht aus einer Handvoll Häuser, die sich im Schatten der Moselhänge verstecken. Die ehemalige Breitwiesmühle steht noch, auch der Brunnen vor dem ehemaligen Elternhaus ist vorhanden. Hier bin ich mit Hermann Erschens verabredet, der rund um die Breitwies-Mühle jeden Grashalm zu kennen scheint. Er erzählt aus der Zeit, als Stefan Andres im Tal seine Kindheit verbrachte. Elektrisches Licht kannte man dort nur aus der Zeitung. Die Ämter und die Schule lagen stundenweit jenseits der Berge.

Die Landschaft zwischen Hunsrück und Eifel war vielfach Schauplatz von Erzählungen und Romanen. Die Spurensuche und Recherche an Originalschauplätzen dieser Werke ist Hermann Erschens besondere Passion. In seinem Buch »*Literarische Schauplätze an der Mosel*«, beschreibt er den Ort unserer Verabredung so »*Hier am Brunnen*«,.... *schmelzen zeitliche und räumliche Distanz zum Dichter und seinem Werk, hier in der stillen Abgeschiedenheit der elterlichen Mühle, begreift man die Sehnsucht des kleinen Steff nach der verlockenden Welt da draußen jenseits der Berge, begreift man auch die Sehnsucht des erwachsenen Dichters nach seinen Ursprüngen, nach dem Paradies seiner Kindheit. Der Ort wird zum realen Schlüssel seines Werkes, in dem die Erinnerungen zur reinen Poesie geworden sind.*«

In seinem autobiografischen Roman »*Der Knabe im Brunnen*« erinnert sich Stefan Andres daran, wie er erstmals von der Familie mit zur Kirche genommen wurde und aus dem engen Dhrontal hinter den Bergen auf die Höhe zum Zummet kam »*Auf die Höhe, wo der Weg aus dem kleinen Tal der Dhron in das große Moseltal hinüberläuft. Ich fühlte, wie mein Blick, der drunten am Bach immer gegen den Berg anstieß, in die Ferne fliegen konnte, weiter und noch weiter. – ›Dat is de Mosel‹, sagte Vater und sein langer Finger wies in die Tiefe vor uns. – Was mir bis dahin nur aus den Worten der anderen bekannt war, nun sah ich es... während ich schaute, fühlte ich mich angeschaut vom Fluss und von den Bergen.*«

Moselwein, Eifelwein, Hunsrückwein?

Dieser großartige Ausblick bietet sich jetzt auch mir. Nachdem ich den steilen Weg zum Zummethof erklommen habe, genieße ich von der Außenterrasse des Ausflugslokals den überwältigenden Blick ins Moseltal. Vor weniger als einer halben Stunde war ich mit Emma noch im dichten Wald entlang der Kleinen Dhron unterwegs. Jetzt weiß ich nicht, wohin ich zuerst schauen soll. Ich sitze mit Blickrichtung nach Neumagen-Dhron. Die steilen Hänge des Hunsrücks sind mit überbordendem Grün bedeckt. Fast übervoll stehen Rebenstöcke. Der Hunsrück zeigt sich im Moseltal von einer seiner schönsten Seiten.

Unten windet sich die Mosel in einer eleganten Schleife um den Winzerort Trittenheim, die gesamte Ortslage in von Reben umgeben. In meinem Rücken liegt mein nächstes Ziel: Leiwen. Doch zunächst genieße ich diesen Blick, der den Horizont öffnet – nach den langen Walddurchquerungen ist dieser freie Blick Labsal für die Seele.

Ob der römische Dichter Ausonius, der den Text »Mosella« verfasste, diesen Blick ebenfalls erleben durfte? Decimius Magnus Ausonius, um 310 in Burdigala, dem heutigen Bordeaux geboren, war ein hoher gallo-römischer Staatsbeamter. Er bereiste die Römerstraße, die heute seinen Namen trägt, von Mogontiacum über Bingen durch den heutigen Hunsrück zum Moseltal und weiter über Neumagen nach Augusta Treverorum. Seine lateinische Reisebeschreibung, die in 483 kunstvollen Hexametern seine Eindrücke beschreibt, soll um 371 entstanden sein.

Kaiser Valentinian I. berief Ausonius wahrscheinlich um 365 an seinen Hof nach Trier, als Lehrer und Erzieher seines ältesten Sohnes Gratian, der von 375 bis 383 als Kaiser Flavius Gratianus den Westen des Römischen Reiches regierte. Die antike Wegstrecke zwischen Rhein und Mosel ist noch im Gelände erhalten und auf ganzer Länge (107 km) als ›Ausonius-Wanderweg‹ beschildert.

Wie lange ich auf der Hunsrückhöhe mit Blick ins Moseltal verbracht habe, weiß ich nicht mehr. Immer wieder schweifte mein Blick über die steil abfallenden Hänge zwischen Leiwen und Neumagen-Dhron. Nur an wenigen Stellen tritt harter Fels zu Tage, ansonsten scheint jeder Quadratmeter der

Steillagen genutzt zu werden. Die Römer erkannten schon vor 2000 Jahren, dass die Schiefersteillagen der Mosel ideale Bedingungen boten und begründeten den Weinbau in der Region. Mildes Klima, die intensive Sonneneinstrahlung und dunkle, lockere Schieferböden, die bei Tag Sonnenwärme speichern und sie in der Nacht an die Reben abgeben, sind optimale Voraussetzungen.

Die Schieferformationen in den Hängen reichen von spröden Grauwacken bis zu weichem Tonschiefer. Sie liefern der Traube wichtige Mineralstoffe und prägen den typischen Geschmack der Weine. Die Pfahlwurzeln alter Rebstöcke dringen bis zu 10 Meter in den Schiefer vor.

Das Weinanbaugebiet Mosel ist mit 5.300 ha das größte Steillagenweinbaugebiet der Welt und die weltweit größte Rieslinganbaufläche. Die Rieslingrebe wird auch als die »Königin der Reben« bezeichnet. Sie gilt als Deutschlands edelste Weißweinsorte.

Die älteste Rebsorte den Elbling, von den Römern Uva Alba genannt, brachten diese aus Gallien zur Mosel. Heutzutage wird der Elbling fast ausschließlich an der Obermosel angebaut, da er dort auf tiefgründigen Muschelkalkböden ideale Voraussetzungen findet.

Zur Einstimmung auf meine Sommerreise besuchte ich im Vorfeld ein Weinfest. Unter dem Motto *»Mythos Mosel – Eine Riesling Reise«* hatten Winzer zwischen Pünderich und Ürzig zwei Tage ihre Keller geöffnet und feierten die Königin der Reben. Auf den Etiketten las ich viel von den Reben, deren Wein erst auf Grauschiefer oder Blauschiefer das Bukett in besonders herausragender Weise entfalten können.

Warum wird eigentlich auf keinem Etikett der Moselwinzer der Hunsrückblauschiefer oder der Hunsrückgrauschiefer erwähnt? Immer wieder ist die Rede von Schieferböden. Der Name Hunsrück bleibt außen vor.

Während meiner Sommerreise habe ich öfter den Spruch gehört: »Lieber dreimal im Jahr Hochwasser als einmal im Hunsrück übernachten.« Ist der Hunsrück bei den Moselwinzern so verpönt, dass man nichts mit ihm zu tun haben möchte? Was wäre denn, wenn die Steillagen von Hunsrück und Eifel rechts und links der Mosel gänzlich fehlen würden? Wenn das Land in den ausgedehnten Uferbereichen wie bei vielen anderen Flüssen auch an der Mosel flach auslaufen würde? Wäre der Moselwein in den Flaschen dann noch genauso herausragend? Vermutlich nicht.

Die Steilhänge von Hunsrück und Eifel bilden eine ideale Symbiose mit der Mosel. Vielleicht werden einige Jungwinzer in den nächsten Jahren den wirklichen Wert der Heimat des Grau- und Blauschiefers erkennen. Bezeichnungen wie Hunsrück- oder Eifelschiefer auf den Etiketten sind vielleicht eine Marketingidee für die Zukunft.

Die Mosel bei Trittenheim zwischen Hunsrück und Eifel

Erinnerungen an Heinz

Von Zummethof sind wir Richtung Leiwen unterwegs. In Leiwen treffe ich Silvia Schmitt und ihren Sohn Carlo. Mit Silvia bin ich seit Jahren befreundet, ihr Mann Heinz ist 2010 im Steilhang an der Mosel tödlich verunglückt. Silvias Anruf mit dieser Schreckensnachricht erreichte mich während meiner achtmonatigen Wanderung um Deutschland in Passau.

Den Schock beschreibe ich in meinem Buch »*5200 km bei Fuß*«: »*Freud und Leid liegen dicht beieinander. Ich bin in Feierlaune, als ich zur letzten Etappe des Goldsteigs aufbreche. Der Goldsteig macht der Bezeichnung »Top Trails of Germany« alle Ehre. Er gehört zu den schönsten Wanderstrecken, die ich jemals in meinem Leben gelaufen bin. Eine abwechslungsreiche Wegführung, gespickt mit landschaftlichen und kulturellen Höhepunkten und ungeheuer liebenswerten Gastgebern. Der Goldsteig ist ein absolutes Muss für jeden Wanderfreak. Als wir nach Passau absteigen, überkommen mich Glücksgefühle. Wir haben den Goldsteig geschafft, ein Meilenstein auf unserem Weg rund um Deutschland. Ich bin gerade dabei, mir im übertragenen Sinn auf die Schulter zu klopfen, als mein Handy klingelt. Silvia, die Frau meines Freundes Heinz aus Leiwen, ist am Telefon. Heinz, Winzer an der Mosel, ist vor wenigen Tagen im Steilhang tödlich verunglückt. Ich finde keine Worte, bin fassungslos, werde in Sekundenbruchteilen ins »richtige« Leben zurückgeholt. Heinz hatte sich mit »Leib und Seele« dem »Weinmachen« verschrieben. Die Intensität seines Schaffens war manchmal beängstigend. Er lebte und liebte seinen Beruf, er machte einen außergewöhnlich guten »Stoff «. Jetzt soll er nicht mehr da sein? Ich vermisse ihn schon jetzt, kann es einfach nicht fassen. Ich schleiche ins Hotel. Die erste Flasche Wein passt gut zum Essen, die zweite trinke ich auf meinen Freund Heinz. An den Rest des Abends kann ich mich nur bruchstückhaft erinnern.*«

Heinz hinterließ eine große Lücke, als Mensch aber auch als genialer Weinmacher. Umso mehr freut es mich, das sein 17jähriger Sohn Carlo in die Fußstapfen seines Vaters getreten ist. Carlo hat vor einem knappen Jahr eine Winzerlehre begonnen. Wenn er über Weinbau, Weinlagen und die Weinherstellung redet, leuchten seine Augen. Wie Heinz brennt auch Carlo für seinen

Carlo Schmitt, Jungwinzer aus Leiwen

zukünftigen Beruf, er hat die »Gene des Weinmachens« im Blut. Heinz hatte für seinen Sohn einen Hektar Steillage des berühmten Neumagener Rosengärtchens gekauft und dem kleinen Carlo immer wieder erzählt, dass das nun sein eigener Weinberg sei.

Zunächst wollen wir aber in den Schweicher Annaberg, eine Weinbergslage oberhalb von Schweich. Hier erlebte ich erstmals die Leidenschaft, mit der Heinz vom Weinmachen begeistern konnte. Seine Mimik und Gestik sprachen Bände – hier stand jemand, der sich mit Leib und Seele seinem Beruf verschrieben hatte. Beruf als Berufung.

Als ich 1993 zu Recherchearbeiten nach Leiwen kam, besuchte ich das Weingut Heinz Schmitt. Noch bevor ich mich versah, saß ich mit Heinz in seinem Auto und war schnell mit ihm in den Weinbergen. In einer steilen Rechtskurve ließ er mich aussteigen. Er fuhr weiter nach oben und ich sollte zu Fuß den Weinberg hinauf kommen.

Die Szene, die sich vor über fünfundzwanzig Jahren abgespielt hat, sehe ich vor mir, als wäre es gestern gewesen. Damals war ich noch wesentlich sportlicher als heute. Die wenigen Meter im Steilhang, ein Katzensprung, dachte ich. Doch der lose Schieferboden ließ kein rasches Nach-oben-kommen zu. Zwei Schritte vor, ein Schritt zurück, mein Puls schnellte in die Höhe. Oben angekommen, war ich aus der Puste, schnappte nach Luft. Heinz empfing mich lachend: »Jetzt weißt du, was wir hier täglich im Weinberg leisten. Ich wollte dir mal zeigen wie steil es wirklich ist. In sechs bis acht Wochen habe ich eine dicke Sohle meiner Arbeitsschuhe flach gelaufen.«

Dann öffnete er eine bestens gekühlte Flasche Riesling vom Schweicher Annaberg. Die Sonne stand tief hinter Trier, als wir auf dem warmen Schieferboden saßen und uns zuprosteten. Unten im Tal zog die Mosel wie ein güldenes Band von Trier Richtung Koblenz.

Dieser Sommernachmittag im Weinberg mit Heinz hat sich fest in mein Herz gebrannt. Und nun stehe ich wieder im Schweicher Annaberg, diesmal mit seinem Sohn und Silvia. Carlo hat eine Flasche eingepackt, die noch sein Vater gemacht hatte: Heinz Schmitt, Riesling, Auslese 2003, Fass 4, Schweicher Annaberg. Der goldgelbe Wein im Glas weckt viele Erinnerungen, Erinnerungen an meinen Freund Heinz, seine Familie und die vielen Gespräche rund um den Wein, in seinem Keller oder im Weinberg.

Stella Noviomagi – Stern von Neumagen

Am nächsten Morgen bin ich mit Carlo auf dem Moselsteig unterwegs nach Neumagen-Dhron. Der Weg verläuft oberhalb von Leiwen, vorbei am Zummethof auf dem bewaldeten Rücken des Hunsrücks, bis er kurz vor Neumagen-Dhron die Höhen verlässt und an Rebhängen ins Tal führt. Kurz vor Neumagen-Dhron erreichen wir das »Neumagener Rosengärtchen«. Carlo strahlt, als er seinen Weinberg sieht. Mit flinken Schritten nimmt er die steilen Steintreppenstufen nach oben. Emma sprintet hinterher, etwas später bin ich dann auch am Weinberg angekommen. Mit kritischen Blicken begutachtet Carlo Blattwerk und Triebe. Im letzten Jahr hat er dreihundert neue Holzpfähle auf seinem Rücken nach oben geschleppt, um sie gegen alte Pfähle auszutauschen. Eine Knochenarbeit – aber davor schreckt Carlo nicht zurück. Er weiß, was ihn die nächsten Jahre erwartet. Mittlerweile produziert Carlo mit dem ehemaligen Kellermeister seines Vaters Erich Clüsserath die Weine des Weinguts Heinz Schmitt Erben. In diesem Jahr soll der erste Wein entstehen, der ausnahmslos die Handschrift Carlos trägt. »Ich will einfach mal ausprobieren, was geht«, sagt er lächelnd, als wir den Weinberg wieder verlassen. Ich bin sicher, da geht sehr viel. Schließlich hat Carlo schon als kleiner Junge »Kellerluft« geschnuppert, wenn er mit seinem Bobbycar durch den Weinkeller kurvte.

Wir müssen uns sputen, denn in Neumagen-Dhron wartet Silvia auf uns. Wir machen eine Fahrt mit dem Römerweinschiff Stella Noviomagi (Stern von Neumagen).

Das Neumagener Weinschiff ist Wahrzeichen des ältesten Weinortes Deutschlands. Es ist die fahrtüchtige Replik eines römischen Kriegs- und Lastschiffes, das entweder mit Muskelkraft oder zwei 55 PS Dieselmotoren bewegt werden kann. Nach zweijähriger Bauzeit wurde das Weinschiff 2007 in Trier vom Stapel gelassen. Mit einer Länge von 17,95 Metern, einer Breite von 4,20 Metern und etwa 70 Zentimeter Tiefgang ist es das größte jemals im deutschen Sprachraum nachgebaute schwimmfähige Römerschiff.

Wir werden überhäuft mit Informationen zu Neumagen-Dhron und dem Neumagener Weinschiff. Zwischen den Sitzreihen sind Weinholzfässer installiert. Von seinem erhöhten Platz informiert Klaus, unser Reiseführer, dass sich Neumagen-Dhron als ältester Weinort Deutschlands bezeichnen darf.

Bereits vor 2000 Jahren bauten die Römer hier Wein an. Neumagen, das alte Noviomagus Treverorum, war die Wiege des Weinbaus in Deutschland. Es profitierte von der günstigen Lage des Orts. Eine antike Fernstraße führte mitten durch die römische Siedlung. Der Knotenpunkt zwischen den alten Straßen durch den Hunsrück, dazu die Möglichkeit mit einer Fähre den Fluss zu überqueren, machte den Ort zu einem bedeutenden Umschlagplatz, an dem sich Händler, Handwerker und Großkaufleute niederließen. Dies führte letztendlich dazu, dass ein Kastell gebaut wurde. Kaiser Konstantin nutzte es als Sommerresidenz.

Bei Ausgrabungen im 19. Jahrhundert wurden viele Grabsteine, Skulpturen und Reliefs gefunden. Der berühmteste Fund ist sicherlich das monumentale Grabmal eines reichen Weinhändlers in Form eines Schiffes, das als Bauvorlage für das Weinschiff diente. Das Original befindet sich im rheinischen Landesmuseum in Trier, eine Nachbildung steht vor der Peterskapelle im Ortskern von Neumagen.

Wir sind mit dem Stern von Neumagen unterwegs Richtung Moselloreley, der kleinen Schwester der Rheinloreley bei St.Goar. Während Klaus von der einzigartigen Erfolgsgeschichte des Weinschiffs erzählt, verkosten wir verschiedene Weinsorten und Lagen der Mosel. Der trockene Riesling, Hochgewächs, Dhroner Hofberger aus dem Weingut Ralf und Sandra Görgen schmeckt Silvia, Carlo und mir besonders gut. Zwischen Piesport und Minnheim kommen wir zum Naturdenkmal Moselloreley. Das 266 Meter schroff aufragende harte Felsgestein ist Anfang Juli Kulisse eines Großfeuerwerks. Im Inneren des Berges wurden Kupferglanz-Erz und Bleiglanz entdeckt, mineralisches Ausgangsmaterial zur Herstellung von Zink, Kupfer, Blei und Töpferlasur. Die Förderstollen sind vom Fluss aus gut zu sehen. Gegen Ende des Zweiten Weltkrieges waren die Stollen Zufluchtsstätten vor Fliegerangriffen.

Kurz nachdem wir die Moselloreley passiert haben, dreht das Schiff, wir müssen zurück zur Anlegestelle in Neumagen. Während uns Klaus noch viel Interessantes erklärt, hat der Wein seine Wirkung nicht verfehlt. Um uns herum und gegenüber werden die Gespräche lauter, man prostet sich zu und ist voll des Lobes über eine gelungene Bootsfahrt. Der Stern von Neumagen wird weiterleuchten.

In der »Weinlaube des Herzens« in Neumagen lassen wir bei Flammkuchen und Moselwein den Tag ausklingen.

Concorde im Hunsrück

Bevor ich mich mit Emma auf dem Saar-Hunsrück-Steig weiter Richtung Osten bewege, erfolgt zunächst ein Abstecher mit dem Auto zum Flugzeugmuseum an der Hunsrückhöhenstraße kurz vor Hermeskeil. Wie kommt jemand auf die Idee, mitten im Hunsrück über 100 Flugzeuge auszustellen?

Mit Peter Junior und seiner Frau Astrid sitze ich im Café im Passagierraum einer nachgebauten Concorde. Peter Junior erzählt mir von den Anfängen des Museums. »Mein Vater stammt aus Aspach im Westerwald. Er war Innenarchitekt und hatte ein Faible für Flugzeuge, obwohl er selbst nie flog. Nachdem er die ersten Sammlerstücke erworben hatte, wollte er seine Sammlung einem größeren Publikum präsentieren. Auf der Suche nach einem geeigneten Standort sind wir damals von der Lüneburger Heide bis ins Allgäu gefahren, kreuz und quer durch Deutschland. Letztendlich entschieden wir uns für den Hunsrück. Hier direkt an der Hunsrückhöhenstraße und in der Nähe eines Autobahnanschlusses, der damals erst geplant war, sollte die Idee meines Vaters verwirklicht werden.«

Am 7.7.1973 war es dann so weit. Die Flugausstellung bei Hermeskeil wurde eröffnet.

Heute präsentiert das Familienunternehmen auf einer Fläche von 75.000 qm über 100 Originalflugzeuge sowie flugtechnisches Detailmaterial »Wir wollen dem Besucher einen Einblick in den weit gespannten Bereich der Luftfahrttechnik vermitteln.« In den Hallen und dem Freigelände finden sich Flugzeuge und Nachbauten, die eindrucksvoll die Geschichte der Luftfahrt von den Anfängen bis zur Gegenwart wiederspiegeln. Nach dem Cafébesuch mische ich mich unter die Besucher, um etwas vom Flair dieses außergewöhnlichen Museums einzufangen.

An der Hallendecke entdecke ich eine Blériot XI. Mit dem 1909 in Frankreich gebauten Flugzeug überquerte der Flugpionier Blériot zum ersten Mal den Ärmelkanal zwischen Calais und Dover.

Auch die legendäre JU 52, die als eines der bedeutendsten Flugzeuge der Luftfahrtgeschichte gilt, ist in dieser Halle zu sehen. Neben vielen Flugzeugen und Motoren begeistern mich eine Mig 23 MF, ein einsitziges, taktisches Kampfflugzeug der UDSSR mit einer Höchstgeschwindigkeit von 2500 km/h, eine Antonow An 2 Colt, ein Mehrzweck-Doppeldecker, ebenfalls aus der UDSSR sowie das erste Düsenflugzeug der Welt, eine De Havilland DH 106 Comet für 100-120 Passagiere.

Gegen Ende meines Rundgangs stoße ich auf eine Lockheed L-1049 G Super Constellation, ein viermotoriges Propeller-Langstrecken-Verkehrsflugzeug, das 1950 in den USA gebaut wurde. Mit dieser Maschine flog der ehemalige Bundeskanzler Konrad Adenauer am 8. September 1955 nach Moskau zu den Verhandlungen über die Freilassung von 10.000 deutschen Kriegsgefangenen.

Nach so viel Technik haben wir bald wieder Wald- und Wiesenwege unter den Füßen. Emmas Nase kann sich wieder erholen, der Geruch von Motorenöl und Schmiermitteln gehört nicht zu den von ihr bevorzugten Düften. Von Reinsfeld wandern wir weiter Richtung Primstalsperre. Über lange Strecken vermittelt der Saar-Hunsrück-Steig eine Prise Abenteuer und Einsamkeit. Es ist eine wassereiche Region: die Wadrill, der Lauschbach, die Löstert, der Forstelbach und die Talsperre, die vom Altbach und der Prims gespeist wird. Für Emma reichlich Gelegenheit, das kühle Wasser zu genießen. Im Landhaus Spanier in Otzenhausen, das auch einen Shuttle-Service zu verschiedenen Etappen anbietet, finde ich für zwei Tage eine Bleibe. Wer sich rechtzeitig anmeldet, kann sich fürs Abendessen eine saarländische Spezialität wünschen. Ich entscheide mich für Mehlknäppcha. Von der Chefin des Hauses frisch zubereitet, schmecken sie wie »dahemm«.

Das private Flugzeugmuseum Hermeskeil

Steine, Steine, Steine: Der Keltische Ringwall

Von meiner Unterkunft starte ich zur Dollbergschleife, eine der schönsten und interessantesten Traumschleifen des Traumschleifenlandes. Zwischen Primstalsperre und Landstraße stehen erste Informationstafeln mit Zeichnungen, Texten und interessanten Details zur Spurensuche rund um die Keltische Fliehburg. Über insgesamt 10 Stationen werden Besucher zu den wichtigsten Punkten der Anlage geführt. Bereits vor dem Aufstieg erfährt man: »*Am Rande des Hunsrücks, auf dem ›Dollberg‹ bei Otzenhausen gelegen, manifestiert sich der Ringwall als eine vorgeschichtliche Befestigungsanlage ungeklärten Charakters. Mögliche Theorien reichen von einer reinen Fliehburg über ein Oppidum (stadtähnliche Siedlung) bis hin zu einem Macht- und Herrschaftszentrum bzw. Adelssitz eines reichen Keltenstammes, dessen Existenz durch zahlreiche, reich ausgestattete Fürstengräber in der Umgebung nachgewiesen ist. Räumlich betrachtet liegt der ›Hunnenring‹ am südlichen Rande des Stammesgebietes der Treverer, einem hier ansässig gewesenen keltischen Volksstamm.*«

Beim Studieren einer Info-Tafel treffe ich auf Werner Schweizer. Mit 17 Kilogramm Gepäck ist er seit einigen Tagen auf dem Saar-Hunsrück-Steig unterwegs. Er ist in Perl gestartet und will in den nächsten Tagen bis Idar-Oberstein wandern. Wir sind schnell im Gespräch wollen ein Stück gemeinsam laufen. Werner ist schon den Schluchtensteig im Südschwarzwald gewandert, ebenso auf dem Rheinsteig. Der optimal ausgeschilderte Saar-Hunsrück-Steig mit seinen erdigen, oftmals schmalen Pfaden ist für ihn der beste Weg, den er bislang gelaufen ist. Er ist voll des Lobes. Zum Hunsrück hat er eine besondere Beziehung, da er in Bad Kreuznach studierte. Seine Wochenendwanderungen führten ihn damals oft zum Soonwald und in den Hunsrück.

Nach Überquerung der Straße passieren wir rechter Hand den Archäologie- und Keltenpark. Auf der linken Seite weist eine Holzstehle auf den neu geschaffenen Nationalpark Hunsrück-Hochwald hin. Wir wandern auf dem 6,5 Kilometer langen Skulpturenweg »*Cerda&Celtoni – Kunst und Kelten*«. Dieser wird von 18 Skulpturen gesäumt, die von Künstlern aus fünfzehn europäischen Ländern gestaltet wurden. Danach wird es steil und steinig, der Weg schraubt

Graues Gesteinsmeer oberhalb des Nonnweiler Stausees: Der Keltische Ringwall

sich durch ein Meer von Gesteins- und Felsbrocken nach oben. Mir rinnt der Schweiß von der Stirn, Emma ist in ihrem Element, flitzt wie ein Wiesel über die besonders steilen Passagen. Immer wieder hält sie an um nachzuschauen, wo wir bleiben. Die erste Gelegenheit zur Rast ist eine Sinnenbank mit Blick ins Tal zur Primstalsperre. Die Pause dauert etwas länger, denn wir haben uns viel von unseren Wanderreisen zu erzählen.

Anschließend verläuft der Weg an der Hangkante. Am westlichen Steilhang wurde nach Ausgrabungen ein Tor rekonstruiert. Wir informieren uns an den aufgestellten Schautafeln. Die ersten aufgetürmten weiß-grauen Gesteinsbrocken tauchen vor uns auf. Mitten im Wald scheint uns eine riesige Gesteinsmauer den Weg zu versperren. Der Weg bringt uns direkt zur Talsohle der aufgetürmten Steine, wir wandern einige Meter entlang der grauen Gesteinsmasse. Bevor wir die Steintreppe nach oben nehmen, erhalten wir letzte Informationen zum Aufbau. Der Ringwall gehört zu den eindrucksvollsten frühgeschichtlichen Befestigungsanlagen Europas. Die Gesteinsblöcke waren ursprünglich in keltischer Trockenmauertechnik aufeinander geschichtet und anschließend durch vernagelte Zwischenlagen von Querhölzern stabilisiert worden. Im Laufe von Jahrhunderten verrottete das Holz und die ursprünglich 40 Meter hohe Mauer verfiel zum heutigen Steinwall, der stellenweise immer noch eine Höhe von 15 Metern misst. Nach dem Treppenaufstieg tut sich uns ein fantastischer Blick auf. Nach beiden Seiten zieht sich das Steinmeer wie ein gigantischer Lindwurm über den Kamm und scheint sich mit dem umliegenden Waldmeer des Hunsrücks zu vereinen. Man kann sich kaum satt sehen an diesem Blick in die weite Landschaft.

Auf dem Weg zum höchsten Punkt des Saarlandes (695,4 m ü. NN) führt uns der Weg durch einen lichtdurchfluteten alten Buchenbestand im Nationalpark Hunsrück-Hochwald. Der Kammweg über den Dollberg ist für mich einer der schönsten Wegabschnitte des Saar-Hunsrück-Steigs. Am höchsten Punkt säumt Totholz entwurzelter oder abgebrochener Buchenstämme den Weg. Kurz hinter dem Schild, das die höchste Stelle ausweist, ist ein Rastplatz mit Bänken und Tisch angelegt. Nur das leise Rauschen des Windes in den Blättern der über 50 Meter hohen Buchen ist zu hören.

Seit der Primstalsperre verlaufen der Saar-Hunsrück-Steig und die Traumschleife »Dollbergschleife« auf der gleichen Wegstrecke. Der bis zur Kammhöhe meist steinige Weg verliert sich langsam in einen weichen Waldwiesenweg. Jeder

Schritt hinterlässt einen Fußabdruck im schwarzen Untergrund. Wir passieren zwei Meter hohe Farne, überall im Wald leuchten die violettfarbenen Blüten des Fingerhuts, viele Baumstämme sind im unteren Teil mit einem zarten Moosflaum bedeckt. Ich pflücke saftige Heidelbeeren. Der Wald verändert allmählich sein Gesicht. Die Fichten übernehmen wieder das Waldbild.

Der Wiesenweg bleibt uns noch lange erhalten. Weißgraues Gras steht am Wegesrand und zwischen den Fichten. Wenn die Sonne auf die Grasflächen trifft, leuchten sie besonders schön. Schmetterlinge gaukeln zwischen den Gräsern. An einigen Nasszonen wächst Borstengras. Wir genießen einen Ein außergewöhnlichen Wegabschnitt im Nationalpark Hunsrück-Hochwald.

Irgendwann trennen sich Traumschleife und Fernweg. Werner Schweizer wandert weiter auf dem Saar-Hunsrück-Steig Richtung Börfink, ich folge der Beschilderung der Traumschleife Richtung Züsch. Vorbei an der Köhlerhütte steigen Emma und ich bergab ins Altbachtal. Dort stand einst das größte Eisenhüttenwerk des Hunsrücks.

Die Geschichte des Züscher Hammers ist seit 1627 dokumentiert, als der Eisenschmelzer Lorenz Barth »in gleicher Eigenschaft« von Abentheuer nach Züsch zog. Nach der Zerstörung der Eisenschmelze im 30jährigen Krieg erfolgte 1694 der Wiederaufbau. Die Erzvorkommen, der Wasserreichtum und die ausgedehnten Wälder der Region als Grundlage für Holzkohle boten ideale Voraussetzungen für die beginnende Eisenindustrie. Nach der Errichtung einer Holzkapelle in der Nähe des Eisenhammers wurde schon 1697 der Hüttenbetrieb wieder aufgenommen. Es entstanden die Waldhüttendörfer Damflos und Neuhütten mit den Ortsteilen »Schmelz« und »Zinserhütten«.

1982 wurden erste Ausgrabungen auf dem Gelände des Hammers durchgeführt, 2001 erfolgte die Rekonstruktion des Hammerwerkes, das mit dem Wasser des Altbachs angetrieben wird. 2007 ist eine Schmiede hinzugekommen. Zwischen Mai und Oktober kann das Hammerwerk jeweils am ersten Samstag und Sonntag besichtigt werden. Dann hallen wie einst wieder Hammerschläge durch das sonst stille Altbachtal.

nächste Doppelseite: Bei Nebel besonders mystisch: Der Weg über den Dollberg

Nationalpark Hunsrück-Hochwald

Von Otzenhausen nach Einschiederhof sind wir ein zweites Mal über den Dollberg unterwegs. Ich darf eine meiner Lieblingsrouten innerhalb von 24 Stunden nochmals erleben. Zu Beginn unserer Tagestour komme ich mit Anna und Jonas aus Schaffhausen ins Gespräch. Bei Recherchen im Internet sind sie aufs Traumschleifenland in der Südwestecke Deutschlands gestoßen. Sie sind begeistert vom Beschilderungssystem und der Beschaffenheit der Wege. Für Anna und Jonas steht fest, dass sie nicht das letzte Mal zum Wandern im Hunsrück waren.

Im Anstieg am Keltenpark weist eine Holzstehle darauf hin, dass wir uns im Nationalpark Hunsrück-Hochwald befinden. Auf der Stehle befindet sich ein stilisierter Katzenkopf und ein Katzenschwanz. Später erfahre ich, dass eine Wildkatze und Keltenzeichen das Nationalparklogo prägen. Der Hunsrück gilt als das Hauptverbreitungsgebiet für Wildkatzen in Deutschland..

Im Mai 2015 ist der sechzehnte Nationalpark Deutschlands offiziell eröffnet worden. Der grenzüberschreitende Park hat eine Fläche von rund 10.000 Hektar, ein Zehntel davon liegt im Saarland, der weitaus größere Teil im Bundesland Rheinland-Pfalz.

Am Keltenpark in Nonnweiler, dem Hunsrückhaus am Erbeskopf sowie an der Wildenburg in Kempfeld befinden sich Nationalparktore, die als Anlaufstellen für Besucher eingerichtet sind.

Zwei Schwerpunkte des Parks sind besonders hervorgehoben: NATUR ENTDECKEN und GESCHICHTE ERLEBEN.

Europas größtes Wildkatzenvorkommen, mystisch anmutende Buchenwälder, außergewöhnliche Felslandschaften, Rosselhalden, einsame Moore mit Wollgraswiesen und fleischfressenden Pflanzen sowie bunte Arnikawiesen gilt es zu entdecken. Dazu kommen Einblicke in die keltisch-römische Kulturgeschichte. Das Ganze wird verknüpft durch ein unvergleichliches Wegenetz des Saar-Hunsrück-Steigs und der Traumschleifen. Natur und Kultur, Kelten und Römer, Mittelalter und Industriekultur – im Nationalpark treffen diese Welten aufeinander. An den Nationalparktoren sowie in Muhl, am Sauerbrunnen bei Oberhambach und am Thranenweier bei Börfink starten geführte Rangertouren durch den Nationalpark.

Auf Mördertour zum Tirolerstein

Eine solche Tour hatte ich wenige Wochen zuvor unter der Leitung des zertifizierten Nationalparkführers Gerhard Hänsel mitgemacht. Vom Wanderparkplatz Hujetsmühle zwischen Abentheuer und Einschiederhof starteten wir zur »Mördertour« wie Gerhard die Wanderung betitelt hat. Ein Holzkreuz am Wegesrand erinnert an den fahrenden Händler Thomas aus Tirol, der im Wald zwischen Neuhütten und Abentheuer erschlagen wurde.

Um dieses Verbrechen ranken sich verschiedene Geschichten, wie Gerhard Hänsel zu berichten weiß, und »im Lauf der Zeit wurde auch so einiges dazu gedichtet.« Hans Ruppenthal aus Ludwigshafen hat eine Sammlung von Sagen, Geschichten und Berichten unter dem Titel »Geheimnisse aus dem Nationalpark Hunsrück-Hochwald« zusammengetragen.

Demnach lässt sich etwa Folgendes rekonstruieren: der Tiroler Händler, von dem nur der Vorname Thomas überliefert ist, soll im gesamten Hochwald gut bekannt gewesen sein. Im kalten und schneereichen Winter 1740 wollte er mit seinen Waren von Nahe kommend die Märkte in Züsch und Malborn besuchen. Als Schnee den weiteren Weg unpassierbar machte, suchte er für einige Tage Unterkunft im Wirtshaus David Roth in Abentheuer, wo er sich seine Schlafstätte mit Niklas von Hoppstädten, dem Knecht des Försters Karl Bruch, teilte. Als der Tiroler Händler um den 19. Januar Abentheuer verließ, soll Niklas von Hoppstädten dabei beobachtet worden sein, wie er dem Händler nachspürte. Danach soll der Knecht in einem Haus beobachtet worden sei, wo er Branntwein trank und allerhand Geld bei sich trug, acht Louis d'or, harte Taler, Batzen und Weißpfennige. Da der Förster wusste, dass sein Knecht niemals so viel Geld besitzen könne, schöpften die Leute in Abentheuer Verdacht, dass der Knecht den Tiroler Händler um sein Geld gebracht haben könnte. Händler Thomas war nie in Züsch angekommen, auch in den umliegenden Dörfern wurde er nicht gesehen, er war wie vom Erdboden verschwunden. Bei der Suche nach dem Vermissten im Züscher Wald sah man den Krämerkasten des Tiroler Händlers aus dem Schnee herausragen. Daneben lag der getötete Thomas mit dem Gesicht zum Boden in einer großen Blutlache, wie ein Stein zusammengefroren. Am 23. Februar 1741 wurde der Händler auf dem Friedhof in Birkenfeld begraben. Ob sein Mörder gefasst und verurteilt wurde, ist nicht überliefert.

Der Grenzstein Nr. 22 aus dem Jahr 1596 auf dem Kamm des Dollbergs erhielt den Namen Tirolerstein. Ein Holzkreuz erinnert an die Ermordung des Händlers vor 275 Jahren.

Wenig später erreichen wir eine weitere Gedenkstätte. In Zinserhütten erinnert eine Gedenktafel mitten im Wald an den Starfighterpiloten Horst Stüber, der am 10. März 1966 hier abstürzte. Fünf Jahre nach der Indienststellung des Kampfflugzeuges war es schon der fünfzigste Verlust eines Starfighters.

Der Feldwebel Horst Stüber war vom Fliegerhorst Büchel in der Eifel zu einem Übungsflug Richtung Frankreich gestartet. Stüber jagte im Tiefflug über den Hunsrück, angetrieben mit 29.000 PS. Gegen 14.00 Uhr stürzte das Flugzeug am Dollberg unterhalb des Tirolerkopfes in ein Waldstück und zerschellte. Der 28-jährige Pilot kam dabei ums Leben. Erst nach Tagen konnte die Absturzstelle ausfindig gemacht werden. Auf Wunsch der Witwe errichtete das Forstamt Hermeskeil eine Gedenktafel aus hellem Quarzit.

Jeder Augenblick zählt

In der Stille des Kammweges auf dem Dollberg genieße ich jeden Schritt, bin dankbar, dass ich hier unterwegs sein darf. Ich spüre, dass ich mich hier in besonderer Weise wohl fühle.

Oft werde ich bei Lesungen gefragt, was mich antreibt zu einer Wanderung. Ich gehöre zu den Genusswanderern, versuche das Unterwegsseins mit allen Sinnen zu genießen.

Ich nehme mir Zeit, werde zeitlos. Auch werde ich immer wieder gefragt, wie lange ich für eine bestimmte Strecke benötige. Es kommt darauf an, wem ich begegne, ob ich mit jemandem ins Gespräch komme oder ein Tier beobachte. Mal pflücke ich Waldbeeren oder Pilze. Mal lausche ich einem Wasserlauf, der dahinplätschert oder laut über Gesteinsformationen sprudelt. Seit ich vor sechs Jahren Deutschland an seinen Außengrenzen zu Fuß umrundet habe, trage ich keine Uhr mehr.

Während meiner 30-jährigen Rundfunkarbeit war der Blick zur Uhr Pflicht. Ob bei Livesendungen, Rundfunkreportagen oder Interviews, der Blick zur Uhr bestimmte den Redaktionsalltag. Beiträge und Moderationen wurden in zeitliche Formate verpackt. Immer mehr Informationen mussten in immer kleinere Zeitfenster gezwängt werden.

Das Leben ohne Uhr hat mich in den letzten Jahren verändert. Ich bin ruhiger und gelassener geworden, versuche mich vor allem auf meinen Wandertouren zurückzunehmen und lasse dem Augenblick sehr viel Raum.

»*Halte immer an der Gegenwart fest. Jeder Zustand, ja jeder Augenblick ist von unendlichem Wert, denn er ist der Repräsentant einer ganzen Ewigkeit*«. Kein Geringerer als der große deutsche Dichterfürst Johann Wolfgang von Goethe hat diese Zeilen geschrieben.

Goethe reiste noch mit der Pferdekutsche. Wir haben heute die Möglichkeit, innerhalb von wenigen Stunden von Kontinent zu Kontinent zu jetten, packen in unsere Urlaubstage möglich viel Sehenswertes, eilen von Sehenswürdigkeit zu Sehenswürdigkeit, kommen möglichst am letzten Tag unsers Urlaubs zurück und beginnen am nächsten Tag mit dem Alltagsstress.

In unserer Zeit ist der Rat des Dichterfürsten aktueller denn je. »*Nur wo du zu Fuß warst, bist du auch wirklich gewesen*« soll Johann Wolfgang von Goethe einmal gesagt haben. Ob der Satz nun von ihm stammt oder nicht – auch diese Erkenntnis hat an Aktualität nichts verloren.

Von vielen Reisen sind die Tage an denen ich zu Fuß unterwegs war am intensivsten in Erinnerung. Sie sind fest in meinem Herzen und meinem Kopf verankert.

Zu Fuß hat man das Glück, einen Feuersalamander zu beobachten, der über den Weg läuft, eine Spinne im Sonnenlicht zu entdecken oder einen kleinen Frosch zu sehen, der den Weg quert. Es sind die Kleinigkeiten, die zählen, aber auch die überwältigenden Ausblicke, wenn man an einer Hangkante steht, die nur zu Fuß erreichbar ist.

Jeder Weg ist anders, hat seine eigene Dramaturgie: Landschaft, Menschen, Bauwerke, Berge, Täler, kleine Waldbäche oder große Flussläufe. Beim Wandern wird man ein Teil davon. Wetter, Wind, Sonne, Regen, Wolkenbilder, Sonnenaufgang, Sonnenuntergang, Aussichten, genießen. Einsichten mit wachsamen, offenen Augen aufnehmen, sind Teile dieser Dramaturgie. Genauso aber gehört dazu, mal träumend auf einer Sinnesbank seinen Gedanken nachhängen, den Blick über die Landschaft schweifen lassen oder für kurze Zeit in eine Art Schlafmodus zu sinken.

»Die alte Kunst es Wanderns ist heute Einspruch gegen das Diktat der Beschleunigung. Das Gehen in der Landschaft nimmt das Tempo aus dem Ablauf des Alltags. Die fließende Bewegung im Freien tritt an die Stelle des erstarrten Sitzens. Der langsame stetige Strom der Eindrücke ersetzt die mediale Sturzflut der Bilder. Im Gelände navigierend bilden und schulen wir unseren Orientierungssinn, die Fähigkeit, die eigene Position zu bestimmen, Ziele festzulegen, Übersicht zu bewahren und Kurs zu halten. Ohne die direkte Erfahrung der begehbaren Nahräume bleibt die Wahrnehmung der besehbaren globalen Räume oberflächlich«, schreibt der Wanderphilosoph und Buchautor Ulrich Grober.

Ulrich Grober geht noch einen Schritt weiter, wenn er von der *»Exotik der Nähe«* schreibt. Dabei geht es um die Aufwertung der Nahräume, der Regionen, letztendlich unserer Heimat.

Das Bedürfnis nach Regionalität hat in den letzten Jahren vermehrt zugenommen. Regionalität als Gegenreaktion zum Globalen und ein verändertes Konsumverhalten deuten auf eine starke Identifikation mit der eigenen Heimat hin. Ländliche Räume sind zu Sehnsuchtsräumen geworden. Die Affinität zur Natur zeigt deutlich einen Wandel der Lebensstile.

Momente genießen, Seele-baumeln-lassen, Tagträumen ist angesagt. Verschiedene Wanderstudien belegen: Wandern macht glücklich. Wer einmal auf einem Berg einen 360 Grad Rundumblick erleben durfte, kann sich glücklich schätzen: Das ist Breitbandfernsehen in höchster Vollendung. Schritt für Schritt spektakuläre Erlebnisse in Verbindung mit der Natur erleben bedeutet – jeder Augenblick zählt.

Janice Jakait schreibt in ihrem Buch »*Freut euch nicht zu spät*« sogar von der Hingabe an den Augenblick. »*Wir allein entscheiden, wie tief wir uns in den Augenblick hineinfallen und hingeben wollen. Jeder Schritt eines Weges kann unendlich intensiver sein als das Ziel.*

In der Hingabe an den Augenblick warten die unermessliche Stille und grenzenlose Freiheit, die wir oft in der Zukunft suchen.«

An anderer Stelle stellt Jakait die Fragen: »*Was ist uns unsere Lebenszeit wert? Können wir es uns erlauben, Zeit zu vergeuden, indem wir uns von einem Ziel zum nächsten hangeln? Haben wir überhaupt noch ein Gespür für die Minuten, Stunden, Tage und Wochen, die wir oft nur noch verwalten? Statt zu erwarten und zu planen, entdecke ich immer mehr die Tiefe des Augenblicks.*«

Machen wir uns auf den Weg, wagen wir den ersten Schritt in bekanntes oder unbekanntes Terrain. »Und jedem Anfang wohnt ein Zauber inne, der uns beschützt und der uns hilft zu leben«, schrieb Hermann Hesse in seinem Gedicht »Stufen«. Ein fantastischer Gedanke, der uns ermutigen sollte, die Wanderschuhe zu schnüren, den Rucksack überzustreifen, um heimatliche Wege unter die Schuhe zunehmen und mit allen Sinnen unterwegs sein. Jeder Augenblick zählt!

Wollgras und Sonnentau im Ochsenbruch

Von Einschiederhof machen wir uns auf den Weg zum Ochsenbruch. Die gleichnamige Traumschleife führt ins Naturschutzgebiet, das zur Gruppe der so bezeichneten Hangmoore gehört. Mehrere Quellen treten im Moor zu Tage, so auch die Quelle des Ochsenfloßes, einem Quellbach der Traun.

Rund um das Moorgebiet war früher Weideland. Ein Ochse, der in der Nähe weidete, soll ins Moor geraten und dort versunken sein. So entstand der Name Ochsenbruch. Die Traumschleife Börfinker Ochsentour und der Trauntal Höhenweg verlaufen für einige Meter auf der gleichen Wegstrecke. Riesige Fichten ragen in den Himmel. Emma hat schnell die Spur gefunden, schnüffelt sich über den steilen serpentinenartig angelegten Weg. Für Emma wird die Wanderung zu einem Festtag, denn wir werden sehr häufig entlang sprudelnder glasklarer Waldbäche wandern.

Später führt der Weg entlang des Hengstbachs sanft nach oben. Wir treffen auf die Route des Saar-Hunsrück-Steigs. Traumschleife und Fernwanderweg verlaufen nun bis zum Naturschutzgebiet gemeinsam.

Nachdem wir über mächtige Trittsteine den Hengstbach überquert haben, steigen wir über einen Wiesenweg stetig nach oben. Unzählige Schmetterlinge und Falter gaukeln über dem Blütenmeer entlang unseres Weges. Morgen werde ich mit Gerhard Hänsel im Trauntal unterwegs sein und eine Menge über die Schmetterlingsarten des Hunsrücks erfahren. Doch jetzt genießen wir oberhalb der Wiesendurchquerung auf einer Bank den Blick in das Tal mit seinen Forellenteichen und dem dahinter aufsteigenden Höhenzug des Gefällberges, wo sich rechter Hand ein Vorkastell aus keltischer Zeit befindet. Die Traumschleife Trauntal-Höhenweg führt direkt am Vorkastell vorbei.

Wenig später kommen wir zu einem Bildstock mit Marienstaue. Die Grotte ist der heiligen Sabina geweiht, Schutzpatronin der Hausfrauen und körperbehinderten Kinder.

Die Grotte erinnert an eine Wallfahrtskapelle, die vermutlich nach 1330 erbaut und während des Dreißigjährigen Krieges zerstört wurde. In der Kapelle waren Reliquien der heiligen Sabina aufbewahrt. Während der Reformations-

Wollgras im Naturschutzgebiet Ochsenbruch

zeit gelangte der in Gold und Silber gefasste Reliquienschrein mit anderen Kirchengütern ins Kloster Wolf bei Trarbach.

Auf freigelegten Fundamentsteinen der ehemaligen Wallfahrtskapelle wurde Anfang der fünfziger Jahre des vergangenen Jahrhunderts eine Mariengrotte errichtet. Doch wenige Jahre später musste sie wieder abgetragen werden, da sie einem Straßenbau weichen musste. Am heutigen Standort wurde sie wieder aufgebaut und im September 1958 eingeweiht. Nachdem die Madonnenstatue von Unbekannten zerstört worden war, konnte durch Spenden amerikanischer Soldaten, die täglich auf dem Weg zu ihrem Dienst hier vorbeikamen, im Mai 1973 ein neues Marienstandbild eingesegnet wurde.

Ein schmaler Waldpfad bringt uns auf Höhe und nach geraumer Zeit ins Naturschutzgebiet des Ochsenbruchs. Seit Jahrtausenden sammelt sich überschüssiges Wasser in Hochmooren an den Berghängen des Hunsrück-Hauptkammes. Im Hunsrück werden diese Moorgebiete auch als »Brücher« bezeichnet. Neben dem Ochsenbruch gibt es noch das Ortelsbruch, das Ungeheuersbruch, das Aschenbrennerbruch sowie das Backofenbruch. Wo vor tausenden von Jahren die Moorbildung begann, geben Pflanzenreste im Torf Auskunft über die Pflanzenzusammensetzung der Hunsrückregion zur Zeit der Kelten und Römer.

Charakteristisch für das Landschaftsbild der Niedermoore sind Moorbirken, Krüppelbuchen und Borstengrasrasen. Seltene Pflanzen wie Arnika, Moorheide, Wollgras und Sonnentau finden hier außerordentlich gute Wachstumsbedingungen. Auf einer Sitzbankgruppe mit Holztisch am Rande des Bruchs kann man in völliger Abgeschiedenheit die Stille förmlich hören. Nichts bewegt sich an diesem Morgen, kein Lufthauch ist zu spüren, keine Äste knacken im nahen Unterholz, kein Specht hämmert, keine Krähe macht sich laut krächzend davon, kein Eichelhäher durchbricht mit seinem rätschenden Ruf die Stille, selbst die Frösche scheinen heute des Quakens müde zu sein. Weiße Wolkenfetzen treiben sanft am blauen Himmel über die Weite des unendlich erscheinenden Hunsrückwaldes.

Meine Hündin Emma und ich sind Teil der Landschaft geworden. Ich sitze, schaue, bin mitten drin im Hunsrück. Dieser »Augenblick« ist ein unvergesslicher Glücksmoment meiner Sommerreise durch Hochwald und Hunsrück. Dann knacken doch Äste auf dem Waldboden unter meinen Füßen, als ich mich an den Rand des Moores heranpirsche, um Aufnahmen vom Wollgras zu machen. Auch im Ochsenbruch scheint eine Armada von Schmetterlingen und Faltern unterwegs zu sein. Prachtvoll bunte Lebewesen gaukeln von Blüte zu Blüte und vollenden ein Bild, das man schöner nicht malen könnte.

Nachdem wir aufgebrochen sind, verändert sich die Landschaft. Vom sonnenüberfluteten Ochsenbruch gelangen wir in den dunklen schattigen Hunsrückwald. Über einen schmalen weichen Waldbodenpfad sind wir zwischendurch bergab unterwegs. Der Abschnitt entlang des Taubenflosses über einen teilweise bemoosten Waldpfad bietet in scheinbar unberührter Natur die bezaubernde Klangkulisse eines glasklaren Wildbachs.

Später führt der Weg über einen Holzsteg, der den Thranenbach überquert, und ab Börfink Traunbach heißen wird. Dicke Felsbrocken und kleinere Steine verleihen dem Bachbett eine malerische Kulisse. Leider führt die Wegtrasse nur wenige Meter entlang des Tranenbachs, dann steigen wir erneut nach oben. Nochmals verändert sich das Bild der Landschaft. Wir durchstreifen einen Waldabschnitt, dessen Boden gänzlich von sattgrünem Moos überdeckt wird. Ein riesengroßer, grüner Teppich scheint hier ausgebreitet worden zu sein. Ob kleiner Stein, gewaltiger Felsbrocken oder umgestürzter Baum, man kann nur erahnen, was sich darunter verbirgt. Die Welt der Trolle, Gnome und Zwerge scheint nicht mehr fern. Der Weg über den Moosteppich wird selbstverständlich von Emma in hervorragender Weise gründlich erschnüffelt. Aufwärtssteigend folge ich ihrer Spur zu einer gefassten Quelle, im Volksmund als »de gure Bure« (guter Born) bezeichnet. Der Sage nach soll hier ein blinder Schäfer mit seiner Herde unterwegs gewesen sein. Als er mit seinem Stab die Erde aufwühlte, bemerkte er, dass Wasser aus der Erde hervorsprudelte. Er bückte sich zum Wasser, um seine brennenden Augen zu kühlen. Plötzlich konnte er wieder sehen. Er eilte ins Dorf und erzählte den Leuten vom Wunder des Wassers. Fortan suchen die Menschen immer wieder Gesundung im »Heilwasser«.

Vom Brunnen schlängelt sich der Weg zunächst durch den Wald, um kurze Zeit später entlang des Waldes über einen Wiesenweg bergab Richtung Börfink zu führen. Ich liege mit Emma im frisch gemähten Gras und höre mit geschlossenen Augen dem Summen und Brummen der Bienen und Mücken zu. Die Pause endet jäh, als ein Jeep in der Nähe anhält. Ein junger Mann, der seit einigen Wochen als Nationalparkranger unterwegs ist, will nach dem Rechten sehen: »Seit ich meine neue Arbeitsstelle ausübe, ist der Blick auf den Wald ein völlig anderer geworden. Früher habe ich den Wald in Festmetern vermessen.

Der Wirtschaftsfaktor Holz stand im Vordergrund.

Heute sehe ich den Wald in einem völlig neuen Bild und bin fasziniert von der Schönheit der Waldlandschaft mit der dazugehörigen Pflanzenwelt und den lebenden Waldbewohnern.« Es wird ein kurzer Plausch, dann wird er über Funk von einem Kollegen zu einem anderen Ort gerufen. Beim Abschied erzählt er mir, dass er demnächst von der Eifel in sein neues Arbeitsumfeld umsiedeln wird. »So einsam wie möglich«, sagt er mir lachend, »eine Heimat wie diese findet man nicht überall. Ich habe Glück gehabt.« Sagt's und ist schon unterwegs zur nächsten »Baustelle«.

Typisch für Hangmoore: Moorbirken

Bunker »Erwin«:
Vom Luftverteidigungsbunker und NATO-Kriegshauptquartier zum Rechenzentrum

Es sind nur wenige Gehminuten von meiner Unterkunft nach Einschiederhof, wo mich am Spätnachmittag Eckard Wiegand erwartet. Der pensionierte, ehemalige Berufssoldat lebt mit seiner Frau Doris in deren ehemaligem Elternhaus in Einschiederhof, einem Ortsteil von Börfink. »Bis es allerdings soweit war« erzählt Eckard Wiegand, »sind wir zusammen durch Deutschland gezogen. Als Berufssoldat weißt du heute nicht wo du morgen wohnst«.

Mehrere Male war er in Birkenfeld und im Bunker »Erwin«, der auf einer Anhöhe im Wald zwischen Börfink und Thranenweiher liegt, stationiert. Am 1. April 1960 erfolgte der Spatenstich zum Bunkerbau. Zwei Jahre dauerte die Bauphase, im Sommer 1964 konnte der Bunker seiner Bestimmung übergeben werden. Zunächst wurde er von der deutschen und amerikanischen Luftwaffe genutzt, ab 1977 diente er auch der NATO als Kriegshauptquartier für Mitteleuropa. Der ca. 15 Meter hohe Bunker wurde als »Zwei-Bunker-System« tief in die Erde gebaut. Die Außenschalen bestehen aus 3 Meter dicken Betonwänden. Im Inneren des Bunkers befinden sich vier Etagen. Die nebeneinander liegenden Bunker sind über tief liegende Stollen miteinander verbunden. 1994 wurde ein dritter Bunker dazu gebaut.

»Traditionell«, so der ehemalige Einsatz-Stabsoffizier der Luftwaffen-Kampf-Führungsanlage, »wurden die Bunker der Luftwaffe mit Decknamen versehen. In aller Regel sind dies Männervornamen, außer bei zwei Bunkern in Norddeutschland, die den Namen ›Ulrike‹ und ›Lilly‹ tragen. Die Namen dienen hauptsächlich infrastrukturellen Zwecken, als taktisches Rufzeichen kamen englische Namen hinzu, beim Bunker ›Erwin‹ war es ›Heard Tire‹.

In den 60er Jahren des vergangenen Jahrhunderts dienten die atomgeschützten Bunker der atomaren Abschreckung. Es war die Zeit des sogenannten »Kalten Krieges« zwischen den Westmächten unter Führung der Vereinigten Staaten von Amerika und dem Ostblock unter Führung der Sowjetunion. Dreimal nahm der Konflikt der Supermächte bedrohliche Züge an, während der Berlin-Blockade 1948/49, während der Kubakrise 1962 und dem Streit um die Mittelstreckenraketen zwischen 1979 und 1983.

Bunker »Erwin« war so ausgebaut, dass die Insassen einen Atomschlag 30 Tage überleben konnten. Jeder Bunker war mit entsprechenden Vorräten an Lebensmittel, Betriebsstoffen und sogar einem Tiefenbrunnen ausgestattet. Im Routinebetrieb waren zirka 150 Personen hier beschäftigt, während Übungszeiten, vor allem auch mit der NATO waren fast bis 900 Personen im Bunker.

Sowohl deutsche und alliierte Fluggeschwader als auch Flugabwehr-Raketengeschwader für den Einsatzraum Mitteleuropa wurde vom Bunker »Erwin« aus gesteuert. Die Einzigartigkeit von Bunker »Erwin« bestand darin, dass vom Hunsrück aus sowohl die Strategische Verteidigung der NATO für Land- und Luftstreitkräfte in Europa Mitte, einschließlich der Bundesrepublik Deutschland, koordiniert wurde.

2011 kaufte die Leonberger Firma IT Vision Technology GmbH, kurz, ITVT die ehemalige Bundeswehrbunkeranlage »Erwin«, um dort ein Hochleistungsrechenzentrum mit einer Speicherkapazität von rund 10 Petabyte (eine Million Gigabyte) zu installieren. Seit 31. Dezember 2015, nach diversen Umbaumaßnahmen, ist die Anlage am Datennetz. Das größte Problem, das während der Umbauphase gelöst werden musste, war der Brandschutz. Es dauerte fast zwei Jahre, bis man eine Lösung gefunden hatte. Der Sauerstoffgehalt in der Luft wurde so reduziert, dass selbst ein angezündetes Streichholz sofort wieder erlischt. Seit Frühjahr 2017 sind die Nationalpark-Ranger des Nationalparks Hunsrück-Hochwald in einem oberirdischen Gebäude der Anlage untergebracht.

Waldbrettspiel, Schornsteinfeger und Kaisermantel

Aufbruch in Einschiederhof bei schönstem Sonnenschein und warmen Temperaturen. Gerhard Hänsel wird mich entlang der Traun nach Brücken in sein Heimatdorf begleiten und mir seine Heimat zeigen. Gerhard liebt seine Heimat. Rund um Brücken streift er seit seiner Kindheit durch den Wald, kennt verschwiegene Ecken, die ihm sein Großvater gezeigt hatte, kennt Wege die heute kaum noch einer geht. Ich bin gespannt.

Auf seiner Homepage *www.hochwaldzeiten.de* veröffentlicht Gerhard fast täglich seine neusten Fotos und Erlebnisse im Hunsrück und der Nationalparkregion. Er ist Landschaftsschwärmer, Naturliebhaber und immer mit offenen Augen und Ohren unterwegs. Ihm entgeht nichts. Er weiß, wo man hinschauen muss. Er ist nicht nur zertifizierter Natur- und Landschaftsführer, sondern auch Nationalparkführer und Naturfotograf.

Kaum haben wir die ersten Schritte gemacht, ist er auch schon in seinem Element. Es ist Hauptsaison für Naturfotografen, die sich für die Welt der Schmetterlinge und Falter interessieren. Ich erfahre, während wir nur langsam vorankommen, dass jeder Falter nur zu einer bestimmten Zeit schlüpft. Einige der gaukelnden Falter hat er in diesem Jahr noch nicht gesehen. Er springt hinter fast jedem Schmetterling her oder schleicht sich auf leisen Sohlen mit seiner Kamera an, ist enttäuscht, wenn er dem Falter zu nahe kommt und dieser sich eilig davonmacht. Ich werde Zeuge seiner spannenden Schmetterlings-Foto-Safari. Gerhard kennt jeden noch so kleinen Falter oder Schmetterling, der uns begegnet. An diesem Morgen höre ich Schmetterlingsnamen, die ich zuvor niemals gehört habe: Hier ist der kleine Schillerfalter oder Schornsteinfeger, dort ein Waldbrettspiel auf einer Blüte, hier taucht ein Schachbrettfalter ins Wiesengras, dort segelt ein Lilagoldener Feuerfalter davon und wenig später begegnen wir einem Kaisermantel, gefolgt von einem Wegerich-Scheckenfalter. Wir laufen rechts der Traun. Von März bis Mai verströmen hier Seidelbaststräucher mit ihren zarten, rosafarbenen Blüten einen intensiven Duft. Gerhard kennt jeden Standort. Zwischen den unzähligen Schnappschüssen, die er an diesem Morgen macht, erfahre ich Interessantes aus seiner näheren Umgebung: Heimatkunde, wie ich sie liebe. Die Gewässerstrukturgütekarte des Wasserwirtschaftsamtes von

Rheinland-Pfalz weist für den Traunbach die Strukturgüte grün aus, das bedeutet eine ausgezeichnete Wasserqualität. An einigen Uferbereichen tritt zusammengefaltetes Schiefergestein zu Tage. Für diesen Teil des Hunsrücks, wo überwiegend Quarzit vorherrscht, ist das ungewöhnlich: »Als ich mit meinem Großvater vor Jahrzehnten hier unterwegs war«, so Gerhard, »haben wir in der Traun Forellen mit der Hand gefangen. Die Wiesen waren übersät mit Narzissen, Arnika und Orchideen«, erzählt er freudestrahlend – und schon ist er dem nächsten Falter auf der Spur.

Nachdem wir das Trauntal verlassen haben, sehen wir nur noch ab und zu einen Falter. Wir steigen in unwegsamem Gelände nach oben. Einsamkeit und Stille in völliger Abgeschiedenheit um uns herum. Nur Gerhard weiß ganz genau, wo wir uns befinden. Oben erreichen wir neben dicken Quarzitblöcken eine Bank, die schon dastand, als Gerhards Opa noch mit ihm durch die Wälder streifte. Wir schauen, staunen und sind glücklich, solche Augenblicke erleben zu dürfen.

Wenig später sind wir unterwegs zum Beilstein. Emma spurtet permanent vor uns her, springt über Felsen, pirscht sich durchs Unterholz und klettert über steile Felspassagen. Es entsteht ein einzigartiges Foto von Emma auf dem Weg nach oben (rechts). Kurz vor dem Gipfel des Beilsteins sind Treppenstufen in den Fels geschlagen. Gerhard erklärt: »Während des Krieges 1870/71 waren auf der Abentheurer Hütte ein Offizier und zehn Mann zur Kontrolle der Munitionslieferungen stationiert. Um die freie Zeit auszufüllen, ließ der Offizier von seinen Männern Treppenstufen vom Minnafels zum Beilfels schlagen.« Damals sicherlich eine beschwerliche Arbeit, wir nutzen die Stufen, um trittsicher nach oben zu gelangen. Der Beilfels ist die mittlere Erhebung eines Quarzitzuges zwischen Krummkehrfelsen und Minnafelsen. Am Beilfels bietet sich ein umwerfender Blick. Wir sitzen schweigend auf den Felsen und sind angetan vom Panorama der Heimat Hunsrück. Emma liegt im Schatten des Quarzitmassivs und träumt von leckeren Pausenbroten.

Als wir am Nachmittag Brücken erreichen, werde ich in die Geheimnisse dieses Hunsrückdorfes an der Traun eingeführt. Am Abend sitzen wir im Garten mit Gerhards Frau Christine, seinem Sohn Torsten mit Freundin sowie Enkelin Emily. Wir schwelgen in den Erlebnissen unseres Wandertages während Sohn Torsten den Schwenker bedient.

Auf dem Weg zum Beilstein

Über Allem steht die Malerei

Über Wiesen- und Ackerflächen verlasse ich mit Emma das Heimatdorf von Gerhard Hänsel. Gerhard begleitet uns bis Rinzenberg. In den üppigen Blumenwiesen rund um Brücken schwirren wieder unzählige Falter und Schmetterlinge. Morgentau hängt an den Gräsern. Erste Sonnenstrahlen wärmen uns. Gerhard springt wie ein Reh hinter den Schmetterlingen her und strahlt, wenn er eine besonders seltene Spezies abgelichtet hat. Zum Reden bleibt wenig Zeit. Auch Emma sprintet durch die taunassen Wiesen, erschnüffelt die Spuren einiger Wiesen- und Feldbewohner. In der Stille dieses Sonntagmorgens folgen wir einem Weg durch ein Weizenfeld, das in der Morgensonne goldgelb leuchtet.

Nach einer kurzen Waldrandpassage wandern wir über offene Flächen bis Rinzenberg, wo wir im Biergarten des Gasthauses Gordner unsere gemeinsame Zeit ausklingen lassen. Gerhard muss zurück, und ich habe in der alten Schule des Ortes eine Verabredung.

Es sind nur wenige Schritte zur alten Schule von Rinzenberg. Dort lebt und arbeitet seit einigen Jahren der Künstler Philippe Devaud.

Der untere Teil des ehemaligen Schulhauses ist Atelier, Werkstatt, Büro und Seminarraum zugleich. Großformatige Bilder in verschiedenen Maltechniken, Rötelzeichnungen, Aquarelle, Staffelei, Pinsel, Farben, Schreibtische, Schränke, Bücher, Fotografien, Zettel, Glas, Werkstoffe repräsentieren die bunte Welt der Malerei in einem großen ehemaligen Klassenraum. Mittendrin steht Philippe Devault, der mir aus seinem facettenreichen Künstlerleben erzählt.

Geboren 1955 in Zürich, erhält er durch die Eltern und Großväter früh den Zugang zur Kunst. Seine Mutter war Fotografin, sein Vater Grafiker, der Großvater mütterlicherseits lebte am Thunersee im Berner Oberland und malte in seiner Freizeit mit Feder und Öl, der Großvater väterlicherseits arbeitete in Paris als Flugzeugtechniker, wo er Konstruktionszeichnungen von Flugzeugen und deren Bauteilen anfertigte.

Zunächst begann Devaud eine Ausbildung als Architekturmodellbauer, Restaurator und Konservator für Wandmalerei, Leinwand- und Tafelbilder,

Ein ›Schornsteinfeger‹

Skulpturen, Fresco und Secco Technik sowie Altäre in Holz und Sandstein. Studienreisen führten ihn nach Italien, Griechenland und in die Türkei, außerdem nach Frankreich, Spanien, Großbritannien, Irland, in die Niederlande und nach Deutschland. Devaud gestaltet Bühnenbilder, restauriert Wandmalereien und Leinwandbilder und gestaltet Kunst am Bau. Für ihn ist es unerlässlich, mehrere Stunden am Tag zu malen, denn das Wichtigste ist ihm die Malerei: »Sie steht über allem«, erklärt er nachdrücklich. Auch während ich mit Notizblock und Bleistift am Tisch sitze, malt Devauld. In der linken Hand die Farbpalette auf der er zwei Farben angerührt hat, sitzt er ruhig und entspannt vor seiner Staffelei. Während er mir Rede und Antwort steht führt er mit der rechten Hand den feinen Pinsel über die Leinwand.

1982 wurde er mit Restaurierungsarbeiten der Niederbrombacher Kirche betraut. Aus dem geplanten Kurzaufenthalt wurden vier Jahre. Während der Restaurierungsarbeiten bezog er die alte Schule in Leisel. Devauld wurde heimisch im Hunsrück und bezog nach den Arbeiten in Niederbrombach mit seiner Familie in ein Haus in Dambach.

Seit 1987 arbeitet er ausschließlich als freischaffender Künstler. Vor allem beschäftigte er sich mit der Malerei und Kunst am Bau. Die alte Schule, die am Ortsrand auf einer Anhöhe steht, hat große Fenster. Das bedeutet für den Künstler: optimale Lichtverhältnisse und ein breitgefächertes Panorama über das wellige Hügelland des Hunsrücks. Manchmal vermisst Devaud die Seen seiner Schweizer Heimat. »Aber«, sagt er schmunzelnd, »hier habe ich ein ganzes Meer vor mir, zumindest wenn ich ins Hunsrücker Nebelmeer schauen kann.«

Ende der neunziger Jahre begann er sein eigenes Papier zu schöpfen und zu bemalen Es trägt den Namen Hanakami, abgeleitet von Hana, dem japanischen Wort für Blüte und Kami dem Namen für Papier, aber auch für Gott. Aus dem Holz von Maulbeerbäumen, das er aus China und Thailand bezieht, schöpft er ein alterungsbeständiges, säurefreies und ungeleimtes Papier. Nach wochenlangem Einweichen, tagelangem Kochen und ausgiebigem Waschen wird die Faser mit einem von ihm entwickelten Holzschläger bis zu zehn Stunden von Hand geklopft. Solange bis nur noch die Fibrillen, kleinste dünne Fasern, die oftmals bloß noch mit optischen Hilfsmitteln erkennbar sind, zurückbleiben.

Mit großen Mengen Wasser und großen, schwimmenden Sieben werden dann die Hanakami Bögen geschöpft. Das frei gegossene Format entsteht direkt im Wasser. Anschließend ruht das einzelne Blatt, damit das Wasser entweichen kann. Jedes Blatt ist einzigartig.

»An der Staffelei«, so Philippe Devaud, »entstehen mit langstieligen Aquarellpinseln aus russischem Fehhaar mit Palette und Malstock aus selbstangeriebenen lichtechten Pigmenten und ohne Vorzeichnung oft nur ergänzende Malereien.«

Der Hunsrück wurde für Philippe Devaud Quelle der Inspiration, Zufluchtsort, Heimstatt. Von hier aus startet er zu Ausstellungen oder Arbeitsaufträgen in die ganze Welt. »Wir liegen im Hunsrück sehr zentral«, sagt er mir zum Abschied, »zwei Stunden bis Frankfurt, in kürzerer Zeit bin ich in Trier oder Luxemburg. Es gibt mehrere Flughäfen von denen ich losfliegen kann. Und nach einem Tag an der Staffelei freue ich mich durch die Wiesen rund um Rinzenberg oder den Wald zu spazieren. In der Großstadt kannst du das nicht«.

Sagenhafter Hunsrück

Heute werde ich mit Emma zum Erbeskopf wandern, dem höchsten Berg von Rheinland-Pfalz. Nachdem sich der Saar-Hunsrück-Steig und die Traumschleife »Börfinker Ochsentour« oberhalb des Naturschutzgebietes Ochsenbruch voreinander getrennt haben, steigen wir über schmale Pfade und Forstwege weiter nach oben. Um zur Siegfried Quelle zu gelangen, folgen wir der Wegmarkierung talwärts. Einige Heimatforscher rückten die Siegfried Quelle im Dhronecker Waldgebiet immer wieder in den Mittelpunkt der Nibelungensage. An diesem Schauplatz soll Hagen Siegfried ermordet haben. Allerdings deutet vieles darauf hin, dass die Namensgebung der Quelle von einem Förster stammt, der seinem Erstgeborenen namens Siegfried ein »Denkmal« setzen wollte. Der Erzählung von Siegfried dem Drachentöter gehört zur europäischen Kultur- und Kulturgeschichte und handelt von Liebe, Hass, Heldenmut, Freundschaft und Intrige. In seinem Buch »Sagenhafter Hunsrück« geht der Autor Uwe Anhäuser der Frage nach, ob die Sagengestalt Hagen von Tronje und sein Gefährte Hunold aus dem Hunsrück stammen.

Ist es Zufall, dass sich gegenüber des Berges auf dem Burg Hunolstein gebaut wurde, die Ortschaft Haag liegt? Unten im Tal fließt die Dhron (Hagen von Tronje). Vielleicht war die Burg Dhronecken in Thalfang gar der Stammsitz von Hagen von Tronje. Uwe Anhäuser verweist auf den kleinen Ort Thranenweiher bei Börfink. Hier soll Kriemhild, die Witwe Siegfrieds, aus Trauer über den Tod ihres Mannes den Weiher vollgeweint haben. Der Ort, an dem Siegfried durch Hagen von Tronje ermordet worden sein soll, könnte das Hachenbachtal bei Hoxel gewesen sein, wo sich in der Waldmulde einige Quellen finden. Es darf weiter spekuliert werden.

Charakteristisch für den Erbeskopfkamm sind die durch das raue Klima und Schneebruch bizarr geformten Krüppelbuchen. Auf dem Weg zum Erbeskopf treffen wir auf die Traumschleife »Gipfelrauschen«. Den Gipfel des Erbeskopfes erreichen wir am hölzernen Aussichtsturm. Ein Schild zeigt die Höhe von 816 m über dem Meeresspiegel an.

Die Windklang-Skulptur gehört zum Skulpturen-Rundwanderweg auf dem Erbeskopfplateau

Bereits 1892 hatten Pioniere während eines Manövers einen hölzernen Aussichtsturm gebaut. 1901 erfolgte die Einweihung des 24 Meter hohen steinernen Kaiser-Wilhelm-Turms mit Aussichtsplattform. 1939 wurde der Turm für zivile Besucher gesperrt, um drei Stockwerke erhöht und mit militärischen Funkanlagen ausgerüstet. 1961 wurde der Turm gesprengt, da er den militärischen Radar-Rundblick beeinträchtigte. Außerhalb des Sperrgebiets entstand 1971 ein 12 Meter hoher hölzerner Aussichtsturm.

Der Ausblick von der Plattform ist grandios. Den Hunsrück zu Füßen schweift der Blick über das Moseltal bis weit in die Eifel und zum Saarland. Bei guter Sicht erkennt man den Turm des Schaumbergs. Die Dörfer, Weiler und einzelne Gehöfte scheinen wie in die Landschaft geworfene kleine Mosaiksteine auf einem bunt zusammen gewürfelten Flickenteppich aus Wald, Feldern, Wiesen, Weidenflächen und Streuobstwiesen.

Nach dem Abstieg vom Turm bietet sich vom Aussichtsplateau der Windklang-Skulptur ein weiterer Fernblick. Die Skulptur gehört zum Skulpturen-Rundwanderweg auf dem Erbeskopfplateau. Anschließend folgt ein steiler Weg abwärts.

Am Erbeskopf herrscht Hochbetrieb, Erwachsene und Kinder tummeln sich auf der Sommerrodelbahn. Mit Gejohle und Geschrei stürzen sie sich in die Tiefe. Wir wandern bis zum Hunsrückhaus und testen den Abholservice des Hotels Steuer in Allenbach. Wenige Minuten nach meinem Anruf holt Guido Steuer, Chef des Hotels, uns auf dem Parkplatz ab. Der Service ist kostenlos.

Guido Steuer bietet diesen Service für Fernwanderer auf seiner Internetseite an. Drei Tage wandern auf dem Saar-Hunsrück-Steig mit Abhol- und Bringservice. Für den Fernwanderer eine fantastische Alternative an einigen Wandertagen das Gepäck im Hotelzimmer zu lassen.

Nachdem die Umsätze der Schmuckindustrie rückläufig waren, eröffnete Edwin Steuers Vater Guido 1976 neben seinem Schmuckbetrieb zunächst eine Pension, fünf Jahre später ein Hotel im 600 Seelenort Allenbach. Inzwischen hat Edwin den Betrieb übernommen. Der gelernte Küchenmeister und Hotelbetriebswirt setzte schon früh auf den Wandertourismus. Allenbach liegt im Kerngebiet des Nationalparks Hunsrück-Hochwald. Rund um Allenbach sind in den letzten Jahren auch einige Traumschleifen wie der »Köhlerweg« oder »Zwischen den Wäldern« entstanden: »Nationalpark und Wandern sind für unser Haus ein Segen«, sagt Guido Steuer«.

Gefüllte Klöße

Zutaten für 4 Klöße:

1 kg Kartoffeln (geschält), Kartoffelmehl, 300 g Rauchfleisch,
100 g Zwiebeln, etwas Mehl, 3 Eier, Petersilie, 50 g Lauch, 6 alte Brötchen
100 g Butter, Salz, Pfeffer, Muskat, 600 ml Sahne

Zubereitung der Klöße:

- Eine Hälfte der Kartoffeln in Salzwasser kochen und die 2. Hälfte roh reiben und ruhen lassen.
- Gekochte Kartoffeln abkühlen und ausdünsten lassen, durch eine Presse drücken oder fein zerstampfen.
- Von den geriebenen Kartoffeln den Fond abgießen und die von der geriebenen Masse abgesetzten Kartoffelstärke zur gekochten Kartoffelmasse geben.
- 1 Ei und 1 Eigelb, Salz, Muskat dazu geben.
  Alles gut miteinander verkneten.
- Die alten Brötchen in 1 cm große Würfel schneiden und mit 50 g Butter in der Pfanne leicht anbräunen
- Zwiebel- und Speckwürfel anschließend dazugeben und anrösten.
- Mit 100 ml Sahne angießen.
- 1 Ei zur Bindung einrühren sowie gehackte Petersilie und Lauchstreifen dazugeben und etwas auskühlen lassen.
- Die Masse mit Salz, Muskat und Pfeffer abschmecken und zu 4 gleich großen Bällchen formen.
- Die Kartoffelmasse ebenfalls in 4 gleich große Klöße rollen.

- Die Kartoffelbälle flach drücken, das Brotklößchen draufsetzen und mit dem Kartoffelteig ummanteln.
- Die gefüllten Klöße in gesalzenem Wasser sieden lassen, bis sie im Topf aufsteigen.

Zubereitung der Soße:
- die Zwiebel- und Speckwürfel mit der restlichen Butter dünsten.
- Danach mit etwas Mehl bestäuben und mit der restlichen Sahne auffüllen. Anschließend mit Salz, Pfeffer und Muskat abschmecken.

Den Kloß in einem tiefen Teller anrichten, die Soße darüber gießen und mit Petersilie garnieren. Dazu reicht man Apfelmus.

Weitere Varianten sind gefüllte Klöße mit Hackfleisch oder Leberwurst.

Hotel-Restaurant Steuer, Allenbach

Um seine Gäste optimal zu beraten, ist er den Saar-Hunsrück-Steig komplett gewandert. »Ich muss doch als Hotelier wissen, wovon meine Gäste erzählen. Außerdem ist es wichtig, den Gästen optimale Informationen mit auf den Weg zu geben.«

Abends finde ich auf der Speisekarte Gerichte mit heimischen Produkten wie Leyser Kartoffelwurst, Nackensteak vom Leyser Kräuterschwein, hausgemachte gefüllte Klöße oder Carpaccio vom ländlichen Rinderfilet sowie regionale Biere und Wein von Nahe und Mosel. An der Wand meines Hotelzimmer der passende Spruch zu meiner Hunsrück-Wanderung: »*Stille ist Atemholen für die Sinne und Kraftquelle zum Leben.*«

Café-Heimat

Nach dem Frühstück in Allenbach funktioniert der Bringservice zum Saar-Hunsrück-Steig genau so gut wie gestern der Abholservice. Doch bevor wir den Weg durch den Hunsrück fortsetzen unternehmen wir einen Abstecher zum Heimat-Café in Morbach.

»Man kann Heimat nicht einfach vorfinden. Man muss sie wie die Liebe und alle anderen menschlichen Werte erwerben.« Der Filmemacher Edgar Reitz, 1932 in Morbach als Sohn eines Uhrmachers geboren, erlangte mit dem Filmepos HEIMAT dauerhaften Ruhm. HEIMAT, eine deutsche Chronik, befasst sich mit seinen eigenen Wurzeln und seiner Hunsrück-Heimat. In Simmern besuchte er das Gymnasium. Schon früh entwickelte er künstlerische Interessen, fotografierte, schrieb Gedichte und Theaterstücke und gründete mit seinem Deutschlehrer Karl Windhäuser eine Theatergruppe. Nach seinem Abitur 1952 studierte er in München Theaterwissenschaften, Germanistik und Kunstgeschichte und startete seine Karriere als Autor und Regisseur.

Sein erster Spielfilm »Mahlzeiten« wurde 1967 auf den internationalen Filmfestspielen von Venedig als bestes Erstlingswerk ausgezeichnet. Es folgten eine Reihe weiterer Spiel- und Dokumentarfilme. Edgar Reitz wurde zu einem der bekanntesten Regisseure des »Neuen Deutschen Films« und mit zahlreichen Preisen ausgezeichnet.

Die Eltern von Edgar, Maria und Robert Reitz, eröffneten in ihrem Haus in der Biergasse 5 in Morbach einen Uhrmacherladen. Edgar und seine Geschwister Heli und Guido wuchsen dort auf. Guido Reitz übernahm später den Uhrmacherladen der Eltern und betrieb das Fachgeschäft bis zu seinem Tod 2008. 2013 wurde dort nach umfangreichen Umbauten das Café Heimat eröffnet. In enger Zusammenarbeit der Gemeinde Morbach, der Edgar Reitz Filmstiftung und dem Betreiber entstand ein Café, das sich dem Werk des Filmemachers widmet.

In großen Lettern steht über dem Eingang »Café Heimat«. Nichts erinnert mehr an den ehemaligen Uhrmacherladen.

Als ich das Café mit Emma betrete, sind wir die einzigen Gäste. Kaffeeduft hängt in der Luft und das Kuchenbuffet lässt mein Herz höher schlagen. Ich entscheide mich für Käsekuchen.

Wir sitzen auf der rechten Seite des Cafés. An den Wänden hängen Schwarz-Weiß-Fotografien aus Edgar-Reitz-Filmen. Auf der linken Seite ein Bild, das die gesamte Wand einnimmt: Eine Szene aus der Heimat-Trilogie des Regisseurs Edgar Reitz aus der Zeit zwischen 1919-1928.

Die Trilogie »Heimat – Eine deutsche Chronik« erzählt die Geschichte der Maria Simon, geb. Wiegand, und ihrer Familie aus dem fiktiven Dorf Schabbach im Hunsrück. Sie wird vom 19. Lebensjahr (1919) bis zum 82. Lebensjahr (1982) begleitet. Eingebettet in das dörfliche Leben Schabbachs verknüpfen und lösen sich die Lebenswege der Familien in chronologischer Folge.

Das Bild im Café, dem ich gegenübersitze, entstand an der Burgruine Baldenau und zeigt ein Familienpicknick der Simons: Die neuste Errungenschaft Wiegands, ein Opel mit offenem Verdeck, steht im Hintergrund. Davor an der Hauswand lehnen einige Fahrräder, um die Picknickdecke sitzen und stehen insgesamt 13 Personen. Im Vordergrund des Bildes die Picknickdecke, die reichhaltig gedeckt ist: Würste und Brot, Säfte und Bier, Milchkessel, Kuchen und Eingemachtes. Die Gruppe hat sich um das Essen drapiert, da Eduard seine neuste Erfindung vorführen will: einen Fotoapparat mit Selbstauslöser mittels einer Schnur, die auf dem großflächigen Foto auf der rechten Seite gut zu erkennen ist. Paul spannt einen Antennendraht quer durch den Burghof, der Empfang gelingt und die Gesellschaft hört das Hochamt aus dem Kölner Dom. Paul und Maria sitzen in der Bildmitte direkt neben einem mitgebrachten Grammophon.

Nach Käsekuchen und Milchkaffee zieht es mich in die oberen Räume. Der Geist der Heimatverfilmungen durchdringt das ehemalige Elternhaus von Edgar Reitz. Fotos von Schauspielerinnen und Schauspielern sowie von einigen Filmszenen und Filmplakate zieren die Wände. Dazu in Vitrinen Original-Drehbücher und einige Original-Kostüme. Dazwischen stehen Bücher und Sekundärliteratur.

Kloster Marienhöh:
Vom Kinderheim zum 4-Sterne-Hotel

Über Holzstege durchqueren wir das Hangmoor Ortelsbruch oberhalb von Morbach. Schautafeln und Schaubilder informieren über die Entstehung des Bruchs und die Vielfalt der Tiere und Pflanzen. Das Ortelsbruch besteht aus mehreren Teilbrüchern. In Kammlage auf 700 m ü. NN liegt das erste Bruch. Von dort zieht sich ein etwa 1,5 km langes durchgängiges Band unterschiedlicher Brücher, die über fächerförmig zusammenlaufende Gräben in den Morbach entwässern. Am Rande des Bruchs treffe ich zwei Wanderer aus Belgien. Sie studieren die Karte, scheinen die Wegmarkierung verloren zu haben. Mit wenigen Sätzen bringe ich sie auf den rechten Weg Richtung Langweiler.

Nach spannenden Mooreindrücken folgt ein langer, teilweise steiler Anstieg durch ausgedehnte Fichtenwälder. Regen setzt ein, der Untergrund wird glitschig. Ich verlangsame vorsichtig meinen Schritt. Trotzdem schwitze ich gehörig, der Anstieg scheint nicht enden zu wollen.

Unmittelbar am Fernwanderweg liegt am Tor zum Nationalpark Hunsrück-Hochwald das ehemalige Kloster Marienhöh, heute ein Familienhotel. Zu Beginn des vergangen Jahrhunderts, stand auf dem Gelände des heutigen Hotels ein Kinderheim. Nach dem Zweiten Weltkrieg betreuten Trierer Ordensschwestern pflegebedürftige ältere Menschen in den Räumen, ehe in den fünfziger Jahren die Kinderbetreuung wieder in den Vordergrund rückte. Der katholische Frauenorden der Marienschwestern kaufte das Anwesen und baute es weiter aus. Nach 50 Jahren Klosterbetrieb wurde das Kloster 2004 aufgegeben. Nach etlichen Umbau- und Anbaumaßnahmen eröffnete hier das einzige 4-Sterne-Hotel im Hunsrück: Hotel Kloster Marienhöh.

Geschäftsführer Jan Bolland wollte in intakter Natur ein Familienhotel mit vielfältigem Angebot schaffen: Tagungen im Grünen, Hochzeiten im Grünen mit hoteleigener Kapelle, Ferien und Feiern im Grünen mit Kindern und Hunden.

nächste Doppelseite: Morgenstimmung im Hunsrück

Die Hotelanlage verfügt auch über eine Pilgerherberge mit einfachen Zimmern für Wandergruppen. In der Küche des Klosterhotels werden auch regionale Gerichte gekocht, wie zum Beispiel die für den Hunsrück so typische Kartoffelsuppe.

Jan Bolland verrät, dass ein weiteres Highlight geplant sei: »Wir wollen in den kommenden Jahren einige Berg-Chalets am Waldrand oberhalb des Klosters mit Blick zur Steinbachtalsperre und dem Turm der Wildenburg bauen.«

Es ist kalt geworden. Als ich am nächsten Morgen starte, sind die Temperaturen im Hunsrück weit unter 10 °C gefallen, dazu weht ein kräftiger Wind. Meine Jacke schließe ich bis zum Kinn. Es fröstelt mich, als ich mit Blick auf die Steinbachtalsperre und den Turm der Wildenburg losgehe. Da heute einige Höhenmeter auf dem Programm stehen, wird mir sicher bald warm werden. Emma kümmert›s wenig, ihr Fell trotzt allen Wetterbedingungen. Auf den Wiesenwegen zwischen Langweiler, Sensweiler und dem Geopark zeigt sie, wie wohl sie sich fühlt. Sie läuft über die Wiesen, schlägt Kapriolen, überschlägt sich im weichen Wiesengrund, schüttelt den Morgentau ab – immer und immer wieder, Emma fühlt sich beaglewohl! Was für ein Hundeleben!

Während der heutigen Tour auf dem Saar-Hunsrück-Steig sind wir auch auf Abschnitten der Traumschleifen »Zwischen den Wäldern« und »Köhlerpfad« unterwegs. Weit unten im Tal gelangen wir zum Geopark Grahloch. »Steine erzählen Erdgeschichten« ist das Motto des ein Kilometer langen Rundweges. An vierzehn Stationen wird über Geologie, Gesteine, den Bergbau und den Naturraum im Hunsrück informiert.

Die Gesteine der Region sind nicht nur Zeugnisse der Erdgeschichte, sondern auch wichtige Rohstoffe. Kupfer, Silber, Quecksilber, Eisen, Blei, Zink, Kobalt, Uran, Schwerspat und Steinkohle wurden über Jahrhunderte abgebaut und haben die Region geprägt.

Die Achatvorkommen im Saar-Nahe-Bergland wurden erstmals im 14. Jahrhundert urkundlich erwähnt. Die Herren von Oberstein erlaubten ihren Untertanen das Graben nach Achaten. Die Verarbeitung der Rohsteine erfolgte in der unmittelbaren Umgebung, in so genannten Schleifmühlen. In der Blütezeit waren insgesamt 183 Schleifen an Idarbach, Nahe und anderen Bachläufen rund um Idar-Oberstein in Betrieb. Der Rückgang und spätere Niedergang der Wasserschleifen begann im ersten Drittel des 20. Jahrhunderts. Die Kallwiesweiherschleife (die heutige historische Weiherschleife am Idarbach vor den Toren Idar-Obersteins) blieb bis 1945 in Betrieb. Heute ist sie für Besucher geöffnet.

Nachdem wir den Idarbach überquert haben, sind wir auf dem Weg zur Kirschweiler Festung. Je höher wir kommen, umso steiler und steiniger wird der Weg. Der Berg hoch über dem Idarbach – auch Hunschrack oder Silberich genannt – ist vermutlich eine frühgeschichtliche keltische Kultstätte, deren Bedeutung nicht näher erforscht ist. Die Einwohner von Kirschweiler nennen die Kultstätte Festung, obwohl hier keine von Menschenhand errichteten Bauten nachgewiesen sind. Allerdings hat die Natur hier ein besonderes Felsentor geformt. Während der Römerzeit verlief vermutlich zwischen der Erhebung des Ringkopfes und der Felsformation Kirschweiler Festung eine Straße. Von hier bieten sich herausragende Blicke über den Hunsrück.

An den Steilhängen rund um die Festung liegen Millionen von Quarzitblöcken in den unterschiedlichsten Größen. Sobald Sonnenstrahlen auf die Quarzitfelsen fallen, funkelt und glitzert die Einschlüsse millionenfach.

In vielen Windungen und Kehren steigen wir bis zur Talsohle, überqueren die Bundesstraße B422 ein zweites Mal. Der letzte Anstieg des Tages führt in Serpentinen durch gigantische Rosselhalden, die sich seit Jahrtausenden jeglicher Vegetation widersetzt haben.

Nachdem sie hinter uns liegen, wandern wir durch ein einsames Waldgebiet unterhalb der Wildenburg. Auf dem Wildenburger Kopf befinden sich in 675 Meter Höhe die Reste einer keltischen Fliehburg mit doppelter Ringwallanlage. Sie war Teil einer Verteidigungsanlage, zu der auch die keltische Fliehburg in Otzenhausen und die Altburg bei Bundenbach gehörten.

1328 entstand die spätere Burg des Wildgrafen Friedrich von Kyrburg auf der Felsnase. Die Nebenbauten am Fuß der Burg dienten bis 1792 als Verwaltungssitz. Die Burg selbst verfiel bereits im 17. Jahrhundert. Der 22 m hohe Aussichtsturm ist immer geöffnet und bietet einen sagenhaften Weitblick.

Unterhalb der Wildenburg erstreckt sich das 42 ha große Wildfreigehege Wildenburg. Neben Rotwild, Damwild und Dybowskihirschen leben hier Wildschweine, Mufflons, Luchse und Wildkatzen. Außerdem gibt es einen Streichelzoo und einige Volieren. Vom Wildfreigehege folgen wir der Zuwegbeschilderung nach Kempfeld zum Hotel Hunsrücker Fass.

Zweite Heimat Hunsrück

Später Aufbruch in Kempfeld. Der Weg zur Harfenmühle zwischen Kempfeld und Asbacherhütte ist eher ein Spaziergang als eine Wanderung. Deshalb bleibt mir genügend Zeit, eine besondere Attraktion Kempfelds, den Edelsteingarten, zu besuchen. Über einhundert verschiedene Edelstein-Rohsteine werden dort präsentiert, können bestaunt und sogar angefasst werden. Erklärungstafeln liefern das nötige Hintergrundwissen. Die heilende Wirkung verschiedener Steine wird erläutert. Ebenso werden kleine Anekdoten zu bestimmten Steinen erzählt. Nach diesem spannenden und informativen Rundgang ist unser nächstes Ziel die Harfenmühle am Asbach, kurz vor Asbacherhütte.

Namensgeber der Harfenmühle war die Müllerfamilie Harf. Bereits 1730 wurde die ehemalige Getreidemühle kartographiert. 1853 entstand neben der Mühle eine Achatschleiferei.Heute ist die Harfenmühle ein Familienbetrieb zu dem ein Campingplatz mit angeschlossenem Restaurant, Chalets, Ferienhäuser und Gästezimmern gehören. Familie Koch, die ursprünglich aus Krefeld in Nordrhein-Westfalen stammt, arbeitet mit insgesamt sieben Familienmitgliedern zum Wohl ihrer Gäste.

Vor 32 Jahren waren Karola und Dieter Koch auf Wohnwagen-Urlaub im Hunsrück. Der Campingplatz ihres Urlaubsdomizils stand zum Verkauf. In Krefeld führten Karola und Dieter bereits seit 10 Jahren einen Familienbetrieb im Bereich Installation, Heizung und Sanitär. »Dann«, so Dieter, »ging alles sehr schnell. Meine Frau und ich träumten plötzlich vom Leben im Hunsrück. Schnell war klar, wir wollten den Campingplatz kaufen und dort leben, wo schon Großvater immer gerne Urlaub gemacht hatte.« Drei Monate später war der Betrieb in Krefeld verkauft und der Umzug mit der gesamten Familie vollzogen. »Wir sprangen mit Sack und Pack ins kalte Wasser«, sagt Dieter freudestrahlend.

Meine Unterkunft liegt nur einige Schritte vom Asbach entfernt, Zimmer im Landhausstil mit kleiner Terrasse. Als ich abends zum Essen auf der Terrasse des Restaurants eintreffe, sind Timo und Carina im Service – freundlich und kompetent. Hier wartet niemand länger als eine viertel Stunde auf sein Essen.

Idyllisch gelegene Harfenmühle am Asbach

Während eines Abendspaziergangs streife ich mit Emma durch die Anlage. Das Prunkstück ist ein 1000 qm großer Naturbadeteich. Im Zulaufbach suchen Ferienkinder nach Kristallen, Mineralien und Pyrit, das auch als Katzengold bekannt ist. »Ein Riesenspaß«, so Dieter, der mich auf meinem Rundgang begleitet, »Bis zu vierzig Kinder tummeln sich oft im Wasser. Für sie ist es eine riesen Gaudi, dort nach verborgenen Schätzen zu suchen.« In der Außenanlage gibt es außerdem ein Beachvolleyballfeld, einen 7-Loch Fußballgolfplatz und eine Hüpfburg für die Kleinen.

Über eine Zuwegung ist vom Campingplatz Harfenmühle der Saar-Hunsrück-Steig erreichbar, die Traumschleife »Stumm-Eisenhütten-Weg« startet am Parkplatz der Harfenmühle. Morgen werde ich mit dem Projektleiter des Saar-Hunsrück-Steigs, Achim Laub die Traumschleife wandern.

Meine zweite Heimat
habe ich im Hunsrück gefunden,
mit einer Großfamilie im Schlepptau.
Ich denke, dass ich jetzt angekommen bin.
Der schönste Ort ist die »Mörschieder Burr«.

Carina Koch

Die Wiege der Eisenindustrie

Gleich zu Beginn des Weges informieren uns Tafeln über die Dynastie der Stummschen Familie, deren Wurzeln im Hunsrück liegen. Unweit der Harfenmühle wurde Nikolaus Stumm, 1669 als ältester Sohn des Schmieds Christian Stumm in Rhaunen-Sulzbach geboren. Im elterlichen Betrieb erlernte er das Schmiedehandwerk. Mit der Errichtung eines Eisenhammers »auf dem Birkenfeld« bei Schauren im Jahre 1715 begann eine über sechs Generationen andauernde Familiengeschichte im Eisenhüttenwesen. Die Söhne Nikolaus Stumms vergrößerten das Unternehmen, kauften 1743 die Asbacher Hütte und 1763 die Abentheuerer Hütte dazu. Führende Kraft war Johann Heinrich Stumm (1710–1783).

Zu Beginn des 19. Jahrhunderts besaßen die Stumms vier Hütten, dreizehn Hammer- und zwei Schneidewerke im Hunsrück. Nach der Übersiedlung ins Saarland, wo die Stumms 1806 die Neunkircher Hütte übernahmen, zählte die Stumm AG bis in die 70er Jahre des vergangenen Jahrhunderts zu den größten Montanunternehmen Deutschlands. Vor allem Freiherr Karl Ferdinand von Stumm-Halberg, der die Firma 1858 übernommen hatte, ist es zu verdanken, dass der Konzern eine Spitzenstellung in der deutschen Schwerindustrie erlangte. Als Sozialpolitiker prägte er seine Zeit. Wie Bismarck, bekämpfte er sozialdemokratische Bestrebungen, gründete jedoch in seinen Betrieben Wohlfahrtseinrichtungen, die für die spätere Sozialgesetzgebung Maßstäbe setzten.

1683 wird der jüngere Bruder von Nikolaus Stumm, Johann Michael, geboren. Er erlernte das Handwerk des Goldschmieds und Orgelbauers und gilt als Gründer des Familienunternehmens der Orgelbauer. Die Stummschen Orgelbauer schufen im Verlauf von 180 Jahren fast 400 Orgeln. Mit dieser Orgelbauerdynastie werde ich mich in den nächsten Tagen auf dem Stumm-Orgel-Weg intensiver beschäftigen können.

Mit Emma und Achim Laub starte ich zum Rundkurs. Wir durchqueren zunächst einen Teil des Campingplatzes und passieren den Naturbadeteich, wo schon am frühen Morgen unzählige Kinder nach glitzernden Steinen suchen. Bald sind wir am Ufer des Hammerbachs angekommen, wo der erste Eisenhammer entstand. Am Wegesrand gibt eine Informationstafel einen Einblick in die Geschichte des Eisenhammers, die Produktionstechnik sowie das Leben der Familie Stumm in Hammerbirkenfeld.

Waldpassagen wechseln sich mit Feldern und Wiesen ab. Grandiose Aussichten zum Wildenburgturm, Fernsichten über die Hunsrückhöhen oder zum Idarkopf mit Sendemast und hölzernem Aussichtsturm tun sich auf.

An einer Pferdekoppel in der Nähe Asbachs gibt es weitere Informationen über das Eisenhüttenwesen. Möglicherweise haben bereits die Kelten und Römer die hier vorkommenden Eisenerze verarbeitet. Einen ersten Hinweis auf das Eisengewerbe während des Mittelalters erhält man durch Namen der Schmidtburg bei Bundenbach, die 1084 als »Smedeburg« erwähnt wird.

Die Asbacher Hütte war ein wichtiger Wirtschaftsfaktor der strukturschwachen Region. Viele verschiedene Gewerke waren nötig, um das Eisenerz zum Schmelzen zu bringen. So verdienten Holzhauer, Köhler, Erzgräber, Fuhrleute, Hochofenarbeiter, Formenmacher und Hammerschmiede hier ihren Lebensunterhalt. Um 1807 waren in den Hütten in Asbach, Hammerbirkenfeld und Katzenloch über 150 Arbeiter beschäftigt.

Rudolph Böcking, der letzte Asbacher Hüttenbetreiber der Dynastie Stumm-Böcking erbte 1835 mit seinen Brüdern Gustav und Eduard die Eisenwerke im Hunsrück von seinem Großvater Friedrich Philipp Stumm und leitete die letzte Blüte der Betriebe ein. Böcking konnte mit den Bundesfestungen Mainz und Luxemburg große Munitionsaufträge abschließen. Er versorgte seine Mitarbeiter während der Arbeitszeit mit einer heißen Mahlzeit und ließ Brot für sie backen. Auf dem Asbacher Dorffriedhof erinnert ein Grabmahl an den einstigen Hüttenbetreiber, Kommerzienrat und Ortsvorsteher. Unter dem Bildmedaillon seines kunstvoll verzierten Grabmals befindet sich ein fein gearbeitetes Alabasterrelief mit figürlichen Motiven und eindrucksvollen Szenen aus dem Hüttenwesen und Bergbau.

Nahe Hottenbach steigen wir ins Tal. Auf dem Weg nach Weiden bietet sich uns ein weiterer Fernblick zum Turm der Wildenburg. Am Ortsrand erhalten wir auf Schautafeln einen Einblick in den Weidener Bleibergbau, dessen Abbau bereits im Mittelalter begann. Hinter Weiden steigt der Weg heftig an. Wir sind auf dem Weg zum so genannten Schinderhannesfels.

Vorbei am Fels geht es in etlichen Kurven und Windungen im Wald nach oben. Zwischen Asbach und Asbacherhütte kommen wir zurück ins Tal und sind rasch an der Siedlung Asbacherhütte angekommen.

Das markanteste Gebäude ist das ehemalige Böckingsche Herrenhaus. Asbacherhütte ist heute ein Standort der Stiftung Kreuznacher Diakonie. Im Hofladen erhält man Bioland-Geflügelprodukte ergänzt von einem Warensortiment regionaler Produzenten.

Kurz vor der Harfenmühle erreichen wir die Historischen Wasserschleiferei Biehl. Wassermühlen zählen zu den ältesten technischen Energiewandlern. Mit dem Wasserrad in der alten Schleiferei wird noch immer ein fast 100 Jahre alter Generator zu Stromerzeugung angetrieben. Eine Führung durchs Mühleninnere wird zu einer Zeitreise in die Vergangenheit.

»Um 1880 wurde die ehemalige Gipsmühle zur Schleiferei umgebaut«, erzählt Ernstotto Biehl, während wir uns staunend umschauen. »Bis heute können Besucher das Schleifen nach althergebrachter Technik erleben«. Bäuchlings, auf dem traditionellen Kippstuhl liegend, demonstriert er dann, wie der Schleifer den zu bearbeitenden Edelstein an den rotierenden Schleifstein drückte. »Seit vier Generationen sind die Arbeitsweisen unserer Familie unverändert.« Während der Führung hören wir das Knarren des Wasserrades, das die alten Werkzeuge der Produktionsstätte, zum Sägen, Trommeln und Schleifen antreibt. »Die Arbeitsschritte des Schneidens, Formens, Schleifen und Polieren der Schmuckstücke hat sich hier im Tal seit vier Generationen nicht verändert. Sogar eine Original Kohlefaser-Glühlampe von Edison können sie hier in der Werkstatt bewundern.«

Hochwaldcowboy, Rockpoet, Balladensänger: Martin Weller

Der Sommer ist wieder da. Ich bin mit Emma im Morgengrauen gestartet, denn heute und in den nächsten Tagen soll es heiß werden. Vom Wildfreigehege bewegen wir uns Richtung Burganlage. Über Treppenstufen gelangen wir zum Fuß des Wildenburgturms.

Bevor wir den Weg Richtung Mörschieder Burr nehmen, erklimme ich mit Emma die Plattform und genieße den Blick ins nahe und ferne Umland.

Zurück auf dem Steig folgen wir einem kleinen, schmalen Pfad. Wir befinden uns auf 675 m Höhe an der Wildenburg und folgen dem kleinen schmalen Pfad. Über den Burggraben verlassen wir die Burg, vorbei an riesigen Felsbrocken erreichen wir bergab wandernd den Hexentanzplatz.

Der Blick ins Tal zeigt direkt vor uns die Ortschaft Kempfeld, dahinter Sensweiler und das große zusammenhängende Waldgebiet des Hunsrücks. Über Waldboden, Felsplatten, Wurzeln und Steine setzen wir unseren Weg zur Mörschieder Burr fort. Es liegt am Osthang des Wildenburgrückens, der vor Jahrmillionen nur als kleine Insel aus dem Meer herausragte. Der Felsrücken entstand aus fein abgelagertem Sand, der infolge starker Stürme in dicken Schichten zusammengetragen und zum heutigen Quarzit geformt wurde. Die Quarzitriegel sind wesentlich härter als die umgebenden Sedimentgesteine. Im Laufe der Erdgeschichte witterte das harte Gestein heraus und prägt heute das Landschaftsbild.

Der Aussichtsplatz auf 646 m Höhe bietet einen sensationellem Blick: kleine Orte liegen verstreut in den Tälern zwischen dem ausgedehnten Waldgebiete des Hunsrücks. Der Blick reicht weit bis ins Nordpfälzer Bergland.

Der Wanderpfad verläuft mit vielen Richtungsänderungen durch ein ausgedehntes Waldgebiet, das in Richtung Herborn beginnt. Hinter Herborn erreichen wir nach kurzer Zeit das Steinerne Gästebuch, einen Rundweg gesäumt von kleineren und größeren Felsen, die von prominenten Besuchern der Deutschen Edelsteinstraße signiert und mit originellen Namen bedacht

Blick von der Mörschieder Burr über die Hunsrückhöhen

wurden. Karl Heinz Böhm, Barbara Genscher, Dr. Bernhard Vogel, Dietmar Schönherr, Heinz Drache, Paul Kuhn, Hans Clarin, Hansjörg Felmy und Cindy und Bert sind nur einige Namen, die man auf dem Rundweg wiederfindet.

Parallel zum wild romantischen Tal des Vollmersbaches, gelangen wir zum Fischweiher der Anglerfreunde von Veitsrodt. In der Abgeschiedenheit des Vollmerbachtals bin ich mit Martin Weller verabredet. »Scheen, dass wir uns mal wieder sehen«, begrüßt er mich. Wir sitzen im schattig, lauschigen Tal und »De Maddin« erzählt von seiner Liebe zur Musik, die irgendwie schon immer in ihm war.

»Ich habe mir alles selbst beigebracht. Die Blockflöte meiner Mutter war das erste Instrument, nach einem halben Jahr konnte ich ›El Condor pasa‹ spielen und ich glaube, als ich in die Schule kam, spielte ich besser als meine Musiklehrerin.

Das zweite Instrument meiner Instrumentenkarriere war eine Tuba. Wie ich auf dieses Instrument kam weiß ich eigentlich selbst nicht mehr. Einen Teil meiner Jugend habe ich dann in der Jungbläserschule, im christlichen Posaunenchor, im Musikverein und im Kreisjugendorchester verbracht. Meine Freunde machten sich darüber lustig wenn ich auf meiner Tuba den ›Schützendefiliermarsch‹ oder den ›Jagdgeschwader Richthofenmarsch‹ übte.

Meine erste Gitarre habe ich später für schlappe 20 Deutsche Mark erstanden. Ich übte wie besessen, doch die ersten Versuche am Lagerfeuer waren für die Zuhörer kaum zu ertragen: ›Mensch Weller! Hier emohl off, med deenem bleede Geklimper! Stell dat Ding en die Eck, sonst kemmts en det Feija!‹. Aber ich ließ nicht locker, spielte und übte, und übte und übte«, erzählt er mit einem Schmunzeln auf den Lippen. »Dann kamen die Tage wo ich immer öfter gefragt wurde: ›Ei Weller, sah, host dau net vielleecht dein Gidda debai? Dat es doch emma so scheen!‹ «

Sagt's, holt seine Gitarre die neben ihm liegt und spielt mir den Titelsong seiner CD »*Fotoalbum*«.

Emma hat es sich während des Liedes unter einer Bank gemütlich gemacht und lauscht dem Song von Martin andächtig.

FOTOALBUM

1. Strophe
Eesch hogge iewa'm Fotoalbum onn gugge alte Bella.
Dir leijwe Leit nochmohl, war war eesch dohmols für e Wella!
En Reelse beim Zelde, med da ganz Bagasch,
Learajake, Mobbeds onn Hohr bis off de Arsch.

Off äänem Beld doh honn ich mich selwa bald net kannt.
Met na Zigarett em Mohl onn nem Stubbi en da Hand.
Mein Doachta saht: »Ei Babba, sah, datloh best doch net dau!
Seijst oos wie e Verbrecher onn dreckisch wie en Sau.«

Ref:
Onn dann stelle ich erschrocke fest, wie die Zeet vergeht
onn Mansches kann ich haut netmeh verstehen.
Doch dat alte Fotoalbum, dat vor mir leet,
seet mir ierjendwie, Maddin, war die Zeet doch wonnerscheen.

2. Strophe
E Garellimofa, dat hat noch netmohl ä PS.
De Bersch erof, dir leijwe Leit, wat war dat als e stress!
Doh packt so e Mobbed noch netmohl 10 Sache.
Wenn ich die Bella seijn, doh kann ich haut nur herzlich driewa lache.

On dann off äänem Beld, dir leijwe Leit, wat honn ma doh gelacht.
Doh hat ich mich doch emohl so rischdisch fein gemact.
Neijdegürtel, Peachezääsche onn der ganze Plunder
onn e häßlicher, geftgreijna Polyacrylpolunder!

Text: Martin Weller, Lied auf der CD »Fotoalbum«

Nach der akustischen Gitarre verliebte sich Weller unsterblich in die E-Gitarre, vor allem der Sound von Jimmy Hendrix zog ihn in seinen Bann. Die nächsten musikalischen Jahre verbrachte Weller als Gitarrist in den Bands »Syracus«, »Charisma«, »Gletscherklar«, »Dr. Heff« und »Tripple X«, spielte Jazz, Funk, Hardrock und Blues.

1995 hatte Weller die Idee, einige Texte auf Hunsrücker Platt zu schreiben: den »Beijabooch-Blues«, den »Hochwal-Cowboy und »Raach iewa Brohmbach« frei übersetzt nach Deep Purple's »Smoke on the Water«. Der Erfolg blieb nicht aus, dem Publikum gefielen die Mundart-Songs.

Martin Weller griff wieder zu seiner akustischen Gitarre und unterstützt von Michael Anton, mit dem er noch heute seine Songs zusammenmischt, begann er zunächst eine Solo-Karriere, bis er dem Geiger Wolfgang Wehner begegnete, der wie Weller erzählt, »auf der Bühne abgeht wie ein Zäpfchen«. Mit Roman Alt gesellte sich später ein Bassist hinzu, mit dem Weller bereits in verschiedenen Bandformationen gespielt hatte. Das »Martin-Weller-Trio« war geboren.

Inzwischen hat Martin Weller einige CDs veröffentlicht, hunderte von Auftritten erlebt und viele Rundfunk- und Fernsehauftritte gehabt. Hauptberuflich arbeitet er immer noch in seinem erlernten Beruf des Juwelenfassers, doch macht es ihm bis heute großen Spaß, auf der Bühne zu stehen und sein Publikum zu unterhalten.

Er wirkt auch bei unserem Gespräch am Vollmersbach authentisch, leidenschaftlich und ist mit allen Fasern seinen Körpers »e eschda Hunsrücker«, der niemals wo anders leben könnte. »Ich geheere änfach do hin«, sagt er lachend beim Abschied. »Adschee, mach's gut, mir sijen uns!«

HEIMAT bedeutet für mich:
Die Landschaft,
meine Sprache,
Freunde und Nachbarn,
ein unvergleichliches Lebensgefühl.

Martin Weller

Spießbraten in Idar-Oberstein

Nach dem Treffen mit Martin folgen wir serpentinenartigen, aufwärts führenden Wegen, um anschließend wieder talwärts unterwegs zu sein. Die Wegstrecke ins Nahetal ist eine ständige Berg- und Talwanderung. Schattige Waldpasssagen im Wechsel mit Wiesenwegen im gleißenden Sonnenlicht. Über den blühenden Wiesen flimmert die Luft. Emma verlangsamt ihr Tempo, legt Liegepausen im kühlen Wald ein und wartet, bis Herrchen sich langsamen Schrittes nach oben quält. Die Außentemperatur ist inzwischen auf über 30 Grad gestiegen, als wir zwischen Regulshausen und einem ehemaligen Steinbruch im hellen Sonnenlicht wieder einmal nach oben steigen. Der anschließende Abstieg im Wald ist eine angenehme Abkühlung. Beim letzten sehr langen und sehr steilen Anstieg der Wanderung pocht der Puls heftig an meinen Schläfen, die Zunge klebt am Gaumen, in der Luft scheint aller Sauerstoff aufgebraucht. Herr und Hund gönnen sich kleinere Verschnaufpausen, der Aufstieg scheint nicht enden zu wollen. Emmas Blick sagt alles: Wann hört die Quälerei endlich auf? Nach erfolgreichem Aufstieg ist der Weg bergab zum Schlossweiher schnell geschafft. Emma genießt das frische Wasser aus dem Waldweiher. Meine Trinkflaschen sind bis zum letzten Tropfen geleert.

Am Ufer der idyllischen Weiheranlage machen wir eine ausgedehnte Pause. Der Schlossweiher weit oberhalb von Idar-Oberstein gehört zum Schloss, dessen Überreste über der Stadt thronen. Beim Abstieg nach Idar-Oberstein passieren wir das Schloss, das ich mir morgen in aller Ruhe anschauen will. Vorbei am Schloss und der Felsenkirche sind wir nach wenigen Minuten am Marktplatz in Idar-Oberstein angekommen. In den Restaurants und Eiscafés herrscht Hochbetrieb. Ich finde gottlob einen schattigen Platz im Eiscafé am Marktplatz. Nachdem ich eine große Flasche Wasser sowie einen halben Liter Cola in Windeseile getrunken habe, gönne ich mir sieben Kugeln Eis. Hoffentlich macht mein Magen das mit! Emma bekommt natürlich auch etwas vom Eis ab.

Das Hotel Amethyst ist nicht zu verfehlen, die Hausfassade ist mit unzähligen Amethysten bestückt. Nach dem Duschen folge ich der Empfehlung der Hotelchefin Liane Kramp, im Restaurant »Alte Kanzlei« zu essen. Dort soll es den besten Spießbraten der Stadt geben.

In der gesamten Fußgängerzone Idar-Obersteins liegt der Duft von Fleisch, das auf offenem Feuer gebraten wurde. Emma und ich folgen unseren Nasen. Unterhalb der Felsenkirche ducken sich alte Fachwerkhäuser an den Berg, dicht steht Mauer an Mauer. Unmittelbar am Treppenaufstieg zur Felsenkirche und Schloss steht unübersehbar »Das Original Spießbratenhaus«. Auf dem Marktplatz, direkt vor dem Restaurant, sind schon alle Plätze belegt. Einige Treppenstufen höher, auf der kleinen Terrasse am oberen Eingang finde ich mit Emma einen Logenplatz, dort können wir dem »Spießbratenzubereiter« bei seiner Arbeit zusehen. »Welcome to the Spießbratenhaus«, lockte die Alte Kanzlei die englischsprachigen Touristen. An den Tischen sitzen ausnahmslos amerikanische und asiatische Touristen und Geschäftsleute.

Ich entscheide mich für ein regionales, frisch gezapftes Bier, Spießbraten vom Rind und Ofenkartoffeln. Eine gute Wahl wie mir der »Spießbratenmann«, der meine Bestellung aufnimmt, bestätigt.

Mein Spießbraten, über offenem Feuer gegart, ist eine Offenbarung. Die Brataromen ziehen vom Teller direkt in die Nase – auch zu Emma. Wir werden beide satt. Als ich mein letztes Bier bestelle, hat sich die Terrasse geleert. Nun wird es Zeit, etwas über die Geschichte des Spießbratens zu erfahren.

Die Geschichte des Spießbratens ist eng verbunden mit der Geschichte der Idar-Obersteiner Edelsteinindustrie. Als die Achatvorkommen im Nahebergland versiegten, wanderten im 19. Jahrhundert, viele Edelsteinhändler und Edelsteinschleifer aus Idar-Oberstein und Umgebung nach Brasilien aus. Dort fanden sie Achate in bis dahin nie gekannter Größe und Anzahl leicht zugänglich in den Flussbetten und auf der Sierra.

In ihrer neuen Heimat lernten sie die einheimische Kochkunst des »Churrasco« kennen. Etwa handgroße Fleischstücke werden mit grobem Salz gewürzt und an Spießen über offenem Feuer gebraten. Zusammen mit den Edelsteinfunden der Auswanderer kam die Bratkunst der Gauchos an die Nahe. Im Laufe der Zeit entwickelte sich das Braten des Fleisches an Spießen zum Idar-Obersteiner Spießbraten.

Idar-Obersteiner Spießbraten: Zwei Varianten stehen zur Auswahl

Der *Obersteiner Gerollte* oder der *Idarer Schwenkbraten*

Zutaten:
Gerollter Spießbraten: ein großes Stück Schweinehals mit Pfeffer und Salz würzen und mit Zwiebeln füllen. Anschließend zusammengebunden mit Küchengarn 24 Stunden gekühlt lagern.
Schwenkbraten: vom Rind (Roastbeef, Entrecôte, Hohe Rippe oder Filet) oder vom Schwein (Nacken, Lende oder Kotelett) mit Pfeffer, Salz und vielen Zwiebeln marinieren. Das Fleisch für einige Zeit »durchziehen« lassen. Rindfleisch 4-5 Stunden, Schweinefleisch 8-10 Stunden um den typischen Spießbratengeschmack zu erreichen.
Fleischstücke zwischen 300 und 500 Gramm verwenden.

Zubereitung
- Rollbraten: Auf einem langen Spieß über offenem Buchenholzfeuer, benötigt er je nach Durchmesser 1,25 – 2 Stunden.
- Schwenkbraten: Über Buchholzfeuerfeuer gehängt, wird der Grill hin und her geschwenkt. Die Zubereitungsdauer hängt von der Art und Größe des Fleisches ab.
- Schweinefleisch benötigt eine längere Garzeit, da es durchgebraten wird. Bei 350 Gramm 35 – 40 Minuten.
- Rindfleisch ist abhängig vom gewünschten Gargrad. Hierbei wird zwischen »englisch / blutig« (nur außen gebraten in der Mitte noch roh), »medium« (in der Mitte noch rot und saftig) und »durchgebraten / well done« unterschieden.

Edelsteinmetropole Idar-Oberstein

Idar-Obersteins Felsenkirche (links), die sechzig Meter über dem Nahetal in eine natürliche Felsnische hineingebaut wurde, wurde der Sage nach als Sühne für einen Brudermord errichtet. Die Burgruine auf dem Felsen über der Kirche war einst das Schloss der Herren von Oberstein. Mitte des 11. Jahrhunderts lebten dort die Brüder Wyrich und Emich, die beide in das schöne Ritterfräulein Bertha von der Lichtenburg verliebt waren. Bertha entschied sich für Emich und gab ihm ihr Jawort. Wyrich geriet so sehr in Wut, dass er seinen jüngeren Bruder aus dem Fenster warf und dieser in den Abgrund stürzte. Jahrelang suchte der reuige Mörder vergeblich den Tod auf den Schlachtfeldern. Als er in seine Heimat zurückkehrte, war Bertha von Lichtenburg gestorben. An ihrem Grab beichtete er einem Abt seine Tat, der ihm auftrug zur Sühne mit eigenen Händen eine Kapelle zu errichten. Als er den Bau vollendet hatte, entsprang dem Fels ein Quell, der heute noch fließt. Bei der Einweihung der Kapelle sank Wyrich tot vor dem Abt nieder. In der Gruft, die er für die Gebeine seines Bruders vor dem Altar gemeißelt hatte, fanden die Brüder gemeinsam ihre letzte Ruhestätte.

Die Stadt Idar-Oberstein entstand durch die Zusammenlegung der Städte Idar und Oberstein sowie den Gemeinden Algenrodt und Tiefenstein. Durch die über 500 Jahre alte Edelstein- und Schmuckindustrie ist die Stadt weltweit bekannt.

Die Wurzeln der Edelsteinindustrie liegen im 15. Jahrhundert. Aufgrund des natürlichen Vorkommen an Achaten, Jaspis und anderen Edelsteinen im Bergland um Nahe und Saar waren in Idar und Oberstein schon früh die Berufe des Achatschleifers und später auch des Achatbohrers entstanden. In der Folge siedelten sich um 1660 auch Goldschmiede in der Region an. Die Goldschmiede zog es hauptsächlich zum Obersteiner Naheufer, die Achatschleifer bevorzugten den Idarbach wegen der besseren Wasserverhältnisse zum Betreiben der Schleifsteine. Bis ins 19. Jahrhundert wurden nur Rohsteine aus dem heimischen Umland verarbeitet. Dann begann mit den aus Brasilien importierten Rohsteinen die Neuzeit dieses Industriezweiges. Das Schleiferhandwerk nahm nach 1871 einen gewaltigen Aufschwung. 1886 wurde die erste Diamantschleiferei gegründet.

Die Orte Idar und Oberstein entwickelten sich ab der Mitte des 19. Jahrhunderts neben Pforzheim, Hanau und Schwäbisch Gmünd zu einem der vier wichtigsten Schmuckzentren Deutschlands.

Der Stadtteil Idar war und ist teilweise noch heute Welthandelsplatz für Edelsteine neben Antwerpen und Amsterdam, deren Schwerpunkt jedoch im Diamantenhandel liegt. In der Blütezeit waren für die Diamantschleifereien in Idar 7.000 Diamantschleifer sowie mehrere Tausend Achat- und Schmucksteinschleifer beschäftigt. Heute ist die Branche immer noch ein bedeutender Wirtschaftsfaktor.

Hoch über der Stadt: Das Schloss von Idar-Oberstein

Unterwegs in der Heimat meiner Großmutter

Von meiner Unterkunft aus bin ich rasch in der Fußgängerzone. Zunächst gleicht sie den Einkaufsmeilen, wie ich sie schon hundertfach erlebt habe: Immobiliencenter, Kaufhäuser und Bekleidungsgeschäfte. Wir laufen Richtung Marktplatz, vorbei an Apotheken, Optikern, Telefon- und Geschenkeläden. Auf den ersten 200 Metern deutet nichts auf eine bedeutende Edelsteinstadt hin. Neben dem Badischen Hof befindet sich die alteingesessene Buchhandlung Schulz-Ebrecht, die bereits 1887 gegründet wurde.

Als die traditionsreiche Buchhandlung 2013 Insolvenz anmelden musste, kauften die Idar-Obersteiner Geschäftsleute Ralph Effgen und Jörg Wagner die Buchhandlung, um sie wenig später wieder zu eröffnen. Es war ihnen eine Herzensangelegenheit, die Buchhandlung als kulturelle Institution zu erhalten.

Cafés und Eisdielen sind schon gut besucht. Die Felsenkirche und die Burgruine Bosselstein schieben sich in die Blickachse. Am Kirchplatz gegenüber der Christuskirche sehe ich endlich das erste Edelsteingeschäft. Dann geht es Schlag auf Schlag: Mineralien und Edelsteine. Kunst und Kitsch, edle Steine, Edelsteine und Modeschmuck liegen nah beieinander.

Im Eis-Café Venezia gönne ich mir mit Emma eine Verschnaufpause. Kindheitserinnerungen werden wach an Idar-Oberstein, der Heimatstadt meiner Großmutter Meta, die ihre Kindheit in Idar-Oberstein verbrachte. Während der Fünfziger und Sechziger Jahre des vergangenen Jahrhunderts lebte die Familie des Bruders meiner Oma noch hier. Ein- oder zweimal im Jahr fuhr ich mit meinen Eltern zu den Verwandten nach Idar-Oberstein. Fast immer stand dann auch ein Besuch der Felsenkirche auf dem Programm.

Schräg gegenüber vom Eis-Café führt eine Treppe zur Felsenkirche und weiter zum Schloss. Als ich ein kleiner Junge war, interessierten mich die Schmuckläden mit den glitzernden Steinen am Treppenaufgang wesentlich mehr als der Kirchenbesuch. Damals hasste ich den steilen, beschwerlichen Treppenaufstieg. Aber es nutzte nichts, meine Oma, die damals im Saarland wohnte, wollte jedes Mal zur Felsenkirche. Selbstverständlich musste ich immer mit.

Heute ist es anders. Gerne erklimme ich die Treppen zu Kirche und Schloss. Die Aussicht vom Schloss über die Stadt ist ein Höhepunkt der Stadtbesichtigung.

Der Bruder meiner Großmutter war Taxifahrer in Idar-Oberstein. Manchmal durfte ich ihn auf seinen Fahrten begleiten. Was ich damals nicht ahnte: der Bruder meiner Oma war der erste und einzige Dealer, den ich bislang kennengelernt habe. Unter seinem Sitz lag ein kleines Samtsäckchen mit Edelsteinen. Und direkt daneben lag seine Pistole! Damals lebten viele französische und amerikanische Soldaten in den Kasernen oberhalb der Garnisonstadt. Die Fahrt mit dem Taxi war für viele eine Einkaufsfahrt in Sachen Edelsteine.

Mit Emma mache ich mich auf den Treppenaufstieg zur Felsenkirche und später zum Schloss. Den Verkehrslärm lassen wir in der Stadt zurück und genießen die Aussicht über die Stadt und das Nahetal.

In meiner Kindheit konnte man die Nahe noch in ihrem natürlichen Flussbett durch das Tal fließen sehen. Das ist heute anders. Das Gesicht der Stadt hat sich gewaltig verändert. 1986 wurde die Naheüberbauung nach sechs Jahren Bauzeit für den Verkehr freigegeben. Auf einer Länge von 1875 Metern ist der Flusslauf aus dem Blickfeld verschwunden.

Vor der Überbauung floss der gesamte Verkehr durch die engen Straßen der Stadt, PKWs, LKWs, Militärfahrzeuge und Panzer. Wenn die Soldaten mit schwerem Gerät heranrollten, musste man in den Läden die Regale festhalten, damit sie nicht umstürzten.

Als ich später durch die Altstadt streife, begegne ich Martina Morgenstern. Sie hat den Auf- und Niedergang der Edelsteinindustrie Idar-Obersteins im Familienbetrieb ihrer Eltern hautnah miterlebt. Sie selbst lebt schon lange im Saarland, ihre Mutter Margit wohnt noch immer im Stadtteil Tiefenstein. 1923 hatte ihr Großvater Richard Bernhard nach seiner kaufmännischen Lehre einen Edelsteinhandel eröffnet. Martinas Vater Alfred erlernte das Schleiferhandwerk und eröffnete in Tiefenstein eine Schleiferei. Durch Kontakte in die USA erhielt seine Firma den Auftrag, synthetische Steine für College- oder Highschool Ringe zu schleifen. Die Firma wuchs rasant. Schon 1969 hatte die Schleiferei Bernard 26 Mitarbeiter und beschäftige viele Menschen in Heimarbeit. Über eine Million Steine für Schul- und Universitätsringe wurden hier geschliffen.

Nachdem ein Idar-Obersteiner Mitbewerber neuere, computerunterstützte Technologien zum Schleifen der Steine einführte, konnte er günstigere Preise für das Bearbeiten der Steine anbieten. Der wichtigste Kunde der Firma Bernhard wechselte zum Mitbewerber, was das Ende dieses »Brot- und Buttergeschäftes« der Firma Bernhard besiegelte.

Martina Morgenstern war zu diesem Zeitpunkt mit der Leitung der Schmuckabteilung bei Tiffany & Co in München beschäftigt und entschied sich nach Hause zurückzugehen, um sich dem verbliebenen Geschäft zu widmen und dieses auf neue Wege zu führen. Eine Ausbildung am »Deutschen Gemmologischen Institut« in Idar-Oberstein und der erfolgreiche Abschluss des Studiums der Betriebswirtschaftslehre kamen ihr dabei zugute, jedoch hatten bald andere Themen wie Familie und Nachwuchs Priorität, auch war ein Neuaufbau in dieser kapitalintensiven Branche schwierig. Die Firma Richard Bernhard wird im Jahr 2023 immerhin einhundert Jahre alt, heute mit Firmensitz im Saarland.

Deutsches Mineralienmuseum in Idar-Oberstein

Schmidthachenbach kennt keiner

Nach einigen sehr heißen Sommertagen begleitet uns Nieselregen durchs Nahetal. Ich habe mich entschieden, zunächst entlang der Hauptstraße zu laufen. Unterhalb des Gefallenen Felsens und unterhalb der B 41 verlassen wir die Kernstadt. Es wird ein langer Weg nach Schmidthachenbach. Warum will ich dort eigentlich hin? Ein abseits gelegenes Dorf am Ende eines Tals im Nordpfälzer Bergland gelegen, ohne Gasthaus und Übernachtungsmöglichkeit ist dennoch mein Ziel. Der Film »Schmidthachenbach kennt keiner – Ein Dorf kämpft ums Überleben« hat mich neugierig gemacht. Die Filmemacherin Monika Kirschner hat mit ihrem Kamerateam zwei Jahre lang das Leben der Menschen in Schmidthachenbach begleitet und in Bildern festgehalten, die die Schönheit, aber auch die Abgründe des Dorflebens zeigen. Man könnte die Dokumentation Kirschners als einen Heimatfilm bezeichnen, der versucht, sich der Realität zu nähern, indem er sich bewusst auf das Einfache und scheinbar Banale einlässt und dabei Begriffe wie Land und Heimat reflektiert.

Kurz vor meiner Hunsrück-Sommerreise hatte ich Monika Kirschner in Bad Sobernheim getroffen. Sie wollte sich um eine Übernachtungsmöglichkeit in Schmidthachenbach kümmern. Wenige Tage später lud mich Annemarie Minwegen ein, auf dem Hof ihrer Familie, etwas außerhalb des Dorfes zu übernachten.

Über Nahbollenbach, Oberreidenbach und Sienhachenbach gelange ich mit Emma zunächst ins schattige Großbachtal. Dort begegnet uns Anne Emerich.

Die Schwüle des Tages und der Nieselregen haben Herrn und Hund gewaltig zugesetzt. Gerne nehmen wir das Angebot von Anne an, uns ein Stück im Auto mit zu nehmen. Wenig später sitzen wir in ihrem Garten zwischen Sienhachenbach und Schmidthachenbach. Nachdem sie schon mehr als vierzehn Mal in ihrem Leben schon umgezogen ist, wohnt sie seit kurzem in der Mühle am Bach, die ihr Vater vor vielen Jahren gekauft hatte. »Hier habe ich das Gefühl angekommen zu sein«, erzählt Anne. »Hier fühle ich mich das erste Mal in meinem Leben zu Hause, hier im tiefsten Hunsrück bin ich dahemm«.

Auf dem Weg nach Schmidthachenbach durchwandert man abseits
der Verkehrswege ruhige Seitentäler

Die gelernte Medienassistentin und Mediengestalterin liebt Pferde seit ihrer Kindheit und hat sich einem besonderen Pferdesport verschrieben. »Es gibt ein Foto«, erinnert sie sich »da bin ich zwei Jahre alt und sitze auf einem Pony«. Mittlerweile hat sie mit ihren Isländern bereits über 50 Langstreckendistanzritte bewältigt. »Die Königsdisziplin sind 120 Kilometer an einem Tag«, erzählt sie strahlend. »Mein längster Ritt waren allerdings 700 Kilometer quer über die Schwäbische Alb. Das war ein tolles Erlebnis. Bei einem solchen Ritt musst du alle 20 Kilometer durch eine Kontrolle, dort untersucht ein Tierarzt das Pferd und entscheidet, ob du weiter reiten darfst. Dem Pferd kann also gesundheitlich nichts passieren.«

Neben den offiziellen Distanzritten trainiert sie regelmäßig und intensiv. Bei ihren Trainingsritten hat sie den Hunsrück kennen und lieben gelernt. Hier will sie nicht mehr weg. Für 2017 plant sie ein halbes Dutzend Langstreckenritte. Vielleicht werden wir uns irgendwo auf einer meiner vielen Wanderungen im Hunsrück begegnen.

Der Nieselregen hat nachgelassen. Im schwül-warmen Tal wandern wir Richtung Schmidthachenbach. Für den Nachmittag sind kräftige Regenschauer und Gewitter vorausgesagt. Den Wiesenhof von Annemarie und Walter Minwegen erreichen wir noch trockenen Fußes.

Vor 34 Jahren haben die Minwegens ihre alte Heimat Mendig verlassen und sind mit Hab und Gut, mit Tieren und schwerem Gerät in ihrer neuen Heimat Schmidthachenbach angekommen. In Mendig gab es keine Möglichkeit den Hof zu vergrößern, sie suchten nach Alternativen und wurden hier fündig. Die lebensfrohe Rheinländerin Marianne begrüßt uns freudestrahlend, zeigt uns unser Zimmer und lädt anschließend zum Kaffee ein. Von der Außenterrasse, an die sich rechter Hand der Gemüsegarten anschließt, haben wir einen direkten Blick über den Wiesenweg zum Dorf. Linker Hand liegt die moderne Halle des Hofes ihres Sohnes Bernd. Er hat den Hof übernommen, wollte allerdings nicht in den alten Scheunen und Ställen der Eltern weiter arbeiten. »Nachdem wir hier angekommen waren«, erzählt Walter »haben wir uns ständig vergrößert, kauften Wiesen und Äcker von Kollegen, die nicht mehr weiter machen wollten.«

Annemarie hat zwei Freundinnen eingeladen. Hedi Müller und Christel Deibel erzählen vom Dorfleben wie's früher war. »Wir hatten trotz oder wegen der Abgeschiedenheit unseres Dorfes eine glückliche Kindheit«, erzählt Hedi

Müller »wir lebten Freiheit pur«. Später gesellt sich Sohn Bernd dazu, erzählt von den Sorgen und Nöten seines Berufsstandes. »Vor wenigen Tagen waren wir mitten in der Heuernte, als eine wichtige Maschine ausfiel. Da Regen vorher gesagt war haben wir nachdem die Maschine repariert war die ganze Nacht durchgearbeitet. Als der Regen dann kam, war alles in trockenen Tüchern.«

Kaum haben die Freundinnen Mariannes den Hof verlassen, setzt starker Wind ein. Im Westen braut sich was zusammen. Wolkentürme bauen sich auf, Blitze zucken aus einer gelb-braun-violetten Wolkenwand, die rasant näher kommt. Das Donnergrollen wird stärker, erste Regentropfen fallen. Dann geht alles ganz schnell. Es wird dunkel im Tal, es regnet, nein es schüttet wie aus Badewannen, die Sturmböen werfen schwere Blumenkübel um. Was nicht gesichert ist, fliegt durch die Luft, Marianne ist den Tränen nahe, als sie ihren Garten sieht. Er ist komplett überschwemmt. Alle Blumen sind abgeknickt. Es blitzt und donnert aus allen Richtungen – Weltuntergangsstimmung in Schmidthachenbach und dem Großbachtal, das wir vor wenigen Stunden durchwandert haben.

So schnell das Unwetter gekommen ist, so schnell ist es auch wieder verschwunden. Als es aufhört zu regnen, sieht man vom Küchenfenster Bernd Minwegen durchs Tal fahren. Geraume Zeit später steht er mit feuchten Augen bei den Eltern im Wohnzimmer, die gesamte Weizenernte ist vernichtet, der Sturm hat alle Ähren abgeknickt.

Am nächsten Morgen steht die Sonne früh am Himmel. Das Unwetter ist weiter gezogen. Mariannes Gemüse- und Blumenbeete sehen verheerend aus

Nach einem ausgiebigem Frühstück und einem herzlichen Abschied ziehe ich mit Emma Richtung Bärenbach weiter. Entlang des Großbachs erreichen wir Bärenbach. Kurze Zeit später sind wir im Nahetal, wo der Großbach in die Nahe mündet. Am schmalen Fluss wandern wir weiter Richtung Kirn, wo wir am frühen Nachmittag ankommen. Ab morgen werden wir für sechs Tage auf dem Soonwaldsteig von Kirn nach Bingen unterwegs sein.

Was wirklich zählt: Unser Soonwald

Auf einer Karte mit der Überschrift »Was wirklich zählt: Unser Soonwald« werden die Vorzüge des Soonwalds ausführlich dargestellt:

Der Soonwald ist eines der wertvollsten Waldgebiete Deutschlands. Er ist ein Kleinod der Stille und Unzersiedeltheit in unserer verstädterten Landschaft. Umweltexperten halten ihn für nationalparkwürdig.

Es besteht eine wachsende Sehnsucht nach unbelasteten Naturräumen, die in Zukunft einen hohen wirtschaftlichen Wert entfalten werden. So bietet der Südrand des Soonwaldes Besuchern wettersichere Urlaubstage mit vielen Sonnenstunden und wenig Regen.

Der »Soonwaldsteig« eröffnet dem Wanderer bizarre Quarzit-Formationen, grandiose Fernblicke und geheimnisumwitterte Burgruinen.

Die Deutsche Umwelthilfe hält den Soonwald für derart schutzwürdig, dass sie ihn seit 1999 in das Netzwerk »Lebendige Wälder« aufnahm und nach wie vor bundesweit um Spenden für ihn wirbt.

Für die Bevölkerung der nahen Ballungsräume Rhein-Main und Köln-Bonn bedeutet der Soonwald Erholungsgebiet und »Grüne Lunge« mit Spitzenwerten in der Luftqualität. Er bietet Zuflucht vor Lärm, Luft- und Strahlenverschmutzung.

Der Soonwald ist den Menschen, die hier leben, jahrhundertelang ein »nährender« Wald gewesen: als Köhler- und Weidewald mit Verhüttungsbetrieben für das einst berühmte Soonwaldherz und heute mit der Forstwirtschaft und ihren attraktiven Arbeitsplätzen.

Der Soonwald ist das Herz des Hunsrück-Nahelandes.

Der Soonwald ist neben seinem Wildreichtum ein wichtiges Rückzugsgebiet für vom Aussterben bedrohte Arten wie Orchideen, Wildkatze, Schwarzstorch, Rotmilan, Kolkrabe und mehrere Fledermausarten.

Deutschlandweit weisen nur wenige großflächige Naturschutzgebiete und Nationalparks einen so hohen Laubwaldanteil von über 70 % auf wie der Soonwald.

Als Herzstück des »Naturpark Soonwald-Nahe« steigt der Beliebtheitsgrad des Soonwalds stetig an.

Burg Koppenstein auf der Koppensteiner Höhe

Die Filmemacherin Monika Kirschner hat im Soonwald ihre zweite Heimat gefunden. Im ostwestfälischen Wiedenbrück geboren, kam sie 1972 nach Horn bei Simmern. 1991 zog sie in das »Neue Kurhaus Waldfriede« bei Seesbach und gründete zwei Jahre später die Initiative Soonwald. Heute lebt die »Autorität des Soonwalds und des Hunsrücks«, wie sie öfter von Kollegen bezeichnet wurde, in Weinsheim zwischen Bad Kreuznach und Bad Sobernheim.

In einem Interview der Rhein-Zeitung sagte Monika Kirschner einmal: »*Von meinem Schreibtisch aus habe ich den Soonwald mit einem Panoramablick von fünf Fenstern immer vor Augen gehabt. Irgendwann ist mir klar geworden, dass es kaum eine andere Landschaft auf der Welt gibt, die im Laufe des Jahres ihren Anblick auf so eine faszinierende Weise ständig verändert wie ein Laubwald. Keine Meere, keine Alpen, keine Wüsten bieten diesen Wechsel. Vielleicht trifft das noch in kleinem Maßstab auf meinen Garten zu. Doch unter Bäumen, die fest in der Erde wurzeln und den Himmel atmen, fühle ich mich auf einmalige Weise zu Hause. Ich wünsche mir, dass mehr Menschen im Soonwald wandern, denn zu Fuß kommt man seiner Landschaft am besten nahe.*« An anderer Stelle des Interviews sagt sie: »*Regisseur Edgar Reitz hat uns den missbrauchten Begriff ›Heimat‹ für den Ort, an dem man irgendwann mal Wurzeln geschlagen hat, zurückgeschenkt. Und er meint damit den Hunsrück. Das finde ich wunderbar. Für mich ist der Soonwald meine Wahlheimat. Ich habe diese Landschaft und ihre Menschen unter vielen Möglichkeiten, die ich im Laufe meines Lebens hatte, bewusst ausgewählt. Und ich werde ihr treu bleiben. Auch wenn diese Liebe manchmal wehtut. Aber das gehört zu einer echten Liebesgeschichte nun mal dazu.*«

Meine Heimat hat mich gefunden
und ich habe es gespürt,
als ich das erste Mal da war.
Es sind die Menschen und der Wald,
Menschen, die tolerant
und verwurzelt gleichzeitig sind
und ein Wald
der unsere tiefe Sehnsucht
nach Chaos und Schönheit stillt.   *Monika Kirschner*

Whisky-Tasting im Hahnenbachtal

Ich bin gespannt, was mich in den nächsten Tagen erwartet. Der Soonwaldsteig von Kirn nach Bingen gilt vor allem als ein »Weg der Stille«.
Nachdem ich am Marktplatz in Kirn den Startpunkt gefunden habe, folge ich dem Beschilderungssystem. Die Stadt liegt schnell hinter uns. Wir befinden uns auf dem Weg nach Kallenfels, einem Stadtteil Kirns. Im Mittelalter thronten auf mächtigen steilen Quarzitfelsen oberhalb von Kallenfels drei Burgen. Von der Burg »Stock im Hane« sind nur noch Reste des ehemaligen Wehrturms erkennbar. Auch von Burg Kallenfels sind lediglich Mauerreste erhalten. Die größte Feste, Burg Stein, stand auf dem höchsten Felsen. Die drei dicht beieinanderliegenden Burgen waren durch Mauern verbunden und bildeten gemeinsam Burg Steinkallenfels.

Der nächste Anstieg führt hoch über das Hahnenbachtal zu Schloss Wartenstein. Im angeschlossenen Infozentrum des Naturparks treffe ich Susanne Bernthaler. Von ihr erfahre ich, dass Friedrich von Warsberg 1704 das Schloss an der Stelle erbauen ließ, wo schon Mitte des 14. Jahrhunderts Ritter Tilmann von Steinkallenfels eine Burg erbaut hatte.

An heißen Tagen hält Susanne für Besucher kühle Getränke bereit. Emma bekommt eine extra Portion Wasser. Schloss Wartenstein ist in Privatbesitz und kann nicht besichtigt werden. Zum Ausgleich führt mich Susanne durch die Räumlichkeiten der Erlebniswelt »Wald und Natur« und die Informationsstelle des Naturparks Soonwald-Nahe. Emma hat ein schattiges Plätzchen zum Ausruhen gefunden. Susanne erzählt, dass zur Erinnerung an den ehemaligen Forst- und Schlossverwalter Karl von Pidoll ein Forststübchen mit vielen Erinnerungen an seine Dienstzeit eingerichtet worden ist. Gegenüber im sogenannten Kavaliershaus, ist ein Landschaftsmodell des Soonwaldes zu sehen – inklusive Reh, Wildkatze und Haselhuhn. Im ehemaligen Stall des Schlosses sind die einzelnen Arbeitsschritte des Lohmachens zu sehen. Kirn war einst der führende Lederindustriestandort der Region. In der Stadt erinnern alte Walkfässer und das letzte Gerberhaus an diese Zeit.

Hinter dem Schloss, einige Treppenstufen von der Schlossmauer entfernt, liegt der schmucke Schlossgarten. Nach unserem kleinen Rundgang sitzen wir an der Schlossmauer und genießen die wunderbare Aussicht.

Der Hunsrück ist für Susanne zur zweiten Heimat geworden. Als die gebürtige Bayerin vor einigen Jahren im Süden Urlaub machte, verliebte sie sich in einen jungen Mann aus dem Hunsrück und folgte ihm dorthin. Für sie bedeutet der Hunsrück Freiheit, Ruhe, Natur und die Möglichkeit, sich zurückziehen zu können. »Was will man mehr«, lächelt sie zum Abschied.

Mit Emma steige ich bergab. Wir tangieren den Ort Hahnenbach und sind bis zum Etappenziel immer in der Nähe des Hahnenbachs unterwegs. Unser Ziel ist die Reinhardsmühle, die zur Siedlung Rudolfshaus gehört. Heute ist vom einstigen Mühlenbetrieb nichts mehr zu erkennen. Nun steht hier das Hotel-Restaurant Forellenhof mit eigener Forellenzuchtanlage mit mehreren Teichen.

Gerd Weckmüller, dessen Familie seit Generationen hier lebt, ist Hotelier, Küchenchef und ein begeisterter Whiskysammler. Er bietet auch regelmäßige Whisky-Tastings an. An dem Tasting unter dem Motto »Von Arran bis Orkney, Schottlands Inselwhiskys« werde ich teilnehmen und bin gespannt, was mich erwartet. Gerd Weckmüller hat sich für den Abend mit Andreas Hailer (Keeper of the Quaich), einen Kenner der Szene ins Hotel geholt, der dem interessierten Whiskypublikum viel zu erzählen hat. Bevor es zur Probe von 10 verschiedenen Whiskys geht, zunächst ein Gälisch-Kurs für Whiskyfreunde:

Uisge Beatha: Der gälische Begriff für Wasser des Lebens lautet ›Uisge Beatha‹ (gesprochen: Ischge Bha). Da unter anderem die Engländer mit der Aussprache ihre Probleme hatten, wurde daraus zunächst ›Uisge‹ und schließlich Whisky.
Slainthe: Das Schottische Prost! ›Slainthe‹ bedeutet so viel wie ›Zum Wohl‹ und wird in der persönlicheren Form noch mit einem ›mhat‹ ergänzt. ›Slainthe Mhat‹ (slansche wa) wird übersetzt mit: ›Auf dein Wohl‹.
Alba Gu Brath: Die gälische Form von ›Scotland forever‹!

Eine Whiskyprobe oder besser gesagt ein Whisky-Tasting verläuft ähnlich einer Weinprobe. Man erfährt viel Wissenswertes und Details über die einzelnen Destillerien, probiert, spuckt aus, vergleicht, lässt den Whisky im Mund kreisen, probiert gegen und so weiter. Die Whiskygesellschaft »tasted«, von 40 %igem bis hin zu 58,7 %igem Destillat. Die Rede ist von Highland Park und Talisker, von Bunnahabhain bis Rock Oyster und von Longrow bis Arran. Gut, dass jeder Verkoster seine Notizen machen kann, denn nach solch unterschiedlichen Geschmacksfarben kann schon Mal der Überblick verloren gehen.

Am Ende studiere ich meine Notizen zu den unterschiedlichen Whiskysorten: der eine besticht durch eine tolle Nase und gutem Geschmack, ein anderer schmeckt ein wenig nach Rauch und Salz, bleibt aber ohne Geruchserlebnis, wieder ein anderer schmeckt und riecht nach einem Gummi-Rauch-Gemisch – mit meinen Geschmacksnerven nicht zu vereinbaren. Dann denke ich, dass der »Jura Diurachs‹ Own mein Whisky werden könnte: er wird in einem Sherry oder Rotweinfass gelagert und schmeckt nach Honig. Mein Fazit » trifft voll meinen Geschmack«. Aber das Tasting ist noch nicht zu Ende. Es folgen weitere Sorten mit unterschiedlichsten Charakteren. Zum Schluss der Höhepunkt für meine Geschmacknerven: der Arran CS Dram 58,7 im Sherry-Fass gereift, schmeckt nach Schokolade, Honig, Vanille und reifen Birnen. Eine wahre Geschmacksexplosion, fantastisch.

Whiskysammler und Gastronom: Gerd Weckmüller

Atemstilles Hahnenbachtal

Ein schmaler steiler Pfad führt vom Hotel Forellenhof aufwärts. Die Traumschleife »Hahnenbachtaltour«, 2012 schönster Wanderweg Deutschlands, verläuft mit Soonwaldsteig und Saar-Hunsrück-Steig für kurze Zeit auf der gleichen Wegtrasse. Zwei in den Fels gehauene Tunnel und verwitterte Gleisteile im Anstieg erinnern an die ehemalige Schiefergrube Bundenbachs. An markanten Aussichtspunkten können wir die imposante Burgruine der weitläufigen Schmidtburg gut überschauen.

Nachdem der erste Anstieg des Tages gemeistert ist, erleben wir wenig später den ersten Höhepunkt der Tagestour. Im Besucherbergwerk Herrenberg erhält man Einblicke in die Arbeit der Schieferbrecher.

Vom frühen Mittelalter bis in die 60er Jahre des 20. Jahrhunderts wurde in Bundenbach in insgesamt 32 Gruben sowohl über als auch unter Tage Schiefer abgebaut. Im historischen Bergwerk sind die terrassenförmig angelegten Abbauzonen und Weitungen gut erkennbar. Quarzadern im Wechsel mit graublauem Schiefer zeichnen ausgefallene unverwechselbare Strukturen. Goldglänzende Pyrite in den Wänden und Tropfsteine sorgen für außergewöhnliche Naturbilder.

Der Hunsrückschiefer entstand aus Ablagerungen eines kaum über 200 m tiefen Meeres. Im Fossilienmuseum finden wir eine Auswahl von etwa 400 Millionen Jahre alten Abdrücken von Tieren und Pflanzen. Sie werden wegen ihres guten Erhaltungszustandes weltweit in vielen Museen ausgestellt. Lukas, unser junger Bergwerksführer, führt eine überschaubare Gruppe durchs Bergwerk. Es ist feucht und kühl im Bauch des Berges. Wasser tropft von der Decke. Lukas erzählt uns von der harten Arbeit der Männer, die hier unter extremen Bedingungen Schiefer gebrochen haben. Eine Infotafel an der Hauswand des Besucherbergwerks erinnert an die Filmarbeiten des Heimat-Zyklus von Edgar Reitz. Die Schieferhöhle ist Schauplatz von »Heimat« und »Heimat 3«.

Im Film schlendert das junge Hermännsche mit seinem Klärchen durch die Bergwerkshöhle. Noch ahnt Hermann nicht, dass er Jahre später als Komponist hierher zurückkehren und seine eigene Komposition mit einem Chorgesang in Hunsrücker Platt inszenieren wird. Sie soll »Gehaichnis« heißen, ein Ausdruck, der im Hunsrücker Dialekt für Geborgenheit, Vertrauen und Nestwärme steht.

Das Wort »Gehaichnis« beschreibt Elfriede Karsch aus Waldböckelheim sehr treffend in einem ihrer Gedichte:

GEHAICHNIS

E Gehaichnis is e Krumbeer vunn de Sai ehrem Kessel,
is e Voorbinnschoorz aus vergilebtem Nessel.
E Gehaichnis sinn grooe, schoofswollene Socke,
is Schweinebrieh mit Wasserweckbrocke.
E Gehaichnis is Geruch vunn gereicherter Worschd,
is vum Brot aus'em Backes e Stick vunn de Korschd.
E Gehaichnis is Schnee uff de Doreflamp
Unn im Winter bei'm Mischdablaare de Damp.

E Gehaischnis is e Bett mer'm e wareme Stään,
is e liewer Brief, e Sparzeergang im Rään.
E Gehaichnis sinn alte verwellischte Hänn,
is e Bank hinner'm Haus unn e Strobeerd im Denn.
E Gehaichnis dat is e Gesiicht voller Falte,
is »Ge'naachd mei Maad« unn e Rood vunn de Alte.
E Gehaichnis hält warem unn mollisch, mischt satt,
unn dat gitt's nor dahääm in de Sproch – Deinem Platt.

Text: Elfriede Karsch

Vom Besucherbergwerk führt ein Waldweg sacht bergan Richtung Altburg, wo im 3. Jahrhundert vor Christus auf einem Felssporn eine keltische Siedlung errichtet wurde. Über 3600 in Fels gehauene Löcher, in denen Holzpfosten verankert waren, lassen vermuten, dass sich die Höhenfestung über eine Fläche von mehr als 10.000 Quadratmetern erstreckte. Seit 1971 wurden auf den ursprünglichen Fundamenten fünf keltische Wohnhäuser rekonstruiert. Vom Felssporn kann man den Blick ins Hahnenbachtal schweifen lassen, ebenso zur gegenüberliegenden Schmidtburg, die das tiefer gelegene Plateau komplett einnimmt.

Von der Altburg geht's bergab ins Hahnenbachtal. Die Trasse des Soonwaldsteigs tangiert das Gelände der Schmidtburg. Einen Abstecher dorthin wollen wir uns nicht entgehen lassen. Über eine vierbogige Steinbrücke gelangen wir zum Standort der Burg, die einst zu den bedeutendsten Verteidigungslagen des Hunsrück-Nahe-Raumes gehörte.

Ein Teil der Anlage entstand vermutlich schon 926. Als Erbauer der Schmidtburg, wie wir sie heute kennen, gilt der Nahegaugraf Emich I. Die Oberburg im östlichen Teil der Ruinenanlage ist am besten erhalten. Über eine ausgetretene, steile Treppe erreicht man durch die Küchenpforte die Oberburg. Durch die Fensteröffnungen im Palas erkennen wir die rekonstruierten Keltenhäuser der Altburg. Die weitläufige Schmidtburg bietet an vielen Plätzen Rastmöglichkeiten. Windgeschützt von dickem Mauerwerk und mit dem blauen Himmel über uns, vergesse ich für einige Momente, dass noch ein gutes Stück Weg vor uns liegt.

Von der Schmidtburg geht es zurück ins Hahnenbachtal. Fern aller Zivilisationsgeräusche genießen wir die Stille und Einsamkeit der Natur. Blätter schaukeln im Wind, ein Knacken im Unterholz erschrickt einen Eichelhäher, der lauthals schimpfend davonstiebt. Majestätisch steht der Buchenwald. Wir durchqueren menschenleere Waldpassagen. Ein Specht klopft und hämmert unaufhörlich gegen den Baumstamm. Das Echo hallt durch den Wald. Mal genießen wir Weitblicke oder eine kurze Rast am stillen kleinen Weiher. Dann verlässt der Steig das Hahnenbachtal nach oben, um später durch die Felder rund um Schneppenbach zu verlaufen. Großartige Panoramabilder werden begleitet vom Tirilieren der Feldlerchen. Zwischen Wiesen und bewirtschafteten Feldern genieße ich mit Emma das Gehen bei permanentem 360-Grad-Rundumblick.

Hinter Schneppenbach folgt ein langer Aufstieg zum Aussichtsturm am Teufelsfels. Der Turm, im Volksmund auch »Langer Heinrich« genannt, steht direkt neben dem Teufelsfelsen, einem schwergewichtigen, verwitterten Quarzitbrocken. Wir sind mittendrin im Höhenzug des Lützelsoons, dem westlichen Ausläufer des Soonwaldes.

Im Zickzack-Kurs wandern wir durch eine gewaltige Blocksteinhalde, deren felsiger Untergrund höchste Aufmerksamkeit erfordert. Emma schnüffelt sich unbeirrt voran, zeigt mir, wo der Weg verläuft. Sie schnuppert und sprintet, hält inne, wenn sie ein Geräusch hört, das sie nicht auf Anhieb einordnen kann oder wenn sie mal wieder auf Herrchen wartet, der mit ihrem Eiltempo über die Felsen nicht mithalten kann. Alte Grenzsteine am Wegesrand erinnern an den früheren Grenzverlauf zwischen Preußen und dem oldenburgischen Fürstentum Birkenfeld. Heute verläuft auf dem Lützelsoon die Grenze zwischen den Landkreisen Bad Kreuznach und Rhein-Hunsrück.

Nach dem Slalom durch die Blocksteinhalde folgt ein längerer Abstieg. In der Schwüle des Tages kommen erste starke Windböen auf. Der Wind wird stärker, zerrt und zaust an den Ästen. Donnergrollen ist zu hören. Das Gewitter kommt näher. Emma und ich erhöhen das Wandertempo. Trotzdem erwischt uns ein kräftiger Gewitterregen beim Abstieg ins Simmerbachtal. An der Simmerbachbrücke rufe ich in meiner Unterkunft an. Die Chefin des Gemündener Hofes holt uns nach wenigen Minuten ab und wundert sich, dass Herr und Hund wie begossene Pudel dastehen. Im fünf Minuten entfernten Gemünden, wo wir heute übernachten werden, ist kein einziger Regentropfen gefallen.

Ruine der Schmidtburg

Die andere Heimat

Meine Freunde Rüdiger und Gerd sind nach Gemünden gekommen, um mit mir die Traumschleife »Heimat« zu wandern. Der Rundwanderweg startet in Gemünden, direkt am Simmerbach. Kultureller Höhepunkt ist das Hunsrückdorf Gehlweiler, das Edgar Reitz 2012 als Filmkulisse für »Die andere Heimat« teilweise in die Zeit um 1840 zurück verwandelte.

»Die andere Heimat – Chronik einer Sehnsucht« spielt in der Mitte des 19. Jahrhunderts. Diese Zeit stellt viele Menschen vor gravierende Entscheidungen ihres Lebens. Sollen sie ihre geliebte Heimat für immer verlassen oder bleiben? Missernten, Hungersnöte und Behördenwillkür verstärkten die Sehnsucht nach Freiheit und einer goldenen Zukunft. Das Abenteuer des Auswanderns wagen und auf neues Lebensglück hoffen war für viele der einzige Ausweg aus Not und Elend.

Für seine Filmgeschichte hatte sich Edgar Reitz als Schauplatz den Ortskern von Gehlweiler ausgesucht. Wie bereits in »Heimat«, rückt Reitz die Schmiedefamilie Simon aus Schabbach in den Mittelpunkt – jedoch 150 Jahre früher. Dafür musste der Ortskern von Gehlweiler völlig umgebaut und verändert werden. Um die historische Schmiede herum wurde der moderne Straßenbelag teilweise in eine Lehm- und Pflasterstraße verwandelt. Mehrere Dekorationsbauten wie Bauernhöfe, Schule, Gastwirtschaft, Kirche, Friedhof sowie ein Backes (Backhaus) wurden errichtet.

Ehe wir zum Drehort Gehlweiler kommen, müssen wir noch einige Kilometer zurücklegen. Vom Simmerbach folgen wir daher der Wegführung durch Gemünden Richtung Koppenstein. Mal wandern wir auf breiten Forstwegen, mal schlängeln sich schmale Pfade durch meist schattigen Wald.

Am Waldparkplatz Koppenstein treffen wir auf den Fernwanderweg »Soonwaldsteig«, der ein Stück weit auf der gleichen Wegtrasse verläuft. Mitten im Wald erreichen wir auf einer Höhe von 570 Metern die Burgruine Koppenstein.

Die Burganlage aus dem 12. Jahrhundert war im Besitz der Grafen von Sponheim. Nach der Stadtrechtsverleihung 1330 durch Kaiser Ludwig wurde die Anlage weiter ausgebaut. Heute ist von der Stadt, die im 18./19. Jahrhundert verfiel, nichts mehr zu erkennen.

Der 16 Meter hohe Bergfried im Innern ist durch eine Stahltreppe zu erklimmen. Der Rundumblick geht über viele Hunsrückdörfer, die Stadt Simmern, den Flughafen Hahn und den Idarkopf. Selbst der weit entfernte Donnersberg ist gut auszumachen.

Nach diesem außergewöhnlichen Ausblick steigen wir über steinige Wege abwärts, mitten durch das Gesteinsmeer der Rosselhalden. Soweit das Auge reicht bedecken kleine und große Quarzitbrocken den Waldboden. Die Geräuschkulisse des Steinbruchs von Henau, sowie das Lärmen von Baumaschinen und LKW's begleiten uns beim Abstieg. Von einem Aussichtspunkt am Hang sieht man ins bewaldete Tal des Kellenbachs.

Ein teils sehr steiler Weg windet sich entlang des Hangs nach unten. Eine weitere Aussichtskanzel eröffnet den Blick zum gegenüberliegenden Langenstein, einem weithin sichtbaren Naturdenkmal. Emma hat großen Spaß an diesem steinigen Weg. Sie springt über die Kuppen und schnüffelt ausgiebig in den Löchern neben dem felsigen Gestein. Mitten im Wald liegt in einer Grasmulde ein bunt bemalter Stein. Der fast handgroße Kieselstein, wahrscheinlich von Kinderhand bemalt, rot, grün, blau und auf gelbem Untergrund zeigt ein lilafarbenes Tier. Ein Hund? Eine Katze? Es lässt sich nicht eindeutig zuordnen. Lesbar aber ist der Name: Emma! Ich mache etliche Kieselstein-Emma-Bilder.

An der Aussichtskanzel mit Blick zum Langenstein trennen sich Soonwaldsteig und Traumschleife. Wir wandern talwärts Richtung Gehlweiler, gönnen uns eine Pause am Dorfrand. Aus ihren Rucksäcken zaubern meine Freunde ein regelrechtes Festmenü. Emma tänzelt aufgeregt von einem zum anderen und bekommt auch von jedem etwas ab.

Dann begeben wir uns auf eine Zeitreise in Gehlweiler. An vielen Häusern zeigen 120 mal 80 Zentimeter große farbige Bildtafeln Filmszenen aus »Die andere Heimat«. Wir diskutieren und vergleichen und stellen fest, dass dem einen oder anderen Haus die Filmfassade besser gestanden hatte.

Nachdem wir Gehlweiler durchquert haben, sind wir über Wiesen- und Waldwegen unterwegs Richtung Gemünden. Von einem Wiesenhang bietet sich uns ein traumhafter Blick auf Schloss Gemünden.

Schloss Gemünden steht auf einem 30 Meter hohen Bergrücken und thront über dem alten Ortskern

Das Schloss, auf einem 30 Meter hohen Bergrücken über der Ortschaft Gemünden gelegen, beherrscht das gesamte Bild. An der Stelle des heutigen Schlosses stand ursprünglich eine mittelalterliche Burg, die erstmals 1301 im Pfälzischen Erbfolgekrieg erwähnt wurde und 1689 von französischen Truppen weitgehend zerstört wurde.

Zwischen 1718 und 1728 wurde das heutige Schloss auf den Grundmauern der Burg errichtet. Es ist in Privatbesitz und wird von den Eigentümern, den Freiherren Salis-Soglio, bewohnt. Teile der Anlage können zu festlichen Anlässen angemietet werden. Das Innere des Schlosses kann leider nicht besichtigt werden.

Wir ziehen durch alte Gassen unterhalb des Schlosses und bewundern die teilweise liebevoll restaurierten Fachwerkhäuser. Leider sind am frühen Nachmittag die wenigen Gaststätten noch geschlossen. Wie gut, wenn man Freunde hat, die am Morgen mit dem Auto angereist sind. Schnell haben wir Gemünden verlassen. Bei Spießbraten und regionalem Bier lassen wir den Wandertag ausklingen. Rüdiger und Gerd versprechen, mich nochmals auf einem Teilstück meiner Sommerreise zu begleiten.

Nach meiner Sommerreise bin ich noch einmal nach Gehlweiler gekommen, um mit Rudolf Hoidn den Spuren »der anderen Heimat« zu folgen.

In Simmern geboren, studierte Hoidn in Saarbrücken Betriebswirtschaft. Heute ist der Diplom-Kaufmann selbständiger Bilanzbuchhalter und freiberuflicher Dozent an der VHS in Kirchberg.

Obwohl er in verschiedenen Regionen Deutschlands lebte, hat ihn der Hunsrück nie wirklich losgelassen. Er machte eine Ausbildung zum zertifizierten Natur- und Landschaftsführer. Wald war Rudolf immer wichtig, insbesondere der Soonwald direkt vor seiner Haustür wurde für ihn zum Zufluchtsort, abseits von Zahlen und Paragraphen. Er las alle Heimatkundebücher, die er finden konnte und war Mitbegründer der Initiative Soonwald.

Rudolf erinnert sich: »Damals stand noch die Idee im Raum, dass der Soonwald den Status eines Nationalparks erhalten könnte. Ich hatte die Idee, ähnlich wie bei der Wutachschlucht im Schwarzwald oder am Saar-Hunsrück-Steig im Saarland, einen Bus für Wanderer einzurichten, der die Wanderer an bestimmten Punkten absetzen und nach der Wanderung an einem anderen festgelegten Punkt wieder abholen sollte. Den Bus gibt es heute noch, das Konzept hat sich aber etwas verändert.«

WAS BEDEUTET FÜR MICH »HEIMAT«?

Es wäre vielleicht naheliegend zu sagen: Der Hunsrück!
Da bin ich geboren, da lebe ich (wieder).
Aber das ist mir viel zu einfach und oberflächlich.
Es trifft nicht den Kern der Sache!
Ich habe zum Begriff »Heimat« einen emotionalen Zugang.
Heimat ist viel eher ein Gefühl
und keine geographische Einordnung.
Heimat eine Symbiose aus Raum, Zeit, Menschen und Stimmungen.
Also abstrakt und sehr persönlich.
Etwas, was man in seiner Erinnerung mit sich trägt,
was man aber nicht greifen und erst recht nicht festhalten kann,
weil man ja auch die Zeit nicht anhalten kann,
Menschen kommen und gehen
und Orte ihren Charakter verändern.

Im Hunsrück sagt man nicht »Heimat«, sondern »Gehaischnis«
und meint damit genau die Geborgenheit,
die ich versucht habe zu umschreiben.

Rudolf Hoidn

Wenn er während seiner Themenwanderungen mit Gruppen unterwegs ist, erzählt Rudolf Hoidn gerne Geschichten aus seiner Heimat. Wenn er Fremden sein Gefühl von Heimat näherbringen will, ist er nicht auf ausgewiesenen Pfaden unterwegs, sondern geht seine eigenen Wege. Auf den Spuren von Edgar Reitz »Die andere Heimat« beginnt er die Wanderung an der ehemaligen Schule von Gehlweiler, wo wir heute auch verabredet sind.

Er wird mich zu Drehorten führen, die in der offiziellen Traumschleife »Heimat« nicht angewandert werden. Rudolf zeigt mir die Filmschmiede in Gehlweiler und die Wirtschaft, in der im Film die Leckschmeer-Kirmes gefeiert wurde. Anschließend besuchen wir außerhalb von Gehlweiler die Franzen- und Grohemühle, kommen später nach Schlierschied und an den Punkt, von dem aus sich im Film »Die andere Heimat« der Aussiedlertreck in Bewegung gesetzt hatte. Rudolf hat Bilder und Dokumente in seinem Rucksack, zeigt mir einen Plan auf dem feinsäuberlich der Ablauf des großen Trecks aufgezeichnet ist. Edgar Reitz überließ nichts dem Zufall.

Auf verschlungenen Pfaden ohne Beschilderung wandern wir zum »Indianerfelsen« mitten im Wald. Er steht unweit des Naturdenkmals Langenstein, den Edgar Reitz ursprünglich für einen Dreh ausgesucht hatte. Es stellte sich jedoch heraus, dass es unmöglich war, den Langenstein zu besteigen. Zum Abschluss sitzen wir im Heimathaus von Heribert Dämgen, das ebenfalls zur Filmkulisse gehörte.

Rudolf kam durch seinen Freund Stephan Mahn in das Produktionsbüro der Filmgesellschaft in Riesweiler. Sein Freund fuhr zu Beginn der Heimat-Filme einen alten BMW, den Edgar Reitz unbedingt in seinen Filmaufnahmen zeigen wollte.

Von der Stelle weg wurde Rudolf engagiert: er war Produktionsfahrer, sorgte für Absperrungen, übte sich als Kulissenschieber, gab Schauspielern Unterricht in Hunsrücker Platt, fuhr nach Frankfurt, Hagen, Berlin oder zur Zugspitze, um die Darsteller zu bestimmten Drehorten zu bringen. Als Hermann Simon, Hauptdarsteller der Filmreihe »Heimat – Eine deutsche Chronik« zu einem Drehtermin verhindert war bemerkte man, dass Rudolf Hoidn von gleicher Statur wie Hermann Simon war. Zweimal schlüpfte er in dessen Rolle und doubelte ihn.

Windkrafträder wie Slalomstangen

Meine Wanderung über den Soonwaldsteig geht weiter. Der Shuttle-Service des Gemündener Hofs funktioniert hervorragend. In aller Frühe chauffiert mich der Sohn des Hauses zum Waldparkplatz Koppenstein, wo der Soonwaldsteig und die Traumschleife »Heimat« aufeinander treffen. Gestern bin ich mit meinen Freunden Richtung Koppenstein gewandert, heute nehme ich mit Emma die entgegengesetzte Richtung.

Auf der Holzbrücke über den Asbach wechseln wir vom »Großen Soon« zum »Mittleren Soon«. Wir durchqueren eine einsame Gegend. Auf dem Weg zur Alteburg, die auf 620 Meter Höhe liegt, begegnet uns keine Menschenseele.

Der Aussichtsturm »Alteburg« steht mitten im Wald. Bis 1888 stand an der Stelle des heutigen massiven Turmes ein aus Tannenholz gebauter Turm, der damals als bester Aussichtsturm des Soonwaldes galt. Den Winterstürmen 1888 konnte er nicht Stand halten und brach zusammen. Mit Hilfe von Spendengeldern planten Mitglieder des 1891 gegründeten Soonwald-Clubs den Bau eines massiven Turms, der 1893 eingeweiht wurde. Er steht auf den Resten von Ringwällen, weshalb vermutet wird, dass hier einstmals eine keltische Siedlung bestand. Im Schatten des Turms machen wir die erste Rast des Tages. Emma streckt sich auf dem kühlen Waldboden lang aus.

Die Wegführung durch den Buchenwald schlängelt sich leicht bergan, dann wieder leicht bergab durchs Unterholz. Noch bevor wir am Wanderparkplatz Ellerspring ankommen, gönnen wir uns eine zweite Pause. Ich liege auf einer Bank, genieße die warmen Sonnenstrahlen auf meinem Gesicht und beobachte weiße Wolkenfetzen, die am blauen Himmel treiben. In rasender Fahrt passiert ein Forstarbeiterfahrzeug unseren Ruheplatz. Emma schreckt auf, ich ebenfalls. Wir kehren zurück zu den einsamen Waldpassagen des Soonwaldsteigs. Der Weg steigt an. Der Ellerspring ist mit 657 Metern die höchste Erhebung des Sonnwaldes, der über 100 Meter hohe Fernsehturm ist nicht mehr in Betrieb. Südlich des Ellersprings entspringt der Ellerbach, ein Nebenfluss der Nahe. Danach führt der Weg bergab durch schattigen Buchenwald, später gewinnen Tannen und Fichten die Oberhand.

Emma freut sich am sprudelnden Wasser des Gräfenbachs. Nach dessen Überquerung bleibt er bis zum Naturschutzgebiet »Glashütter Wiesen« unser

Begleiter. Knorrige alte Eichen säumen unseren Weg zum Naturschutzgebiet. Noch immer ist uns keine Menschenseele begegnet. Die ausgedehnten Wiesen zeugen von großflächigen Rodungen im 17. Jahrhundert. Die Glashütte bezog ihre Holzkohle von den Köhlern im Soonwald. Um 1900 verließen die letzten Glasmacher die Gegend. Die alten Siedlungen und Schmelzen sind heute Wüstungen. Zurückgeblieben sind wunderbare, sattgrüne Wiesenflächen, in denen zu Beginn des Sommers Orchideen blühen. Daneben gedeihen Arnika, Quellkraut und der Echte Wiesenhafer. Kleine Feuchtbiotope bieten den Lebensraum für die viele seltene Pflanzen und Tiere. Am Wiesenrand entdecke ich besonders große Exemplare des Schachtelhalms. Über uns treiben weiterhin weiße Wolken am tiefblauen Himmel. Gerne wäre ich mit Emma länger geblie-

Über den Schanzerkopf auf dem Weg nach Rheinböllen

ben, doch vor uns liegt der Aufstieg zum Schanzerkopf. Auf dem Weg dorthin passieren wir das Naturwaldreservat Schwappelbruch, das nur bei Führungen betreten werden darf. Niederwald und sumpfige Areale bestimmen hier das Bild. Der Nordhang des Schanzerkopfs wird im Winter von den Argenthalern als Rodel- und Skipiste genutzt. Die Traumschleife »Schanzerkopftour« trifft hier auf den Fernwanderweg

Soonwaldsteig und verläuft im Abstieg vom Berg auf der gleichen Wegstrecke. Ein schmaler Pfad bringt uns talwärts. Nachdem sich Traumschleife und Soonwaldsteig getrennt haben, folgt eine wenig attraktive Strecke des Soonwaldsteigs. Schlag auf Schlag passieren wir im Slalomkurs riesige Windräder. Wohin ich auch schaue: in jeder Blickachse stehen mehrere Windkrafträder. Die Schönheit des Soonwaldes ist dahin. Immerhin verläuft die Wegtrasse anfangs noch auf sanften Wiesenwegen. Als aber die Wiesenwege von breiten Schotterpassagen im Wald abgelöst werden, ist es endgültig vorbei mit dem Wanderspaß im Soonwald. Der steile Abstieg nach Rheinböllen auf Schotterbelag ist eine einzige Tortur.

Im Landhaus Elbert am Rande der Stadt werde ich übernachten. Das Hotel Garni bietet kein Abendessen an. Nach einem langen Tag auf dem Steig habe ich keine große Lust, auch nur noch einen Meter zu gehen. Die freundliche Rezeptionistin empfiehlt mir die Autobahnraststätte, nicht weit vom Hotel an der A61 gelegen. Wandern in teilweise völliger Abgeschiedenheit auf dem Soonwaldsteig und Abendessen in der Autobahnraststätte? Passt das zusammen? Egal, inzwischen hat auch noch Nieselregen eingesetzt. Herr und Hund wollen nicht mehr ins Freie. Eine junge Frau, die das Hotel gerade verlassen will, hat mein Gespräch mitgehört. Sie empfiehlt mir das Restaurant »India House« in der Markstraße in Rheinböllen. Der Fußweg dauert mindestens 30 Minuten. Als sie mein Gesicht sieht und erfährt, dass ich heute mit Emma schon zu Fuß von Gemünden nach Rheinböllen gelaufen bin, bietet sie mir an, uns zu fahren. Blitzschnell sitzen wir im Auto und Sophie, wie sie sich vorstellt, bringt uns zum Restaurant. Ich lade sie ein, uns Gesellschaft zu leisten. Es wird ein wunderbarer Abend mit indischen und italienischen Spezialitäten. Der Wein, den uns das überaus freundliche Personal empfohlen hat, schmeckt ausgezeichnet.

Zum Dank für die Einladung werden Emma und ich nach dem Essen direkt vor dem Hotel abgesetzt. Ein gelungener Abend nach einem durchwachsenen Wandertag.

Tankstelle für die Seele

In der Nacht fallen unaufhörlich Regentropfen auf meinen Fenstersims. Als ich frühstücke, hat Starkregen eingesetzt. Ich dehne das Frühstück in die Länge, der Regen will nicht nachlassen. Nachdem ich meinen Rucksack gepackt habe, sitze ich auf der Treppe des Hotels und warte auf besseres Wetter.

Anja Bierwirth und Silke Speckenmeyer aus Köln haben ebenfalls hier übernachtet. Sie wandern mit ihren Töchtern Janne und Smilla den Soonwaldsteig von Kirn nach Bingen. Sie können sich für das scheußliche Wanderwetter auch nicht wirklich begeistern. Während wir uns unterhalten, lässt der Regen nach. Erste Sonnenstrahlen blinzeln durch die teilweise regenschwere Wolkendecke.

Während die Damen ihre Rucksäcke packen, mache ich mich mit Emma auf den Weg. Das hohe Gras ist tropfnass. Die Wiesenwege sind aufgeweicht und voller Pfützen. Im Guldenbachtal verläuft die Wegtrasse bis zu einer Unterführung parallel zur Bundesautobahn. Im Waldanstieg lässt der Motorenlärm von der nahen Autobahn allmählich nach. Wir sind im Ingelheimer Stadtwald, der zum großen Binger Waldgebiet gehört. Das zirka 7000 ha große Waldgebiet liegt zwischen dem Hunsrückkamm im Nordwesten, dem Rheintal im Nordosten und dem Soonwald im Südwesten. Die Waldgaststätte am Forsthaus Emmerichshütte ist am frühen Morgen leider noch nicht geöffnet. Während ich mit Emma dennoch eine Verschnaufpause einlege, erreicht auch das Kölner Wanderquartett die Ausflughütte. Wir beschließen, ein Stück des Weges gemeinsam zu wandern.

Von Anja und Silke erfahre ich, dass die einwöchige Wanderung auf dem Soonwaldsteig ein Geschenk zur Konfirmation der Töchter ist. Sie freuen sich, eine Woche gemeinsam unterwegs zu sein. »Das Wandern nur mit dem Nötigsten auf dem Rücken macht unabhängig und frei«, höre ich von den beiden Mamas. »Man wird irgendwie feinfühliger, wenn man losgelöst und frei von Alltagsgedanken durch die Welt zieht. Im Soonwald sind wenig Menschen unterwegs, die Einsamkeit hat uns in den letzten Tagen sehr gut getan. Wir empfinden die Tage als eine Art Tankstelle für die Seele.«

Lichtspiele in einem Fichtenwald

Zarte Nebelschwaden ziehen langsam an den Bergflanken nach oben. »Es sieht aus wie Elfenhaar«, höre ich eines der Mädchen schwärmen. Seit wir die Emmerichshütte verlassen haben, sind wir weiterhin bergwärts auf Schusters Rappen. Wir wollen zur höchsten Erhebung der heutigen Etappe, dem Kandrich. Nach längerer Waldpassage gelangen wir auf die Freifläche des Berges. Dort, wo sich früher streng abgeschirmt militärische Stellungen befanden, drehen sich heute gigantische Windkrafträder. Auch Schotterwege sind schon da!

Leicht bergab wandern wir auf breiten Wegen Richtung Ohligsberg. Eine wunderbare Panoramaaussicht lässt uns bis zur anderen Rheinseite blicken. Wir kommen unserem Ziel Schritt für Schritt näher. Später sind wir auf weichem Wiesenweg unterwegs. Im dunklen Fichtenwald zaubern Sonnenstrahlen Lichtspiele auf dunkelgrüne Moosteppiche. Wir vergessen die Welt um uns herum, beobachten, staunen und sind voller Demut, diese einzigartigen Lichtspiele erleben zu dürfen. Kobolde und Elfen scheinen sich hinter jedem Baumstamm zu verstecken. Ob sie wohl diese fantastische Märchenwelt für uns inszeniert haben?

Bis zum ehemaligen Forsthaus Lauschhütte ist es nicht mehr weit. Die Ausflugsgaststätte liegt direkt am Steig mitten im Wald. Bei Sonnenschein sitzen wir im Biergarten. Das Kuchenbüffet lässt mein Herz höher schlagen, Apfel- und Käsekuchen sind meine Favoriten. Unsere Mittagspause dehnt sich. Mein Heimatbildersammelbuch, das ich immer im Rucksack habe, macht die Runde. Die 14jährige Janne malt mit Worten ein außergewöhnliches Heimatbild, das ich an den Anfang meiner Reisebeschreibungen gesetzt habe. Smilla ergänzt die Wortmalerei mit Strichmännchen, Musiknoten und Efeugeranke.

In der Nähe auf dem Salzkopf steht ein 24 Meter hoher hölzerner Aussichtsturm. Silke leistet Emma Gesellschaft, während der Rest der Gruppe den Turm besteigt. Ein phänomenaler Rundumblick erwartet uns: der Donnerberg ist zu sehen, Bad Kreuznach, der Rochusberg, Ingelheim, Wiesbaden und Mainz. Wie erkennen den Rheingau, Teile des Weltnaturerbes Mittleres Rheintal, die Hohe Acht in der Eifel sowie den Feldberg im Taunus.

Danach geht's bergab. Im Oberen Morgenbachtal sprintet Emma gleich ans glucksende Wasser des Morgenbachs. Es scheint ihr besonders gut zu schmecken. Die starken Regengüsse der vergangenen Wochen haben tiefe Furchen in die Wege gegraben. Schattige Waldwege und der sprudelnde Bach begleiten uns bis zum Ende der Tagesetappe. In der Jägerhütte, nur wenige Meter vom Steig entfernt, werde ich übernachten. Das Wanderquartett aus Köln muss noch eine kleine Wegstrecke weiter. Auf der Terrasse des Lokals trinken wir ein Abschiedsbier, Smilla und Janne bevorzugen ein Eis.

Nach fröhlichem Abschied ziehen sie weiter, während ich mit Emma unser Nachtquartier beziehe. Vielleicht werden wir uns morgen auf dem Weg nach Bingen wieder sehen.

Um 21.16 Uhr erhalte ich eine SMS: »*Ahoi! Morgen sind wir um 8 an der Jägerhütte. Und weiter geht's. Haben Info bekommen, dass das Morgenbachtal angeblich gesperrt ist, wollen es aber trotzdem versuchen. Viele Grüße von den Kölnern.*«

Auf dem Soonwaldsteig – Janne Bierwirth (ganz links) und die Kölner Gruppe

Auf Umwegen nach Bingen

Pünktlich um 8.00 Uhr stehen die Kölnerinnen vor der Jägerhütte. Wir steigen vom Jägerhaus bergab, um unseren Weg an der Stelle, wo wir ihn gestern verlassen hatten, fortzuführen. Vor meiner Wanderung hatte mir mein Freund Uli, mit dem ich schon einige Wanderungen unternommen habe, vom Morgenbachtal vorgeschwärmt. Ich bin gespannt. Doch die Info, die gestern Abend bei den Kölner Wanderdamen ankam, trifft zu. Das Morgenbachtal ist durch Baumfall unpassierbar, der Eingang mit Gitterrosten versperrt. Eine Umleitungsstrecke ist nicht eingerichtet. Was tun? Sollen wir einen Umweg gehen und später ins Tal einsteigen? Es ist Samstagmorgen. Ich suche Hilfe bei der Tourist Information von Bingen. Ich schildere der Frau am Telefon die Situation. Die Antwort ist niederschmetternd. Sie habe in der Zeitung gelesen, dass das Morgenbachtal seit Wochen gesperrt sei! Eine Alternativroute könne sie uns nicht anbieten. Da könne sie nichts machen. Und nun?

Die Kölner Wandergruppe hatte die Wanderung als Pauschale gebucht, alle Zimmer waren vorreserviert, die Wanderstrecke auf dem Soonwaldsteig war vorgegeben. Hätte man sie nicht wenigstens darüber informieren – oder noch besser ihnen eine Ausweichmöglichkeit mit auf den Weg geben müssen?

Wir versuchen, in unseren Wanderkarten einen Weg zu finden. Eine Frau, die mit ihrem Hund vorbei kommt, kann uns helfen. Sie kennt sich hier aus und rät uns über die Steckeschlääferklamm zu wandern und anschließend über den Rheinburgenweg Richtung Bingen zu gehen. Diese Informationen hätte eigentlich von der Tourist Information in Bingen kommen müssen. Steckeschlääfer: eine scherzhafte Bezeichnung von Wanderern, die ihre Wanderstöcke schleifend hinter sich her ziehen! Die Klamm, durch die der Haselbach fließt, wurde auf einer Strecke von 600 Metern mit 15 Holzstegen über den Bach passierbar gemacht.

Wir machen uns auf den Weg und sind beim Aufstieg durch die Klamm von den geschnitzten Baumgesichtern entzückt. Über 60 Kobolde hat ein Schnitzkreis aus der näheren Umgebung in Bäume und Wurzeln geschnitzt. Meist etwas versteckt warten sie darauf, von Wanderern ausfindig gemacht zu werden.

Janne Bierwirth bei einer Rast

Smilla und Janne rennen wie Spürhunde durch die Klamm und sind entzückt, wenn sie fündig werden. Das Klicken des Fotoapparats ist permanent zu hören. Oben angekommen, finden wir die Beschilderung des RheinBurgen-Weges. An den Ausgrabungen der »Villa Rustica« stehen genügend Bänke zum Ausruhen. Das Ausgrabungsgelände eines ehemaligen römischen Gutshofes aus dem 2. Jahrhundert ist weitläufig. Schautafeln beschreiben das frühere Aussehen des Gutshofes und den Alltag der damals lebenden Menschen sehr anschaulich. Nach kurzer Rast geht's weiter.

Zielstrebig wandern wir auf dem RheinBurgenWeg Richtung Bingen. Zirka zwei Kilometer vor der Stadt treffen die Trassen des RheinBurgenwegs und des Soonwaldsteigs aufeinander und verlaufen bis Bingen gemeinsam. Am Prinzenkopf oberhalb von Bingen und dem Rheintal genießen wir gemeinsam die letzte großartige Aussicht. Das Mittlere Rheintal zeigt sich hier besonders schön. Rechter Hand liegt unser Ziel: Bingen. Die Nahe, die in Bingen in den Rhein mündet, ist gut zu erkennen. Oben auf der anderen Seite des Rheins thront das monumentale Niederwalddenkmal. Das imposante Denkmal oberhalb von Rüdesheim wurde 1883 eingeweiht und soll an die Einigung Deutschlands 1871 erinnern.

Flusskreuzfahrtschiffe und Lastkähne sind auf dem Rhein unterwegs. Der Mäuseturm und die Ruine Ehrenfels sind schnell ausgemacht. Minutenlang sitzen wir schweigend auf einer Bank und erfreuen uns an dieser Traumaussicht ins Rheintal.

Minuten später haben wir die Stadtgrenze von Bingen erreicht. Der Soonwaldsteig endet am Bahnhof von Bingen. Anja, Silke, Smilla und Janne wollen mit der Bahn bis Remagen und anschließend mit einem Ausflugsschiff zurück in ihre Heimatstadt Köln. Ich werde mich in den Zug setzen, um Richtung Idar-Oberstein zu fahren. Auf dem Weg dorthin habe ich in der Nähe von Bad Kreuznach ein Rendezvous im Paradies. Wir schütteln uns die Hände, umarmen uns zum Abschied und hoffen uns bei einer Wanderung im Saarland wieder zu sehen.

Rendezvous im Paradies

Die Zugfahrt dauert gerade mal 20 Minuten. Oberhalb von Bosenheim bin ich mit Martin und Wilfried Korrell zu einem Spaziergang durchs Paradies verabredet. Kann man sich etwas Schöneres vorstellen? Am Bosenberg oberhalb von Bosenheim bewirtschaftet das Weingut Korrell 9 ha Paradiesboden, das Herzstück des Weinguts. 1999 hat Martin Korrell das Weingut von seinem Vater Winfried übernommen. Auf warmen Muschelkalkböden wachsen an dem 235 Meter hohen kegelförmigen Bosenberg die Spitzenweine der Korrells. Das Paradies entwickelte sich zu einer renommierten Lage in Deutschland.

Die Ursprünge der Familie Korrell, erzählt Wilfried Korrell, liegen in Spanien. Bereits 1483 wurde das Familienwappen verliehen, ein Löwe mit einem Palmzweig. Infolge der Christenverfolgung zog ein Teil von Korrells Vorfahren nach Frankreich, ein anderer Teil wurde in Deutschland sesshaft. Seit 1832 ist ein Zweig der Familie Korrell an der Nahe zu Hause. Wie der Vater, so der Sohn. Im Weingut herrscht früher wie heute ein extrem hoher Qualitätsanspruch. Die Traubenernte ist hundertprozentige Handarbeit. »In den letzten Jahren«, so Martin Korrell »haben wir verschiedene kleine Parzellen aus großen Lagen der Nahe dazugekauft. Auf unterschiedlichen Böden wachsen unterschiedliche Weine. Wir hatten zunächst die unterschiedlichen Lagen auch getrennt ausgebaut. Ein Maximum an Differenzierung, das fand ich enorm spannend. Allerdings merkte ich bei den Fassproben, dass die perfekte Balance und die größte Tiefe dann entstanden, wenn ich eine Komposition aus allen Rieslinglagen zusammenstellte. Aus den fünf verschiedenen Lagen haben wir einen Riesling von großen Lagen zusammengefügt. Dabei bietet jede Lage ihre eigene Facette. Wir haben die ganze Nahe in ihrer Vielfalt in einer Flasche.«

Später sitzen wir im Weingut Johanneshof und ich darf die Vielfalt der Nahe probieren. Neben den Spitzenweinen, die im Weingut präsentiert werden, fällt mir ein Flaschenetikett besonders auf: ›*Mahlzeit*!‹ Ein Wein mit Namen ›*Mahlzeit*‹ ist mir bislang noch nicht untergekommen. »*Mahlzeit*«, erzählt Wilfried Korrell »kommt aus dem Gutsweinbereich, wo wir auf klassische Rebsortenweine setzen. Sie sollen einfach nur Spaß machen. Die ›Mahlzeit-Linie‹ sind Weine mit bewusst niedrigem Alkoholgehalt. Sie sollen als universeller Speisebegleiter für die schönen Momente dienen.« Dem ist nichts mehr hinzuzufügen.

Der Duft von wildem Thymian

Zurück in Idar-Oberstein. Bereits am frühen Morgen sind Touristen unterwegs. Die Auslagen der Schmuckläden scheinen magische Anziehungskräfte zu besitzen. Die Edelsteine blinken und funkeln in der Morgensonne.

Am Marktplatz folgen wir der Zuwege-Markierung des Saar-Hunsrück-Steigs Richtung Felsenkirche. Ich genieße jede einzelne Treppenstufe, denn mit jedem Schritt nach oben verändert sich der Ausblick über die Stadt. Nachdem wir Felsenkirche und Burgruine Bosselstein passiert haben, gelangen wir zum Aussichtspunkt »Homersfelsen«. Fotobegeisterte Wanderer und Spaziergänger kommen hier auf ihre Kosten: Stadt, Schloss und Felsenkirche bieten außergewöhnliche Motive. Unweit des Felsens steht eine Sinnenbank. Unten im Tal konkurrieren zwei verschiedene Perspektiven: der Straßenverkehr, der sich über der zubetonierten Nahe bewegt und wenig weiter der natürliche Flusslauf, der vor dem 320 Meter langen Altenbergtunnel eine Schleife zieht.

Wir sind unterwegs bergab ins Tal. Über eine Holzbrücke überqueren wir das Seitzenbachtal und müssen anschließend ordentlich steigen. Der steile Pfad über felsigen Untergrund ist mit Tauen gesichert. Wir wandern durchs Naturschutzgebiet Altenberg. Im Sommer herrschen hier mediterrane Temperaturen, so auch heute. Krüppelkiefern säumen den staubig-felsigen Pfad, der Duft wilden Thymians liegt in der Luft. Ich zerreibe einige der violettfarbenen Blüten zwischen meinen Händen. Die ätherischen Öle des Thymians verströmen ihren Duft. Kleine Eidechsen huschen rasch in Felsspalten, farbenfrohe Schmetterlinge gaukeln von Blüte zu Blüte, bunte Wildblumen leuchten um die Wette. Die Aussicht ins Nahetal können wir von verschiedenen Bänken genießen.

Kurz hinter dem Altenbergtunnel kommen wir der Nahe sehr nahe. Danach folgt ein weiterer Anstieg über eine »Himmelsleiter«. Zwei parallel verlaufende Waldwege sind durch eine steile Trittleiter verbunden, deren Stufen in einen endlos langen Baumstamm geschlagen wurden. Am Waldfenster lädt eine Sinnenbank mit Blick übers Nahetal und zu den Stadtteilen Nahebollenbach und Weierbach zu einer Rast ein. Hier trennen sich die Wegtrassen des Saar-Hunsrück-Steigs und der Traumschleife »Nahe-Felsenweg«.

Im unendlich großen Waldgebiet zwischen Hintertiefenbach, Gerach und Fischbach überwinden wir Höhenmeter um Höhenmeter. An diesem heißen

Sommertag sind die schattigen Waldpassagen eine Wohltat. Emma findet überall kühles Nass, um sich zu erfrischen. Um uns herum: menschenleerer, geräuschloser Wald – selbst die Waldvögel sind heute stumm. Ein Habicht streicht lautlos durchs Gehölz. Ein Eichhörnchen sitzt bewegungslos in einem Baum und scheint uns zu beobachten.

Später wandern wir ein längeres Wegstück entlang eines Rinnsals unterhalb des Ballenbergs talwärts. In der Talsohle überqueren wir einen Bach, dessen Lauf folgend müssen wir sofort wieder bergan steigen. Auch der Bach scheint jedes Geräusch vermeiden zu wollen. Kein Gluckern, kein Glucksen ist zu vernehmen. Er fließt lautlos davon.

Wir passieren einen ehemaligen Steinbruch, der von dicken Moosteppichen und Efeuranken überzogen ist. Vorbei an kleineren Bachläufen folgt ein weiterer langer Anstieg im Wald. Oben angekommen, rasten wir an einer Wegspinne im Schatten einer Buche mit Aussicht über die Hunsrückhöhen. Rotbunte Kühe liegen wiederkäuend auf der Weide, die Luft flimmert über den Feldern. Ich liege im Gras und bin wohl für einige Augenblicke eingenickt. Als ich die Augen öffne, schauen mich Emmas braune Augen fragend an. Ich denke, sie will weiter.

Ein Feldweg bringt uns wieder in den Wald Richtung Hintertiefenbach. Dort treffen wir nach wenigen Minuten auf die Trasse der Traumschleife »Kupfer-Jaspis-Pfad.« Der 19,5 Kilometer lange Wanderweg führt an ehemaligen Kupfer- und Jaspislagerstätten vorbei.

Das Dorf Hintertiefenbach hat den Necknamen Pulverloch. Napoleon soll auf dem Vormarsch nach Moskau das kleine Dorf zunächst übersehen, es dann aber während seines Rückzugs doch noch besetzt und ein Munitionslager angelegt haben. Eine weitere Version der Namensgebung Pulverloch könnte von einer Lagerstätte für Schwarzpulver herrühren, mit dem die Stollen in den Fels gesprengt wurden.

Unsere Wegtrasse schlängelt sich oberhalb von Hintertiefenbach durch den Wald nach oben.

Nach erfolgreichem Anstieg beginnt der Abstieg ins Fischbachtal. An der Landstraße 160 entschließe ich mich, meine Tour für heute zu beenden. Der Abholservice der Heuherberge Faust in Weiden funktioniert hervorragend.

Hartmut Faust, gelernter Landwirt und Landwirtschaftsmeister, und seine Frau Ingeborg, gelernte Edelsteingraveurin, betreiben seit 2000 in Hartmuts ehemaligem Elternhaus ihre Heuherberge. Neben Ackerbau und Viehzucht handelten die Fausts viele Jahre mit Antiquitäten. Bis nach Paris waren sie auf Flohmärkten unterwegs. Hartmut Fausts Sammelleidenschaft begann bereits in der Kindheit, als nach dem Zweiten Weltkrieg der Wald rund um Weiden voll militärischer Ausrüstung lag. »Da hab ich so einiges nach Hause gebracht und vor meinen Eltern versteckt.« Bis 1996 standen im bäuerlichen Betrieb noch einige Kühe. Heute bewirtschaftet Hartmut 5 ha Ackerland. Im Streichelzoo leben Esel, Pferde, Ziegen, Schafe, Hasen und Katzen.

Durch das rheinlandpfälzische Projekt »Naturlaub bei Freunden« wurden Ingeborg und Hartmut angeregt, eine Heuherberge zu planen. Trotz vieler Widerstände, vor allem in der Kreisverwaltung Birkenfeld, konnten sie schließlich eine Herberge mit fast sechzig Schlafplätzen eröffnen. Hinzu kommen 45 Betten in Ferienwohnungen. Waren es anfangs überwiegend holländische Familien, die auf »Schatzsuche« nach edlen Steinen in den Steinbrüchen und Bergwerken in Weiden ihre Ferien verbrachten, sind es heute Menschen aus fast allen Ländern Europas. »Inzwischen«, so Ingeborg, »hatten wir Gäste aus allen Kontinenten, auch der ehemalige Bundesarbeitsminister Norbert Blüm hat hier mit seiner Familie Urlaub gemacht«.

Kupfererze im Hosenbachtal

In der Nacht haben sich dicke Regenwolken über den Hunsrück gelegt. Als wir per Shuttle die Ortsrandlage von Fischbach erreichen, schüttet es wie aus Kübeln. Im Schutz der überdachten Bushaltestelle mit Sitzgelegenheit beantworte ich erst einmal sämtliche E-Mails und hoffe, dass der Regen nachlässt. Freiluftbüro bei Sommerregen. Schließlich muss ich doch noch den Anorak überstreifen. Es regnet zwar nicht mehr so heftig wie am frühen Morgen, aber ich kann schließlich nicht den ganzen Tag hier sitzen bleiben.

Die Wegmarkierung haben wir rasch gefunden, und wieder heißt es steigen. Zunächst entlang der Ortsrandlage von Fischbach. Später führt der Weg über Wald- und danach über Wiesenwege. Wir gewinnen Meter für Meter an Höhe. Der Regen lässt nach. Erste blaue Wolkenlücken erscheinen am Himmel. Beim Abstieg ins Hosenbachtal treffen wir auf den Abzweig »Kupferbergwerk Fischbach, 800 Meter«. Es ist noch früher Morgen, also nehmen wir die zusätzlichen Wanderschritte in Kauf.

Das Besucherbergwerk und ein Bergbaurundweg zeugen von der Zeit, als im Hosenbachtal das Stampfen von Erzpochwerken, das Hämmern der Grubenschmiede und das Rumpeln der Karren zum Alltag gehörten. Bis Ende des 18. Jahrhunderts war das Fischbacher Kupferbergwerk eines der größten Europas. Bis zu 30 Meter hohe Hohlräume und Stollensysteme sind heute für Besucher zugänglich.

Die riesigen Hohlräume sind beleuchtet. Bunte Mineralien verzaubern Decken und Wände. Kristalle und Tropfsteine lassen die Felswände in vielen Farben leuchten. Ausgestattet mit einem gelben Helm, schließe ich mich einer Führung an. Durch einen schmalen Stollen gelangen wir in den Bauch des Berges. Über 300 Jahre wurde im Hosenbachtal Kupfererz abgebaut. Die riesige Höhle mit etlichen Seitenhöhlen, die über ein Treppensystem verbunden sind, wurde mit Hammer und Meißel von Menschenhand geschaffen. Nur selten wurde eine kleine Sprengung gesetzt. Elektrisches Licht fehlte gänzlich, die spärlich brennenden Öllampen, sogenannte Frösche, boten nur im unmittelbaren Bereich des Arbeitsfeldes ein wenig Helligkeit. Eine Schicht dauerte damals 14 Stunden. Wenn die Arbeiter ihren Arbeitsplatz verließen, brauchten ihre Augen lange, um sich ans Tageslicht zu gewöhnen.

Die harte und gefährliche Arbeit unter Tage war ein begehrter Arbeitsplatz, denn er war für damalige Verhältnisse gut bezahlt. Um 1715 verdiente ein Kupferbergwerksarbeiter bis 80 Gulden pro Jahr. Im Vergleich verdiente ein »normaler« Arbeiter gerade einmal 20 Gulden.

Laut einer urkundlichen Erwähnung aus dem Jahre 1461 wurde im Hosenbachtal seit 1400 Kupfererz gewonnen. Es wird vermutet, dass bereits vor 2000 Jahren Kupfererz im Hosenbachtal abgebaut wurde. Im 16. Jahrhundert arbeiteten zwischen 200-300 Bergleute in der Grube Insgesamt sind zirka 400.000 Tonnen Kupfererz aus dem Berg abtransportiert worden.

Das Kupfer wurde damals unter anderem nach Dinant im heutigen Belgien geliefert. Dort befand sich ein Zentrum der Messingindustrie. Heute bewundern wir beim Rundgang durch den ausgehölten Berg bunte Farben am harten Gestein, dort einen Malachit in leuchtenden Grüntönen, hier eine oxydierte Kupferader. Bergkristalle funkeln im Fels und an einigen Stellen wird Kalkgestein sichtbar.

Die bunte Welt des Berges im Kopf, verlasse ich das Besuchsbergwerk. Zurück geht's zum Saar-Hunsrück-Steig, wo uns ein Waldpfad mit unendlichen Kehren und Kurven aufnimmt. Unten im Tal fließt der Hosenbach, der uns für längere Zeit begleitet. Zwischen 1851 und 1855 wurden nachweislich sechs Achatschleifen direkt am Hosenbach errichtet, von denen nur wenige Überreste geblieben sind.

Der Regen der vergangenen Stunden hat auch eine positive Seite. Dicke Regentropfen hängen nun an Gräsern, Farnen, Blättern und Waldblumen und funkeln und leuchten in bunten Farben, sobald das Sonnenlicht sie trifft. Eine verzauberte Waldlandschaft ist eingehüllt in Elfenhaar.

Bis Herrstein folgen Abschnitte mit Wald und Viehweiden. Der Weg führt direkt zum Ortskern.

Stein Reich in Herrstein

Der letzte sponheimische Graf, Johann V., verlieh Herrstein 1428 die Stadtrechte. Zwischen 1600 und 1800 entstanden vor allem um den historischen Ortskern zahlreiche Häuser in fränkischem Fachwerk. Die reichverzierten Fachwerkhäuser zeugten von der Baukunst der Spätgotik, der Renaissance und des Barock und verliehen den engen Gassen und Winkel eine Atmosphäre von Harmonie und Geborgenheit. Das änderte sich, als nach dem Ende des Zweiten Weltkrieges viele alte Fassaden unter Zement- und Kunststoffputz oder Eternitverkleidungen verschwanden. Die Seele des Ortes schien für immer verloren.

Dem damaligen Bürgermeister und späteren Landrat Wolfgang Hey ist es letztendlich zu verdanken, dass Herrstein heute wieder so attraktiv ist. Mit viel Engagement und Willenskraft begann Hey die einzelnen Hausbesitzer zu überzeugen, die Häuserfassaden in ihrer ursprünglichen Fachwerkschönheit wieder herzustellen. Haus Weber direkt neben dem Wahrzeichen Herrsteins, dem Uhrturm aus dem 12/13 Jahrhundert, war das erste Gebäude, welches seine ursprüngliche Fassade zurückerhielt. Heute gruppiert sich ein Ensemble aus 60 Bürgerhäusern unterhalb von Schloss und Kirche um den Rathausplatz.

An allen historischen Gebäuden sowie den restaurierten Fachwerkhäusern erläutern kleine schmiedeeiserne Tafeln die Geschichte und Bedeutung der Gebäude. 1983 wurde Herrstein von der EUROPA NOSTRA, einer internationalen Vereinigung von Verbänden zum Schutze des Kultur- und Naturerbes Europas, sowie 1988 von der Europäischen Union und dem Europarat ausgezeichnet für »die ausgezeichnete Restaurierung in einer Gemeinde von großer historischer Bedeutung, die fast ein ideales Bild der Strukturen der Vergangenheit widerspiegelt«.

In der Zehntscheune, im historischen Ortskern Herrsteins, finde ich eine Unterkunft. Von dort sind es nur wenige Schritte zu Dagmar und Volker Goldbach und ihrem Geologischen Museum »Goldbachs Stein Reich« mit angeschlossener Weinhandlung.

Volker, der aus Goslar stammt, hatte früh seine Leidenschaft zum Steinsammeln entdeckt. Im Harz machte er erste Erkundungen. Gemeinsam mit seiner Frau Dagmar folgten später lange Ostseespaziergänge. Danach hatten sie immer einen oder mehrere Steine im Gepäck. »Mit der Zeit«, so Volker, »entwickelt man einen gewissen Blick und das Gespür für das Besondere. Man muss zwischen der riesigen Vielfalt das Kleine entdecken.«

Vor über 30 Jahren waren sie zum ersten Mal auf Urlaubstour im Hunsrück und übernachteten in Herrstein. »Dieser erste Urlaub«, so Dagmar, » war so angenehm und erholsam, dass wir immer wieder mal zurückgekommen sind, um Urlaub zu machen. Außerdem gab es auch immer wieder Neues zu entdecken.« Es entwickelte sich die Liebe zum Hunsrück, denn hier ist ein Eldorado für Fossiliensammler und Steinliebhaber. Nach vielen Exkursionen, Eigenfunden, Bergwerks- und Museumsbesuchen erkoren sie den Hunsrück zu ihrer zweiten Heimat. 2013 kauften sie ein schönes altes Fachwerkhaus in Herrstein. Im Sommer 2014 eröffneten sie mit der damaligen Edelsteinkönigin ihr privates Geologisches Museum, das sieben Tage die Woche geöffnet ist. Neben dem Museumsbetrieb bieten sie regionale Weine und Obstbrände von ausgesuchten Winzern aus den Weinanbaugebieten Rheinhessen und Nahe an.

25 Meter Fachliteratur schmücken nicht nur ihren Bücherschrank. Ich glaube, sie haben diese Bücher Seite für Seite gelesen. 500 Millionen Jahre können sie anhand ihrer Stein-Sammlung dem Besucher vor Augen führen. Dabei werden noch so knifflige Fragen bis ins Detail beantwortet. Dagmar und Volker Goldbach können die Steine bestimmen und bearbeiten und ahnen sofort, ob ein Stein in seinem Inneren ein Geheimnis trägt.

Der Schwerpunkt der gesamten Ausstellung liegt im Bereich der Fossilien, versteinerte Zeugen vom Kambrium bis zum Quartär. In 12 Vitrinen sind Lebewesen zu entdecken, die bereits vor Millionen von Jahren ausgestorben sind oder Farnwedel, die vor 300 Millionen Jahren versteinert wurden. »Aus der Region zeigen wir Fossilien, aus der Eifel die steinharten Baryt-Kugeln mit den dazugehörigen Fossilien aus Steinhardt und über 30 Platten mit den weltberühmten Bundenbacher Fossilien. Zu sehen sind Seesterne, Schlangensterne, Seelilien sowie Korallen und Trilobiten. Stolz sind wir auch, zwei Stücke aus der Grube Schielenberg bei Herrstein präsentieren zu können«, so Volker Goldbach. In weiteren 6 Vitrinen zeigen die Goldbachs über 1.000 Mineralien aus aller Welt.

Fachwerkfassaden in Herrstein

Am Abend komme ich mit Hans Becker ins Gespräch. Der 1940 in Idar-Oberstein geborene Becker ist Besitzer der Zehntscheune. Bis dahin war es allerdings ein langer Weg. Über 20 Jahren lebte er in Amerika, bis er sich entschied, in seine alte Heimat zurückzukehren. Der gelernte Werkzeugmacher hatte eine Tante, die Ende der 20er Jahre des vergangenen Jahrhunderts nach Amerika ausgewandert war. Von dort trafen regelmäßig Päckchen mit Kaffee, Zucker und Süßigkeiten ein. 1954 folgte die Schwester von Hans Becker dem Ruf der Tante, nach Amerika zu kommen. 1959 folgte dann auch Hans Becker nach Amerika. Nur ein halbes Jahr wollte er dort bleiben. Allerdings wurde aus dem geplanten halben Jahr ein Aufenthalt von 20 Jahren. In Wisconsin hatte er seine Frau Ruth kennengelernt. Drei Kinder kamen dort zu Welt.

Als die Kinder zwischen acht und zwölf Jahre alt waren, entschloss sich Hans, in seine alte Heimat zurückzukehren. Auf der Suche nach einem Haus für seine Familie wurde er in Herrstein fündig. Mit seiner Frau Ruth betrieb er lange Zeit einen Mineralien- und Schmuckladen, den heute Tochter Heidi führt. Später baute er den ehemaligen Kuhstall zum Café Zehntscheune um. Seine zweite Tochter Krista übernahm Café und Pension. Mit ihrem Mann, dessen Wurzeln in Amerika liegen, ist Krista vor einigen Jahren nach North Carolina umgesiedelt. »Ihr Schwiegervater«, so erzählt mir Hans Becker, heißt Gary Strickland und ist Häuptling der Lumbee Indianer.«

Bevor wir unseren Weg fortsetzen besuche ich Ralph Effgen, den Geschäftsführer der Effgen Lapport Schleiftechnik und Retter der alten Idar-Obersteiner Buchhandlung.

Den Grundstein für das heutige Unternehmen legte sein Urgroßvater Julius Effgen, der mit seinen drei Söhnen 1922 in Idar-Oberstein einen Betrieb zur Bearbeitung von Edel- und Halbedelsteinen gründete. Später wurden neben Schmucksteinen auch technische Steine aus Achat, Saphir und Rubin geschliffen. In den 50er Jahren entwickelten sie eigene Schleifautomaten. Es entstanden Diamantschleifscheiben mit galvanischer Bindung. Die Schleifwerkzeuge der Firma Effgen fanden neue Anwendungsbereiche in der Bearbeitung von Hartmetall, Glas und Keramik.

Nachdem das Firmengelände für die geplante Naheüberbauung und ihrer Verkehrsanbindungen weichen musste, fand man 1971 bei Herrstein einen neuen Standort. Nach erfolgreicher Erschließung neuer Märkte und Erweiterung der Produktionsstätten stieg die Mitarbeiterzahl auf 100 Personen. 1990 wurde Ralph Effgen von seinen Eltern Renate und Günter zum neuen Geschäftsführer berufen. Inzwischen arbeiten über 300 Mitarbeiter am Standort Herrstein und produzieren 100.000 verschiedene Artikel für 7.000 Kunden weltweit.

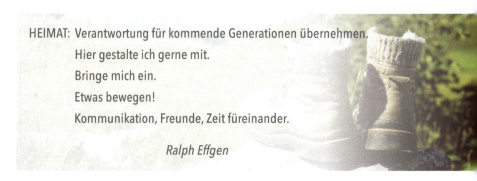

HEIMAT: Verantwortung für kommende Generationen übernehmen.
Hier gestalte ich gerne mit.
Bringe mich ein.
Etwas bewegen!
Kommunikation, Freunde, Zeit füreinander.

Ralph Effgen

Den historischen Ortskern Herrsteins betreten wir am alten Uhrturm. In alter Zeit war dies der einzige Zugang zum Dorf. In einigen Fachwerkhäusern befinden sich kleine Geschenkeläden, meist mit Schmuck, edlen Steinen und Mineralien. Mir fällt ein mit viel Grün ausgestattetes Haus auf: MaRita‹s Kräuterlädchen im Stall. Marita Küpper-Ludwig hat den ehemaligen Ziegenstall des Hauses zu einem sehr persönlichen Verkaufsraum umfunktioniert.

Als ich eintrete kommt mir Marita freudestrahlend entgegen und lädt mich zu einer Tasse Hanftee ein. Der Beginn unserer heutigen Wandertour wird sich etwas verzögern. Ihr kleines Lädchen im Ziegenstall bietet Kräuterteemischungen für fast alle Lebenslagen. Der Hanftee, den wir trinken, soll schmerzlindernd und beruhigend wirken, genau das richtige für einen langen Wandertag. Neben verschiedenen Wildkräutern hat Marita Wildkräutersalze, Teegeschirr von Chacult sowie Halbedelsteine und Designerschmuck im Sortiment. Wir sitzen im Esszimmer des über 315 Jahre alten Hauses im alten Ortskern von Herrstein. Die Außenmauern des Hauses gehören zur ehemals mächtigen Stadtmauer Herrsteins und sind 1,50 Meter dick. Das Haus war einst Theologenhaus und Bürgermeisterhaus und gehörte der Gemeinde, bevor es Marita vor acht Jahren kaufte.

Die aus dem Rheinland stammend Marita lebte lange in Frankfurt am Main. Seit 35 Jahren beschäftigt sie sich forschend, lernend und lehrend mit »psychologischen Inhalten der Naturwissenschaften und paranormalen Themen«.

Marita ist anerkannte Geistheilerin. Ich bin überrascht, eine Geistheilerin hatte ich in Herrstein nicht erwartet. Ich versuche meine Fragen professionell zu stellen. Trotzdem fühle ich mich ertappt, glaube, dass Marita weiß, was ich denke, was ich fühle. Meine Aura sei dünn, erklärt sie. Während unseres gemeinsamen Gesprächs wird sie meine Aura verdoppeln.

Unzählige orangefarbene Lichtquellen verbreiten ein angenehmes Licht. Das macht mich neugierig. »Die orangefarbene Lichter wirken auf den Solar Plexus sehr positiv und bewirken dadurch eine positive Lebensfreude«, so Marita. Um uns herum befinden sich afrikanische Figuren und viele Heilsteine. Von Marita erhalte ich den Tipp, dass ich gegen Elektrosmog in meinem Büro einen Bergkristall aufstellen soll. Den werde ich mir gleich nach meiner Reise besorgen.

Marita ist ein fröhlicher Mensch, lacht mit Augen, Mund und mit dem Herzen. Man gewinnt rasch Zutrauen zu ihr. Sie führt mich ins obere Stockwerk und zeigt mir die Praxis- und Seminarräume. Dort finden Einzelbehandlungen und Gruppentherapie statt: »Energetische-Licht-Heil-Meditation«, »Energiebehandlung«, »Aurareinigung«, »Pranatherapie« oder »Die inneren Fesseln sprengen mit der Phyllis Kristall-Methode«. Das Leitmotiv der Arbeit von Marita Küpper-Ludwig ist der Gedanke »Zeit für dich«. Sie nimmt sich Zeit für ihre Patienten und ermutigt sie, sich mehr um sich selbst zu kümmern, sowohl im geistigen als auch körperlichen Bereich.

Auf den Spuren Hildegards von Bingen

Der Treppenaufgang am alten Marktplatz in Herrstein bringt uns zu Schlosskirche und zum Schinderhannesturm. Auf dem Weg dorthin passieren wir den »Heresteyn«, einen Felsvorsprung, dem Herrstein seinen Namen zu verdanken hat. Wir folgen weiterhin dem Saar-Hunsrück-Steig. In Herrstein startet die Traumschleife »Mittelalterpfad«, die 2010 zum schönsten Wanderweg Deutschlands gekürt wurde. Einige Kilometer verlaufen Fernwanderweg und Traumschleife auf der gleichen Trasse.

Über weitere Treppenstufen gelangen wir in den Buchenwald oberhalb von Herrstein. Ein schattiger Waldweg steigt sanft nach oben. Nach der Waldpassage geht es durchs wellige Hügelland des Hunsrücks, mal über erdigen, harten Untergrund, mal auf weichen Wiesenwegen. An der Sinnenbank am Waldrand in der Nähe der ehemaligen Römerstraße machen wir die erste Rast.

Anschließend wandern wir durch eine malerische Kulisse mit Ausblicken über den Flickenteppich einer Wiesen- und Ackerlandschaft. Feldlerchen steigen tirilierend nach oben, Falken stehen mit lautlosem Flügelschlag in der Luft und halten Ausschau nach Beute. Auch heute hat es den Anschein, als wären wir in einer menschenleeren Gegend unterwegs. Später überqueren wir mittels Holzbrücke den jungen Hosenbach. Eine Tafel informiert darüber, dass im nahen Dorf Niederhosenbach wahrscheinlich Hildegard von Bingen geboren wurde.

Bis in die heutige Zeit ist nicht erwiesen, ob Hildegard von Bingen 1098 in Bermersheim vor der Höhe (Ort der Taufkirche) oder in Niederhosenbach, dem damaligen Wohnsitz des Vaters Hildebrecht von Hosenbach, geboren wurde. Hildegard von Bingen gilt als Vertreterin der deutschen Mystik des Mittelalters. Das umfangreiche Werk der Benediktinerin befasst sich mit Religion, Medizin, Musik, Ethik und Kosmologie. Sie war Dichterin, Komponistin und eine bedeutende Universalgelehrte ihrer Zeit und vielen Persönlichkeiten eine wichtige Beraterin. In der römisch-katholischen Kirche wird sie als Heilige und Kirchenlehrerin verehrt. Neben ihren Schriften sind viele Briefe erhalten, in denen sie hochgestellten Zeitgenossen deutliche Ermahnungen erteilt. Am 17. September 1179 verstarb sie im Kloster Rupertsberg oberhalb von Rüdesheim.

Unterhalb des Naturdenkmals Rabenkanzel, einem grauen Felsblock aus Taunusquarzit, machen wir eine Pause. Emma liegt auf schattigem Waldboden, ich mache es mir auf einer Holzbank gemütlich, meinen Rucksack als Kissen unter dem Kopf.

Nach der Rast folgen wir einem schmalen Pfad, der sich entlang des Felsblocks windet. An der Flurbezeichnung »Am Galgen« trennen sich die Traumschleife »Mittelalterpfad« und Fernwanderweg Saar-Hunsrück-Steig. Ich folge mit Emma der Wegmarkierung des Saar-Hunsrück-Steigs. Nach kurzer Waldpassage begeistert uns ein langer Wiesenweg mit wundervollen Ausblicken über die Hunsrückhöhen, traumhaften Ausblicken ins Hahnenbachtal und zum dahinter aufsteigenden Idarkopf. Der Panoramablick reicht bis zur Mörschieder Burr und Bundenbach. Die Hunsrückdörfer scheinen sich zwischen den Feldern, Wiesen und Wäldern verstecken zu wollen.

In Sonnschied folge ich dem Hinweisschild »Antiquariat«. Monika Kirschner hatte mir den Tipp gegeben: »Wenn Sie in Sonnschied vorbeikommen, müssen Sie unbedingt das Antiquariat von Heidi und Peter Gerlach besuchen.« Unangemeldet stehe ich an der Haustür und klingele. Peter Gerlach öffnet die Tür. Der Geruch von alten Büchern strömt aus dem Haus, ich bin begeistert. Emma bekommt eine dicke Decke und kuschelt sich in die Ecke. Dann führt mich Peter Gerlach durch sein Reich. Bücher überall. Sein gesamtes Bauernhaus, das er 1980 erworben hat, ist mit Büchern gefüllt. Im unteren Teil des Hauses hat er ein Antiquariat eingerichtet. Im oberen Teil sind seine Sammlungen und seine Bibliothek untergebracht. An den Wänden im Treppenaufgang hängen Bilder, die seine Frau Heidi gemalt hat.

»Meine Familie stammt aus Kirn«, erzählt Peter Gerlach, »in der 4. Generation haben wir dort ein Friseurgeschäft.« Der gelernte Friseur betrieb bereits dort neben seinem Beruf ein kleines Antiquariat. »Ich bin ein typischer Flohmarktbesucher, ständig auf der Suche. Das hat sich bis heute nicht geändert. Noch immer bin ich ein wilder Sammler.« Im oberen Stockwerk hat er seine »Schätze« untergebracht: Autographische Bücher, Bücher mit Signaturen, Biografien, regionale Literatur – alles feinsäuberlich sortiert. Peter Gerlach scheint jedes Buch zu kennen, die Geschichten des Ankaufs inklusive. Es würde Tage dauern, all die spannenden Geschichten zu erfahren. Übrigens: Öffnungszeiten gibt es keine. Wenn die Gerlachs zu Hause sind, ist geöffnet. Wer einige Tage dort verbringen will: im oberen Stockwerk befindet sich ein hübsch eingerichtetes Apartment, das man mieten kann. Es folgen ein herzlicher Abschied im gepflegten Garten und das Versprechen, wieder einmal vorbeizukommen – dann aber mit mehr Zeit im Gepäck.

Hinter Sonnschied verlassen wir die Hunsrückhöhen und steigen auf langgezogenen Serpentinen entlang eines Bachlaufs bergab ins Hahnenbachtal. Als wir die Hinweistafel »Forellenhof 900 Meter« entdecken, ist unser Tagesziel nicht mehr weit.

Hunsrücker Bauernbrot

Zutaten für 4 Personen:

500 g Brotmehl

300 ml lauwarmes Wasser,

½ Pck. Frischhefe

2 TL Salz

3 TL Sauerteig

Zubereitung:
- In einer Schüssel das Wasser, die Hefe, das Salz, den Sauerteig und 300 g Mehl geben und alles gut verkneten.
- Eine große feuerfeste Auflaufform auf den Backofenboden stellen und mit 1-2 Liter kaltem Wasser füllen.
- Backofen auf 50 °C vorheizen und die Teigschüssel in den Ofen schieben.
- 30-40 Min. gehen lassen.
- Anschließend das restliche Mehl unter den Teig kneten, Teigballen in ein gemehltes Brotkörbchen geben und 1 Stunde im Backofen gehen lassen.
- Brotkörbchen aus dem Ofen nehmen und diesen auf 250°C vorheizen.
- Wenn die Temperatur erreicht ist, Brotteig aus dem Brotkörbchen auf ein gefettetes Backblech stürzen und auf zweitunterster Schiene in den Backofen schieben.
- Backzeit: ¼ Stunde bei 250 °C
  1 Stunde bei 210 °C

Rezept: Daniela Müller-Lorenz, Weitersbacher Mühle

Vom Hüttenstandort zum Mühlenbetrieb

Saar-Hunsrück-Steig und die Traumschleife »Hahnenbachtaltour« liegen im Hahnenbachtal auf der gleichen Trasse, später schließt sich der Soonwaldsteig an. Unsere Wegtrasse bringt uns zunächst auf Höhe. Nachdem wir das Besucherbergwerk Herrenberg passiert haben, folgt der Abstieg ins Hahnenbachtal. Während des Abstiegs passieren wir die Schieferhalde Sinsenbach, und genießen einen wunderbaren Ausblick ins Tal. Dort wandern wir auf einem Waldweg längere Zeit parallel zum Bachbett.

Die Bäuerin, Kauffrau und Autorin Paula Petry aus Hennweiler beschreibt in ihrem 1983 erschienenen Buch »*Die Uwagass is mei Gass*« die beschauliche Ruhe und Abgeschiedenheit des Hahnenbachtals. Diese Ruhe und Abgeschiedenheit erleben wir heute auf Schritt und Tritt. Im Hunsrück wandern heißt die Seele baumeln lassen, heißt auftanken mit allen Sinnen, innehalten und die Kulisse der Natur aufsaugen. Heimat Hunsrück, eine Sommerreise voller Glücksmomente.

Nochmals wandern wir parallel zum Hahnenbach, ehe wir das Tal über einen ansteigenden Waldweg verlassen. Kurz vor Rhaunen führt uns die Wegtrasse wieder talwärts. An der ehemaligen Hauser Getreidemühle treffen wir auf Ursina und Christian aus der Schweiz. Sie sind vor zwei Tagen mit dem Nachtzug aus Zürich im Hunsrück angekommen und in Jesussandalen mit leichtem Gepäck unterwegs. Sie wollen durch den Hunsrück wandern, um dem Geist und der Seele des Hunsrücks nachzuspüren, die Edgar Reitz in seinen Filmen »Heimat« aufgezeigt hat. Nach der Hunsrückdurchquerung wollen sie weiter durch die Pfalz bis zum Rhein und zu Fuß zurück nach Zürich.

Nach kurzem Plausch überquere ich mit Emma den Idarbach und steige auf breitem Weg am Hungerberg im Wald nach oben. Parallel zur Hunsrück Schiefer- und Burgenstraße wandern wir Richtung Rhaunen. Auf einer Anhöhe am Wartenberg bietet sich ein Ausblick über Rhaunen und den dahinter aufsteigenden Idarkopf. Hier ist ein idealer Platz für eine Pause. Seit wir am Morgen die Rheinhardsmühle verlassen haben, gab es keine Einkehrmöglichkeit. Durchs Idarbachtal folge ich der Beschilderung Richtung Weitersbacher Mühle. Vielleicht habe ich dort mehr Glück. Auf den saftig-grünen Wiesen stehen rotbunte Kühe. Sie haben Emma sofort im Blick.

Die Trasse des Wanderweges führt über den Hof der Mühle. Die Hofhunde Zoro und Rosi begrüßen uns schwanzwedelnd mit lautem Gebell. Emma wird intensiv beschnuppert. Die Mühle und der Hof sind in Privatbesitz. Auch hier ist keine Möglichkeit zur Einkehr. Der Hofladen ist noch geschlossen.

Auf der Holzbank vor dem Haus sitzt Renate Müller, die Seniorchefin der Mühle. Ich erzähle ihr von unserer Sommerreise und dass wir auf unserer heutigen Etappe noch nirgendwo einkehren konnten. Renate hat Mitleid mit mir, verschwindet kurz in der Küche und kommt mit dampfendem Kaffee zurück. Glück gehabt!

Die Ursprünge der Mühle reichen einige 100 Jahre zurück. Dort wo sich heute das Rad der Wassermühle dreht, stand einst eine Schmelzhütte. Das Wasser des Idarbaches lieferte die Antriebsenergie, die umliegenden Wälder die Holzkohle, die Erze wurden im Tagebau rund um Weitersbach »Auf der Bausel« gewonnen.

Rheingraf Karl von Dhaun unterzeichnete 1700 eine Konzession für Peter Pastert, dessen Nachfahren die Schmelze fast 100 Jahre betrieben. Ab 1795 wurde das Werk von den Gebrüdern Stumm übernommen. In der napoleonischen Zeit musste der Betrieb mehrfach wegen Kohlenmangels eingestellt werden. Neben einem Hochofen gab es eine Gießerei. Gefertigt wurden Töpfe und Küchengeschirr. Außerdem gab es eine Hufschmiede. 1827 wurde die Hütte endgültig geschlossen und die Anlage als Sägewerk genutzt, ehe hier 1871 eine Getreidemühle entstand. Noch heute werden die Mahlsteine der Mühle durch die Kraft des Idarbachs angetrieben. Nur bei Niedrigwasser wird ein Elektromotor zugeschaltet.

Daniela Müller-Lorenz und ihr Mann Ulrich Lorenz betreiben die Getreidemühle in der fünften Generation. Während ich mit Mutter Renate meinen Kaffee trinke, erzählt mir Daniela, dass sie bereits im Kindergarten wusste: sie wollte Müllerin werden.

Daniela erlernte bei ihrem Vater das Handwerk. In Stuttgart besuchte sie die Landesberufsschule. Als ihr Vater erkrankte, durfte sie dank einer Sondergenehmigung schon nach zwei Gesellenjahren die Meisterprüfung ablegen, um den Betrieb weiter führen zu können. Mit einundzwanzig Jahren war sie damals die jüngste Müllermeisterin Deutschlands. Daniela wollte allerdings mehr als nur Mehl herstellen. Sie besuchte die umliegenden Märkte, fuhr zum Rheinland-Pfalz-Tag, zu Bauern- und Kunsthandwerkermessen. Ihre Produkte wurden bekannt. Es entstand ein Hofladen, in dem sie ihr selbst gemahlenes Mehl, Getreide, Fleisch und Wurstwaren sowie Bioprodukte verkauft.

Ihr Mann Ulrich beliefert die Mühle mit Weizen, Roggen und Dinkel aus kontrolliertem biologischem Anbau. Auf zirka 30 ha werden jährlich 80-90 Tonnen Weizen, 50 Tonnen Roggen und 40 Tonnen Dinkel geerntet, die ausnahmslos in der hauseigenen Mühle verarbeitet werden. »In unserem Beruf«, so Ulrich »sind Vertrauen und der schonende Umgang mit der Natur und den Tieren ein Teil unsere Lebensphilosophie.«

Jetzt im Sommer tummeln sich über 60 Mastschweine im Freigelände. Als sie Emma entdecken, beginnt ein lautes Grunzkonzert.

Elfenreigen am Mühlenteich

Mein Freund Rüdiger ist inzwischen an der Weitersbacher Mühle angekommen, um mich auf den letzten Kilometern auf dem Weg zur Historischen Schlossmühle zu begleiten. Seit über 40 Jahren betreibt er mit seiner Familie das Hotel und Restaurant Historische Schlossmühle. Seit über 30 Jahren bin ich mit Rüdiger und seiner Familie befreundet. Immer wenn ich dort bin, fühle ich mich wie zu Hause. Die märchenhafte Atmosphäre der Historischen Schlossmühle verzaubert mich immer wieder aufs Neue. Ankommen, wohlfühlen, abschalten, ob im Kaminzimmer, in der Napoleonstube oder im Restaurant. An der Außenwand dreht sich unentwegt das Mühlrad. Im Garten zwischen Mühlenteich und Mühlengraben herrscht die gewohnte Stille. Alle Zimmer sind individuell eingerichtet und tragen Namen wie Siebenschläfer, Eule, Fuchs, Roggen- oder Gerstenkammer.

Am Berghang Richtung Idarkopf befand sich zur Römerzeit ein Heilbad. Die dort gefundenen Statuen der Quellgöttin Sirona und des Apollo Granus gehören zu den bedeutendsten Kunstwerken, die das Rheinische Landesmuseum in Trier ausstellt.

Ursprünglich stand die Horbrucher Mühle am Fuße der Kyrburg in Kirn. Napoleon ließ sie 1804 konfiszieren. Wenig später erwarb sie der Baumeister Peter Lietzenburger, der sie Stein um Stein abtragen ließ, um sie an der jetzigen Stelle wieder aufzubauen. Lietzenburger betrieb die Mühle als Kornmühle. Das Korn holte er bei den umliegenden Bauern ab und brachte das Mehl wieder zurück. Daneben bewirtschaftete er eine für damalige Verhältnisse große Landwirtschaft. Zwei Generationen haben auf diese Art den Mühlenbetrieb nebst Landwirtschaft geführt.1890 kaufte eine Mühlengesellschaft von 40 umliegenden Bauern die Mühle, in der dann jeder für seinen Bedarf mahlen konnte. Jahrzehntelang wurde die Mühle zur Zufriedenheit aller Mitglieder betrieben. Nachdem in Horbruch eine Mühle mit einem elektrischem Mahlwerk in Betrieb genommen worden war, waren die Tage der Schlossmühle als Mühlenbetrieb gezählt. Der Mühlenkomplex wurde verkauft. Der erste Käufer begann mit einem Umbau zum Hotel und Restaurant.

Historische Schlossmühle in Horbruch

1973 erwarben Anne und Rüdiger Liller die Mühle. Rüdiger, der ursprünglich nicht in der Küche stand, arbeitete vorher als Kellner und Restaurantleiter. Nach beruflichen Zwischenstationen am Bodensee, Zürich, Davos und Genf zog es ihn Anfang der sechziger Jahre des vergangen Jahrhunderts zusammen mit seinem Bruder nach Berlin. Im Hotel Haus Berlin lernte er dann seine spätere Frau Anne kennen. Nachdem zwei Kinder geboren waren, wollten sie weg aus der Großstadt. In Ebernburg nahe Bad Münster am Stein pachteten sie ein Hotel. Als der Besitzer wenig später die Pacht verdoppelte, reisten sie kreuz und quer durch Deutschland auf der Suche nach einer passenden Alternative. Wie so oft im Leben half der Zufall dabei mit. In Bad Kreuznach suchten sie mit der Tochter einen Kinderarzt auf. Dieser Arzt war inzwischen Besitzer der ehemaligen Mühle in Horbruch und bot ihnen das Anwesen an. Von nun änderte sich das Leben der Lillers, die inzwischen drei Kinder hatten, von Grund auf. Rüdiger avancierte zum Küchenchef und Anne begrüßte und verwöhnte die Gäste mit ihrem besonderen Charme. Oft sah man Anne auch in den umliegenden ungedüngten Wiesen junge Wiesenkräuter pflücken, aus denen Rüdiger ein Wiesenkräutersüppchen zauberte, wie es kein zweites gibt. Vor zwei Jahren ist Anne bei einem Verkehrsunfall ums Leben gekommen. Das war ein gewaltiger Einschnitt für die Familie. Aber der Betrieb geht weiter. Nun wirkt Sohn Alexander in der Küche und seine Frau Ulrike leitet den Service. Rüdiger bleibt nun genügend Zeit, ab und zu mit mir zu wandern.

Abends sitzen wir am Mühlenteich hinter dem Haus, genießen die Stille des Idarbachtals. Wenn der Tag dahindämmert und die Nacht noch nicht vollends ihr dunkles Kleid über die Landschaft gelegt hat, scheinen Elfen des Mühlenteichs die Welt zu verzaubern. Das Wasser des Mühlenteichs murmelt und gurgelt zwischen dem Schilfgras. Die Gräser wiegen sich im leichtesten Wind, Nachtfalter schwirren durchs Halbdunkel, Tau legt sich wie Elfenhaar über das Tal und man glaubt zarten Elfengesang zu hören. Der Schrei des Waldkauzes durchdringt die Stille und aus dem dichten Schilfgestrüpp klingt es, als würden Elfen leise kichern. Die märchenhafte Atmosphäre der Historischen Schlossmühle verzaubert jeden Gast auf ihre ganz besondere Weise.

Orgelkonzert in Stipshausen

Emma betreut heute eine große Meute, denn wir werden mit Freunden zu einer besonderen Wanderung aufbrechen. In Rhaunen starten wir zur Traumschleife »Stumm-Orgelweg«. Mit von der Partie sind mein Freund Rüdiger, Petra aus Zweibrücken, Gabi und Walter aus Meisenheim sowie Ingeborg und Gerd aus Wiesbaden. Für die Wanderer des Stumm-Orgelwegs wurde speziell eine Audiothek eingerichtet, um die Orgelmusik am Wegesrand akustisch erlebbar zu machen. Der Tipp der Wegemacher: Laden Sie sich die Einspielungen bereits vorab auf Ihr iPhone, Smartphone oder auf ihren MP3-Player, da nicht überall eine Netzverbindung in alle Mobilfunknetze zur Auslesung der auf den Info-Tafeln abgedruckten QR-Codes möglich ist.

Wir wandern ohne Einspielung, da uns in Stipshausen ein besonderes Konzert in einer besonderen Kirche mit einer besonderen Orgel erwartet.

Rhaunen gehört zu den ältesten Siedlungen im Hunsrück und wurde früher als das »Siebentälerdorf« bezeichnet, da neben Rhaunel-, Fromm-, Alt- und Kappelbach noch weitere kleine Bäche im Talkessel von Rhaunen zusammenfließen. In der evangelischen Kirche in Rhaunen steht die älteste erhaltene Stumm-Orgel aus dem Jahr 1723.

Als die letzten Häuser hinter uns liegen, sind wir im Lingenbachtal angekommen. Bevor die erste Steigung im Wald beginnt, liegt rechter Hand etwas versteckt der alte jüdische Friedhof. Die Grabsteine mit hebräischen Inschriften haben größtenteils die Form einer antiken Stele.

Vom Friedhof wandern wir bergan. Wiesen- und Waldwege führen ins nächste Bachtal. Wir überqueren den Näsbach über einen Holzsteg und erreichen über einen schmalen Waldpfad den Aussichtspunkt »Soonwaldblick«.

Von diesem Standort kann man einen eindrucksvollen Ausblick zum Soonwald genießen, der sich zwischen dem Hauptkamm des Hunsrücks im Nordwesten und dem Nahetal im Südosten erhebt. Über einen weiteren Wiesenweg erreichen wir Sulzbach. An der evangelischen Kirche sind wir mit Inge Klingels vom Stumm-Orgel-Verein-Rhaunen-Sulzbach verabredet.

»Der 1975 gegründete Verein hat sich zur Aufgabe gemacht, das Stumm'sche Erbe nicht in Vergessenheit geraten zu lassen«, erzählt uns Inge Klingels nach freundlicher Begrüßung. »Wir wollen daran erinnern, dass die Männer aus dem Hunsrück zu Wegbereitern für den Aufbau wirtschaftlicher Großunternehmen wurden und zum anderen als Instrumentenbauer in Kunst und Handwerk überregionale Pionierleistungen vollbrachten«.

Johann Michael Stumm (1683-1747), Sohn des Schmieds Christian Stumm, avancierte zum berühmten Orgelbauer. Es war der Beginn einer langen Orgelbauertradition. Über sechs Generationen hinweg wurden rund 400 Orgeln gebaut, von denen die meisten noch heute bei Konzerten und Gottesdiensten gespielt werden.

Der ältere Bruder Johann Nikolaus Stumm erhielt 1715 die Erlaubnis, auf dem Birkenfelder Schauren einen Eisen- und Waffenhammer zu betreiben. Aus dieser Stummschen Linie stammt Karl Ferdinand Stumm, der 1858 die Leitung des Eisenwerks in Neunkirchen/Saar übernahm und es zu einem der bedeutendsten Industrie-Unternehmen des 19. Jahrhunderts machte.

In der Stumm-Stube erläutert Inge Klingels anhand historischer Fotos und Schriftstücken sowie Werkzeugen der Orgelbauerfamilie das Wirken der Stumm‹schen Familienzweige.

Die evangelische Kirche direkt neben dem Museum wird 1325 erstmals erwähnt. Sie ist eine kleine Saalkirche mit mittelalterlichem Chorturm im Osten und einem Schiff aus der ersten Hälfte des 18. Jahrhunderts, dessen Holztonnengewölbe kielbogig geformt ist.

Die Orgel ist das letzte zu Lebzeiten von Johann Michael Stumm erbaute Instrument, das er im Jahr 1746 seiner Heimatkirche schenkte. Die so bezeichnete »Schwalbennest-Orgel« mit 1100 Pfeifen hängt wie ein Schwalbennest direkt über der Kanzel. Das Metallpfeifenwerk, das gegen Ende des 18. Jahrhunderts ein Opfer von Requisitionsmaßnahmen französischer Truppen geworden war, wurde um 1820 erneuert. Nach zwischenzeitlicher Renovierung des Werkes erfolgte 1979–81 die bislang letzte grundlegende Restaurierung des gesamten Orgelwerkes.

In der Ortsmitte, nur wenige Schritte von der Stumm-Stube entfernt, stehen noch heute die Wohnhäuser der ehemaligen Orgelbauerfamilien. Von dort steigen wir leicht bergan zum Historischen Marktplatz und zur Wüstung Heuchelheim. Der Marktplatz lag an einem alten Verkehrsweg, der zum einen die

Anbindung der durch den Hunsrück verlaufenden römischen Ausoniusstraße schuf und andererseits vom Hunsrück über Rhaunen und Büchenbeuren nach Enkirch zur Mosel führte. Der letzte große Markt auf der Höhe vor Sulzbach fand 1911 statt. An der Wüstung kreuzen der Wanderweg »Sirona-Weg« und die Traumschleife »Stumm-Orgel-Weg.«.

Wir erreichen den idealen Platz, um eine längere Pause einzulegen. Eine überdimensionale Holzbank, auf der die gesamte Gruppe Platz findet, ist so ausgerichtet, dass fast die gesamten Höhenzüge des Soonwalds greifbar vor uns liegen. Meine Mitwanderer packen so viel Verpflegung aus, die für eine ganze Wanderwoche ausreichen würde. Emma erweicht mit ihrem treuen Hundeblick die Herzen der Mitwanderer und wird bestens mit Leckereien versorgt. Danach liegt sie satt und zufrieden im Schatten der Bank, während über uns Schönwetterwolken dahinziehen. Jede noch so schöne Pause geht einmal zu Ende.

Nach der Durchquerung des alten Marktgeländes verlassen wir den Wald. Noch einmal genießen wir einen Panoramablick mit dem Idarkopf. Im Zick-Zack-Kurs durchstreifen wir weitläufiges Wiesen- und Ackerland, genießen später vom Waldrand den Ausblick auf Hottenbach und erspähen den Turm der Wildenburg sowie den Erbeskopf.

Im weiteren Verlauf der Traumschleife gelangen wir zum Aussichtspunkt »Idarkopfblick« mit Blick über den Idarwald zum Idarkopf und dem im Tal liegenden Stipshausen. Dort erwartet uns der absolute Höhepunkt unserer Tagestour. Wir sind zunächst mit Pfarrer Erik Zimmermann verabredet, der uns in der Kirche die Geschichte des Gotteshauses erläutert. Emma liegt derweil auf dem kühlen Steinfußboden und schließt entspannt die Augen.

»Im Jahr 1334 wird eine dem heiligen Antonius geweihte Kapelle in Stipshausen urkundlich erwähnt, Johann von Basenheim, Burgmann auf der Schmidtburg, und seine Ehefrau Getza stifteten dem kleinen Ort Stipshausen eine Kapelle.

Von 1686 bis zur Erbauung einer eigenständigen katholischen Kapelle 1780/81 wurde die Kirche von beiden Glaubensgemeinschaften genutzt. Die heutige evangelische Kirche ist ein Neubau von 1778, der nach Plänen des Baumeisters Johann Petri aus Schneppenbach anstelle der baufälligen mittelalterlichen Kirche errichtet wurde. Das Gotteshaus ist ein schlichter, dreiseitig geschlossener Saalbau. Seine Architektur ist vergleichbar mit den Kirchen von Schauren und Krummenau. Bemerkenswert ist wiederum die Innenausstattung.

Wegen der reichhaltigen Ausmalung und barocken Ausgestaltung des Kircheninneren gelten diese Kirchen als typische Vertreter des sogenannten ›Hunsrücker Bauernbarocks‹. Schlusspunkt und Höhepunkt dieser Stilrichtung war 1778. Die Kirche in Stipshausen ist die letzte Kirche ihrer Art.«

Die bemalte Decke zeigt verschiedene Motive wie Sonne, Mond und Sterne. Ein besonderer Schatz der Kirche ist eine Stumm-Orgel, die 1861 zum Preis von 550 Talern eingebaut wurde.

Es wird still im Kirchenhaus als Jan Herbst, die Stufen zur Stumm-Orgel nimmt. Schon bei den ersten Tönen spürt man die Besonderheit des Instruments. Über eine viertel Stunde lauschen wir den verschiedenen Klangfarben der Stumm-Orgel. Als Jan Herbst im wahrsten Sinne des Wortes alle Register zieht, erleben wir das Klangvolumen dieser einzigartigen Orgel.

Anschließend macht uns Pfarrer Zimmermann auf eine Besonderheit aufmerksam. Zwei Kirchenfenster sind aus Achatplättchen zusammengesetzt. Es sind weltweit die ersten Fenster, die aus diesem feingeschliffenen, durchscheinenden Schmuckstein gestaltet wurden. Zirka 8000 dieser 1,5 mm dünnen Plättchen haben die Künstler, Bernd Munsteiner und sein Sohn Tom aus Stipshausen in die 350 x 110 cm großen Fenster verarbeitet.

Nach dem Orgelkonzert verlassen wir Stipshausen bei wunderschönem Sommerwetter, erreichen bald das Rhaunelbachtal und wenig später den Ausgangspunkt unserer gemeinsamen Sommertour.

Einige Wochen vor meiner Sommerreise hatte ich Gelegenheit, Bernd Munsteiner in seinem Atelier in Stipshausen zu besuchen. »Die Impressionen in Achat sind das erste gemeinsame Werk von Vater und Sohn,« erzählt mir Bernd Munsteiner stolz.

Der sympathische Künstler nimmt sich viel Zeit für mich und beantwortet mir jede meiner Fragen. Mit seinem Schaffen ist er weltweit in neue Dimensionen gestoßen.

Als Neuerer des modernen Edelsteinschliffs errang Munsteiner einen herausragenden internationalen Ruf. Bernd Munsteiner, in der Edelsteinregion in Mörschied 1943 geboren, hat als erster zeitgenössischer Künstler die ästhetischen Qualitäten des natürlich gewachsenen Minerals in den Mittelpunkt seiner bildhauerischen Arbeit gestellt. Die Einschlüsse und »Verunreinigungen« im Kristall machen für ihn die individuelle Qualität des Edelsteins aus. Zunächst beschäftigte er sich mit den in der Edelsteinregion vorkommenden

Achaten, später arbeitet er mit transparenten Kristallen und schafft daraus Skulpturen, Objekte und Bilder.

Bernd Munsteiners reichhaltiges Werk ist in vielen öffentlichen und privaten Sammlungen vertreten. Weltruhm erlangte er mit zwei spektakulären Skulpturen: dem Zyklus »Metamorphose«, geschaffen aus einem 850 Kilogramm schweren Bergkristall mit eingeschlossenen Rutilnadeln, sowie die 35 Zentimeter hohe Skulptur »Dom Pedro – Ondas Maritimas«, der größte geschliffene Aquamarin der Welt.

Nach etlichen Ausstellungen in Deutschland folgte der Ruf in verschiedene europäische Länder und wenig später nach Übersee. Kopenhagen, Klagenfurt, London, Paris, Helsinki, San Francisco, New York, Santa Barbara und Tokyo sind nur einige wenige Ausstellungsorte seiner Kunstobjekte.

Viele internationale Künstler waren in Stipshausen und haben in Munsteiners Atelier ausgestellt. Da in aller Regel die Künstler ein Objekt in Stipshausen zurückließen, hatte Munsteiner die Idee, die Skulpturen einem breiten Publikum zugänglich zu machen. Der von ihm initiierte Skulpturenpark zeigt Werke nationaler und internationaler Künstler aus unterschiedlichsten Materialien.

Selbstverständlich darf eine Arbeit von Bernd Munsteiner nicht fehlen. Sein Werk »Drei Phasen« stellt seine Ansicht der Dreifaltigkeit dar (Vater-Mutter-Kind, Sonne-Mond-Sterne, Körper-Seele-Geist). Der Amerikaner Michael Good, ein Freund Bernd Munsteiners, will mit seiner »Flame of Hope«, der Flamme der Hoffnung, an all jene erinnern, die unter Verfolgung und Hass gelitten haben.

Die Skulpturen stehen allesamt auf der grünen Wiese oberhalb von Stipshausen in der Nähe des jüdischen Friedhofs. Gemeinsam mit Bernd Munsteiner spaziere ich durch den kleinen Park. Einen Platz zum Nachdenken und Plaudern finden wir auf zwei Sitzbänken, die den Namen »Memoria« (Erinnerung) und »Love is all there ever is« tragen, geschaffen von der mit Munsteiner befreundeten Künstlerin Deborah Aguado aus New York. Die vielbeachtete Künstlerin jüdischer Abstammung möchte mit ihrem Kunstwerk die Erinnerung und die Besinnung an das »Damals« festhalten und an künftige Generationen weitergeben.

»Sie sehen«, sagt Bernd Munsteiner beim Abschied, »der Hunsbuckel ist voller Überraschungen.«

Reizenmühle: Erinnerungen an Anne

Nach dem Frühstück in der Historischen Schlossmühle begleitet mich Rüdiger zur Reizenmühle. Es ist nur ein Spaziergang über Krummenau und durch ein kurzes Waldstück.

In Krummenau befindet sich die Hunsrücker Zinnwarenhandelsgesellschaft, kurz HZG, in zweiter Generation. Unter der Marke Zinnhannes entstehen hier jährlich mehr als 170.000 Orden und Ehrenzeichen produziert. Viele Orden gehen vom Hunsrück aus in die Benelux-Länder, nach Österreich und in die USA.

Dort wo der der Hirschbach in den Idarbach mündet, steht in idyllischer Lage die Reizenmühle von Gerd Royko. In Gedenken an Rüdigers Frau Anne wollen wir rund um die Mühle Wiesenkräuter sammeln und daraus eine Suppe zaubern. Jeder hat eine kleine Schüssel in der Hand, und unter Anleitung von Rüdiger, der fast jedes Wiesenkräuterchen zu kennen scheint, suchen wir in den Wiesen nach Kräutern. Was auch Rüdiger nicht kennt, wird aussortiert. Die Ausbeute ist groß genug, um daraus eine leckere Suppe zu kochen.

Gerd hat in seiner Mühle eine professionell ausgestattete Küche. Dann geht alles ziemlich schnell, ich schaue den zwei Profiköchen dabei über die Schulter. Kurz bevor die Suppe fertig ist, erlebe ich, was es heißt, Geschmack an die Suppe zu bekommen: viel Butter und viel Sahne. So einfach sind die Geheimnisse der Küchenmeister. Die dampfende Wiesenkräutersuppe (Rezept auf der nächsten Seite) essen wir auf der Terrasse nur wenige Meter vom Idarbach entfernt.

In der Abendsonne am Idarbach erzählt uns Gerd wie er Besitzer der Reizenmühle wurde. In der oberösterreichischen Kleinstadt Wels geboren, wuchs er nicht weit entfernt in Steyr auf. Nach seiner Kochlehre in Linz zog es ihn nach Frankfurt am Main. Er bewarb sich bei der Lufthansa als Koch-Steward. Nach einem sechswöchigen Vorbereitungslehrgang startete Gerd zu seinem ersten Flug, der ihn ins amerikanische Chicago führte.

Als Koch-Steward sorgte er für das leibliche Wohl der First-Class Gäste. Achtzehn Jahre flog er rund um die Welt. Als Betriebsratsmitglied kümmerte

Gerd Royko in seiner Wahlheimat Hunsrück

er sich um die Belange seiner Kollegen. Gemeinsam mit seiner damaligen Frau Dagmar hatte er die Idee, in Wiesbaden ein Lokal zu übernehmen. Beide kündigten ihre Jobs und begannen in Hessens Landeshauptstadt ein völlig neues, bodenständiges Leben. Das Restaurant »Sherry&Port« wurde sein Lebensinhalt für mehrere Jahrzehnte. Seit einiger Zeit leiten seine Tochter Larissa und sein Sohn Boris die Geschicke seines Restaurants.

Einen weiteren Traum erfüllte sich Gerd vor 20 Jahren, als er einen Ausgleich suchte, dem hektischen Stadtleben zu entfliehen. In einer Seitenstraße Wiesbadens, unweit seines Lokals, zog es ihn immer wieder zum Schaufenster eines Immobilienmaklers, der Burgen, Schlösser, Bauernhäuser und Mühlen in Eifel und Hunsrück anbot.

Kurz nach seinem 50igsten Geburtstag erfuhr er, dass im Hunsrück die ehemalige Genossenschaftsmühle am Idarbach zwischen Krummenau, Laufersweiler und Rhaunen zum Verkauf stünde. Der Blick aus der Perspektive des Baches zu der von Bäumen umsäumten Mühle faszinierte ihn. Gerd hatte sich augenblicklich in seine zukünftige »Zweite Heimat« verliebt.

Gerd erfüllte sich seinen Traum, kaufte die Mühle, die heute sein Rückzugsort ist. Regelmäßig – manchmal auch mitten in der Nacht – führt ihn sein Weg von Wiesbaden in die Abgeschiedenheit des Hunsrücks, um an seiner »Grünen Tankstelle Reizenmühle« neue Lebensenergie zu tanken. »Es gelingt mir immer öfter loszulassen«, prostet er mir lachend zu, »das stille Leben im Hunsrück ist Lebenselixier und nur hier verspüre ich besondere Kraftquellen. Ein Leben ohne Mühle kann ich mir kaum noch vorstellen, ich habe Freunde gefunden, mit denen ich mich austauschen kann. Hier verläuft das Leben etwas langsamer, hier finde ich Ruhe, wenn ich in der Einsamkeit des Hunsrücks auf Wanderwegen unterwegs bin.«

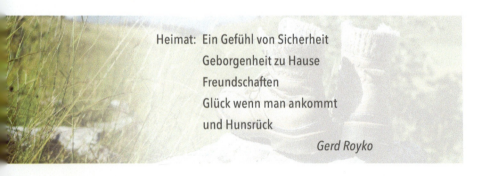

Heimat: Ein Gefühl von Sicherheit
Geborgenheit zu Hause
Freundschaften
Glück wenn man ankommt
und Hunsrück

Gerd Royko

Anne und Rüdigers Wiesenkräutersuppe

Zutaten für 4 Personen:
Zunächst eine Vielfalt von jungen Wiesenkräutern aus möglichst ungedüngten Wiesen sammeln.
Hier eine kleine Auswahl: Wiesenkerbel, Wiesenbärenklau, Giersch, Pimpinelle, Sauerampfer, Gänseblümchen, Brennessel, Spitzwegerich, Breitwegerich, Gundermann, Löwenzahn, Wiesenknöterich, Scharbockskraut…..
Sahne, Butter, Salz und Pfeffer
1-2 Eigelb zum Legieren

Zubereitung:
- Die gewaschenen Kräuter werden kleingehackt und in Gemüsebrühe kurz aufgekocht. Zum Binden kann man einige gekochte Kartoffeln zugeben.
- Nach dem Aufkochen kommt die Mischung in den Mixer. Anschließend wird alles zusammen durch ein feines Haarsieb passiert.
- Die fast fertige Suppe nochmals in den Topf geben, mit Sahne, Butter sowie Pfeffer und Salz abschmecken.
  (Anmerkung des Autors, der beim Zubereiten zugegen war: Nicht an Butter und Sahne sparen!)
- Zum Schluss mit ein oder zwei Eigelb legieren (wichtig dabei: die Suppe darf nicht mehr aufkochen, da sonst das Eigelb stockt).
- In einem Suppenteller oder einer Suppenterrine, verziert mit einem Gänseblümchen, servieren.
- Dazu passt ein Stück Brot und ein trockener Riesling.

Rezept: Historische Schlossmühle,
Horbruch-Hunsrück

Sommerheimat – Winterheimat

Beim ausgedehnten Mühlenfrühstück am nächsten Morgen strahlt der Kachelofen seine wohlige Wärme aus. Der Duft von Kaffee und Tee erfüllt die Mühle. Das Frühstück in der Reizenmühle dürfte nie zu Ende gehen, aber meine Reise geht weiter. Wenige Meter hinter der Holzbrücke über den Idarbach verlaufen die Wegtrassen der Traumschleifen »Via Molarum« und »Kappeleifelsen-Tour«. Ich folge dem Hinweis der Kappeleifelsen-Tour nach Laufersweiler.

Unweit der katholische Pfarrkirche »St. Laurentius« befindet sich in Laufersweiler die alte Synagoge, die ein Museum für jüdische Geschichte beherbergt. Zum Gedenken an 25 ermordetet jüdische Laufersweiler Bürger wurde 2008 ein Erinnerungsort in Form von 25 schwarzen Stelen auf dem Synagogengrundstück geschaffen. Nachdem die Kirchgasse überquert ist, folgen wir dem Wiesenweg durchs Dorf. Auf zehn Informationstafeln erhalte ich Anschauungsunterricht über die Geschichte und das Leben der jüdischen Gemeinde in Laufersweiler. Am Ortsrand liegt der alte jüdische Friedhof. Im Eingangsbereich steht ein Sandsteinblock mit hebräischer Inschrift. Es ist eine steinerne Gesetzestafel, die ursprünglich am Giebel der Synagoge angebracht war.

Dort bin ich mit Ute Braun an der über 350 Jahre alten Eiche verabredet. Ute Braun ist in Laufersweiler aufgewachsen, erlernte zunächst einen technischen Beruf und studierte später Physik und Kunst fürs Lehramt. Doch dann schlug sie einen anderen Lebensweg ein. Seit über 20 Jahren lebt Ute Braun im Sommer als Hirtin auf einer Schweizer Alp. Dort hat sie sich das Wissen um die Kraft und Heilkraft der Natur erworben. In den Wintermonaten lebt sie im Hunsrück als Heilpraktikerin, unternimmt Kräuterspaziergänge und schildert auf Vortragsreisen ihre Erlebnisse auf der Sommeralp. In ihrem Buch »Alpsommer – Mein neues Leben als Hirtin« berichtet sie von einem Leben im Einklang mit der Natur, von dem viele Menschen nur träumen können.

Freudestrahlend kommt mir Ute Braun entgegen. Wir finden schnell einen Draht zueinander. Sie entschließt sich, ein Stück mit mir und Emma gemeinsam zu gehen.

Grabsteine auf dem Judenfriedhof in Laufersweiler

Wir wandern vorbei an Kleingartengrundstücken über einen Wiesenweg und über den Pfad der jüdischen Lyrik. Schautafeln erinnern an jüdische Dichterinnen und Dichter, wie Erich Fried, Mascha Kaléko und viele andere mit Bild und Zeichnung. Anlässlich des 100jährigen Bestehens der Synagoge fand 2011 ein künstlerischer »Wettbewerb gegen das Vergessen« statt. Dabei sollten zu Texten jüdischer Lyriker passende Bilder gemalt werden. Die Texte und Bilder sind auf den Schautafeln dargestellt und erklärt.

Anschließend sind wir weiterhin auf Wiesenwegen unterwegs. Bis wir bergab ins Hirschbachtal wandern, genießen wir die Aussicht über die Hochebene und den gegenüberliegenden Idarkopf.

Während Ute aus ihrem Leben erzählt, wandern ihre Blicke immer wieder zum Boden. Ab und zu bückt sie sich, um ein grünes Pflänzchen zu betasten oder es zu probieren. Rund um Laufersweiler kennt sie jeden Baum, jeden Strauch, selbst jedes Pflänzchen. Sie kennt nicht nur die Wildkräuter, sie kennt auch deren Inhaltsstoffe und deren Heilwirkung.

»In den Alpsommern lernte ich auf meinen Wegen immer neue Pflanzen kennen. Ich begann Geschichten über die Pflanzen zu lesen, beschäftigte mich mit ihrer Verwendung in der Küche und in der Heilkunst. Später bekam ich Lust dazu, mein Wissen weiterzugeben. So ergab es sich, dass ich seit ein paar Jahren in meiner Winterheimat Kräuterspaziergänge leite, sobald es Frühling wird.«

Seit vielen Jahren ist Ute, wie sie in ihrem Buch schreibt, im Sommer allein unter Rindern. In den Sommermonaten, wenn die Sonne gnadenlos auf die Berge brennt, ziehen die Kühe erst nachts auf die Weiden und kommen am Morgen zurück in den Stall. Mit lautem Glockengebimmel wird sie dann früh morgens aus ihren Träumen geholt. Dann geht alles ganz schnell. Raus aus dem Bett und rein in den Blaumann, während unterdessen die Sonne die Spitze des Hausbergs im Westen mit Morgenlicht überschüttet und bedächtig auf Strahlenfüßen talwärts klettert. Für sie ist es ein wunderbares Bild. Neben der Stalltür befindet sich die Küche der Alp: *»Der Boden besteht bis zum Herd hin aus Natursteinplatten, großen und kleinen, uneben, unverfugt. Daran schließen sich, leicht erhöht, abgetretene, unbehandelte Holzdielen an, mit fingerbreiten Spalten dazwischen. Über dem Ganzen geschwärzte Deckenbalken und Bretter, die der Küche etwas Höhlenartiges geben, ohne jedoch erdrückend zu wirken. Jetzt ist er da, der Alpsommer. Der Geruch von unzähligen Sommern. Der Geruch von Rauch, eingezogen ins Gebälk. Der Geruch, den die Tiere zurückgelassen haben, dieser*

Geruch, den kein Sturm, kein Regen, keine Sonne, kein Mensch dieser Küche nehmen kann. Der Duft von Sommerheimat.«

Ute Braun hat ihre vielen Alpsommer bis ins Detail beschrieben, Freud und Leid einer Almhirtin aufgezählt, mit der Aufgabe, die Tiere zu betreuen und zu verpflegen, und aus der Milch Käse herzustellen. Trotzdem bleibt genügend Zeit zu beobachten: »Besonders gern habe ich es, wenn die Tiere im Stall liegen, Vorder- und Hinterbeine angezogen, den Kopf über die Schulter zurückgelegt, die Augen geschlossen. Dann sehe ich, Gott träumt in den Tieren.« An anderer Stelle beschreibt sie, wie Kühe auf der Weide stehen und ihre Zungen Grasbüschel abreißen: »Das Grasabreißgeräusch ist Balsam für meine Ohren.«

Unten im Tal stehen die Alex-Hütte und eine Sinnenbank mit Blick ins langgestreckte Hirschbachtal. Bis dorthin wird uns Ute begleiten. An der Hütte treffen wir ein Ehepaar aus Belgien, das seit vielen Jahren den Hunsrück als Wander-Wunderland auserkoren hat. Sie sind begeistert von den Besonderheiten der Landschaft und von den Menschen, die sie hier treffen. An der Alex-Hütte sind Schautafeln mit Wildblumen und -kräutern zu sehen. Die dazugehörigen Texte hat Ute Braun geschrieben.

Die Almhirtin kehrt zurück ins Dorf. Ich mache mich mit Emma auf den weiteren Weg. Der Duft von Holzfeuer zieht durchs Tal. Günter Heck, der ehemalige Bürgermeister von Laufersweiler, der das Feuer entfacht hat, sitzt vor seiner Laube und genießt in der Abgeschiedenheit des Tales am kleinen Weiher seine Ruhe. Ein herzliches »Guten Morgen«, ein Handschlag über den Zaun und schon sind wir im Gespräch, das leider nur sehr kurz ausfällt, es ist Mittagszeit, seine Frau wartet mit dem Essen.

Auf abwechslungsreichen Pfaden sind wir zwischen Weideland und Wald unterwegs. Bis zum Gretenhof, wo wir das letzte Zimmer ergattern konnten, ist es nicht mehr weit.

Der 1965 gebaute Gretenhof oberhalb von Sohren ist ein landwirtschaftlicher Vollerwerbsbetrieb. Neben Ackerbau, Grünland und Viehzucht gehört auch eine Biogasanlage dazu. Als ich am Hof mit Emma ankomme, wuseln überall Kinder übers Gelände. Der 4-Sterne-Hof hat 8 Ferienwohnungen, in denen bis zu 40 Personen untergebracht werden können. Die Außenanlage des Hauses ist ein Eldorado für Kinder. Sie finden hier Fahrräder, vierrädrige Tretautos, Schubkarren, Spielplätze oder Ponys. Neben den hauseigenen Pferden entdecke ich Ferkel, Ziegen, Hühner, Hunde, Katzen, Hasen und Schafe im Hofgelände. In den Ställen und auf den Weiden sind die Zuchtsauen und Kühe untergebracht. Oma Margarethe sieht mich bereits von weitem. »Sie haben doch bestimmt Hunger?« ist ihre erste Frage. Nur Minuten später sitze ich im Gastraum bei einer hausgemachten Rindfleischsuppe mit Nudeln und Gemüse. Lecker!

Später führt mich Jutta Wüllenweber übers Gelände. Sie und ihr Mann Siegfried sind Betriebsleiter des Hofes. Jutta kümmert sich um das Wohl der Gäste, Siegfried und Sohn Christian, beide gelernte Landwirte, kümmern sich um 100 ha Ackerflächen und Wiesen rund um das Gelände des Gretenhofes. Daneben sind die hauseigenen Pferde, die Pensionspferde und die Zuchtsauen zu versorgen. Reitschüler und Reitlehrer galoppieren während unseres Rundgangs übers Gelände. Ein Planwagen wird für eine Fahrt über die Wiesen vorbereitet. Im Sommer öffnet das Restaurant der Wüllenwebers nicht nur für Hausgäste. »Unsere Gäste«, so erzählt sie mir bei unserem Rundgang, »kommen aus ganz Deutschland.« Es ist ein mittelständischer Betrieb mit vielen Facetten. Als es Abend wird, zieht Ruhe auf dem Gretenhof ein. Ich sitze mit Emma auf dem Balkon und genieße die Abendsonne.

Bärenbach – Der geografische Mittelpunkt von Rheinland-Pfalz

Über Wiesen, die sich vom Gretenhof bis zum Waldrand erstrecken, geht's am nächsten Morgen Richtung Saar-Hunsrück-Steig. Emma schnüffelt sich durch die Wiesen, am Waldrand erkenne ich schon bald das erste Markierungszeichen. Auf dem Weg nach Dill durchstreifen wir eine ausgedehnte Feld-, Wiesen- und Weidelandschaft. Die ständigen Richtungswechsel erlauben unterschiedlichste Perspektiven über die Hunsrückhöhen. Unweit der Wandertrassen »Römerstraße« (Trier-Mainz) und »Sponheimer Weg (Kreuznach-Traben-Trarbach) liegt Dill mit der gleichnamigen Burg. Unten im Tal fließt der Sohrbach, um die Burg reihen sich im historisch gewachsenen Ortskern liebevoll restaurierte Fachwerkhäuser aus dem 18. und 19. Jahrhundert.

Burg Dill, 1090 in einer Urkunde als Landegerus de Tila erwähnt, gelangte später in den Familienbesitz der Grafen von Sponheim. Ab dem 14. Jahrhundert verlor Burg Dill an strategischer Bedeutung und wurde zum Wohnsitz umgebaut. 1698 wurde die Burg von den Franzosen zerstört.

Hinter Dill wandern wir nochmals über offene Feldlandschaft bis zur Trasse des Ausonius-Weges, dem wir nach rechts folgen. Der Ausonius-Wanderweg folgt dem Verlauf der ehemaligen Römerstraße, die bereits im 1. Jahrhundert nach Christus von römischen Legionären erbaut wurde. Wir rasten an einem rekonstruierten Wachturm mit Blick zum Idarwald mit Idarkopf und auf der andern Seite nach Sohren und den Gebäuden des Flughafens Hahn.

Susanne und Helmut aus Erfurt sind gerade dabei zusammenzupacken. Sie haben die Nacht direkt neben dem Wachturm gezeltet. In den letzten Wochen sind sie von Erfurt Richtung Hunsrück gewandert. Sie wollen zu Fuß nach Südfrankreich. Ein langes Wegstück liegt noch vor ihnen.

Für Emma und mich beginnt bald der letzte Teil unserer Sommerreise. Zwischen Ackerland und Wald setzen wir unseren Weg fort. Wenig später wandern wir ein längeres Stück entlang der Gleisanlage der ehemaligen Hunsrückbahn, die vom nahen Kirchberg nach Sohren führte. Mal gehen wir direkt auf dem Gleisköper, mal parallel dazu. Wenig später erreichen wir den Jüdischen Friedhof. Er ist ein geschütztes Kulturdenkmal in Rheinland-Pfalz. Der älteste der insgesamt 49 Grabsteine stammt von 1864.

Anschließend laufen wir im dichten Wald zum geografischen Mittelpunkt von Rheinland-Pfalz. Linker Hand passieren wir Bärenbach und nach wenigen Minuten erreichen wir den großen Rastplatz mit Sitzgelegenheiten, Tischen und Grillhütte. Auf einem Täfelchen sind die Koordinaten des geografischen Mittelpunkts (49° 57' 18,5" N 7° 18' 37,5" O) eingraviert. Die Sonne wärmt den gut gepflegten Rasen rund um den Rastplatz. Emma und ich strecken uns nebeneinander aus und schnarchen um die Wette.

Vom Rastplatz durchstreifen wir nochmals ein langes Waldstück, bevor wir die Hunsrückhöhenstraße überqueren. Wir befinden uns in der Einflugschneise des Flughafens Hahn.

Der Flughafen liegt auf einem Hochplateau (503 Meter) des Hunsrück-Hauptkammes zwischen Hahn, Lötzbeuren, Bärenbach, Lautzenhausen, Sohren und Büchenbeuren.

Die französische Besatzungsmacht hatte nach dem Zweiten Weltkrieg mit dem Bau eines Militärflugplatzes begonnen, der 1952 von der US-amerikanischen Luftwaffe übernommen wurde. Zum Ende des »Kalten Krieges« waren auf der Hahn Air Base drei Staffeln (F-16) stationiert. Nach Aufgabe des Militärflughafens übergaben die US-Streitkräfte den Flughafen 1993 der zivilen Verwaltung. Heute bringen verschiedene Airlines Urlauber in viele Regionen Europas.

Zwischen Wald und Feld gelangen wir auf eine Anhöhe vor dem Dorf Hahn. Ein 360-Grad- Weitblick breitet sich vor uns aus: vor uns der Flughafen, in weiter Ferne Idarkopf und Soonwald. Selbst die Moselhänge mit ihren Weinbergen und die Eifel sind gut auszumachen. Dazwischen viele Hunsrückdörfer mit markanten Kirchtürmen.

Wir steigen anschließend im Wald ins Tal des Wilwerbachs. Am Wegesrand entdecken wir einige längst verlassene Schiefergruben, die teilweise nur für kurze Zeit existierten. Bis zum Ortsanfang von Altlay sind wir ausnahmslos im Wald unterwegs.

Wunderbare Aussichten und Weitblicke auf der Anhöhe vor Hahn

Wo der Hunsrück die Eifel küsst

In Altlay erwartet mich Wolfgang Wabnitz. Von seinem Wohnzimmerfenster in Bremm an der Mosel genießen wir einen Traumblick zum steilsten Weinberg Europas, dem Bremmer Calmont. Unterhalb des Weinbergs verläuft die Mosel, auf der gegenüberliegenden Seite des Flusses steht auf Hunsrücker Seite die Ruine des ehemaligen Klosters Stuben.

Wolfgang Wabnitz, im Zweiten Weltkrieg in Schlesien geboren, kam über etliche Lebensstationen nach Mayen in die Eifel. Nach dem Abitur studierte er in Saarbrücken Rechtswissenschaften, wurde Jurist in Mayen und war später im rheinland-pfälzischen Justizministerium in Mainz tätig.

Seine Tätigkeiten in Mainz und Mayen betrafen auch Flurbereinigungen in den verschiedensten Weinbergslagen. Bereits in seiner Zeit in Mayen hatte er begonnen, Themenwege für Wanderer zu installieren. Der Apollo-Pfad und der Herrenberg-Steig entstanden. 1989 begann das Calmont-Projekt: der bis zu 68 Grad steile Schieferberg, in dem viele kleine und kleinste Parzellierungen lagen, sollte rekultiviert werden. Wolfgang versuchte, die Besitzer ausfindig zu machen, um eine Zusammenlegung der Rebflächen zu ermöglichen. Gleichzeitig begann man, die teilweise brachliegenden Flächen mit Rebstöcken neu zu bepflanzen. Zwischen Ediger-Eller und Bremm erstreckt sich der Südhang 290 Meter hoch über der Mosel auf einer Länge von zwei Kilometern. Steile, schroffe Schieferfelsen unterteilen die Rebflächen in kleine Parzellen. Längs zum steilen Hang verlaufende hohe Schiefermauern sichern die feinverwitterten Tonschieferböden vor dem Abrutschen und prägen das Bild des Terassenweinbaus in Europas steilstem Weinberg.

Mit den Worten »*Natur-Amphitheater, wo auf schmalem vorragenden Kanten der Weinstock zum allerbesten gedieh*«, beschrieb Johann Wolfgang von Goethe den Berg bei seiner Reise an der Mosel.

Seit 2002 können Wanderfreunde und Kletterkünstler im »Calmont Klettersteig« ihre Kondition und Trittsicherheit testen. Mit Hilfe des Deutschen Alpenvereins ist die Strecke durch Stahlseile, Leitern sowie zahlreiche Trittbügel und Trittstifte gesichert.

Bremmer Calmont, der steilste Weinberg Europas

Wolfgangs Hausterrasse liegt unmittelbar am Fuße des Calmonts. Hier genießen wir einen Riesling aus seinem eigenen Weinberg. 2006 erwarb er einen Weinberg in Herrenberg, den keiner haben wollte. Gemeinsam mit seinem Bruder Bernhard und den Freunden Udo und Franz-Josef gründete er das Weingut »VierHerrenBergTerrasse«.

Wolfgang zeigt mir nach einer ausgiebigen Pause bedeutende Kulturdenkmäler seiner näheren Heimat. Zunächst fahren wir nach Neef zur Petersbergkapelle. Im 12. Jahrhundert wurde sie hoch über dem Moseltal erbaut. Der Neefer Dorffriedhof wurde auf den Petersberg verlegt. Er ist der einzige Höhenfriedhof in der gesamten Mosellandschaft. Bis 1959 wurden die Verstorbenen mit einem feierlichen Ritual über steile Weinbergspfade nach oben getragen. Heute führt eine asphaltierte schmale Straße zum Friedhof. Unweit der Kapelle befindet sich die ehemalige römische Höhenbefestigung. Das Gipfelkreuz erreichen wir über einen schmalen Pfad. Dort haben wir einen wunderbaren Blick auf die Weinbaugemeinde Ediger-Eller am Moselufer.

Unsere nächste Station ist die Ruine des ehemaligen Frauenklosters Stuben. Von weitem wirkt die Ruine des ehemaligen adligen Nonnenklosters auf der Halbinsel gegenüber von Bremm wie ein auf Sand gestrandetes Schiffswrack. 1137 hatte sich auf der Landzunge ein großer Frauenkonvent niedergelassen. Der Trierer Erzbischof Albero beschränkte die Anzahl der Bewohner in seiner Gründungsbestätigung auf 100 Frauen.

In ihrem historischen Roman »Die Frauen von Stuben« beschreibt Josefine Wittenbecher die authentische Geschichte der Maria Theresia von Sohlern, die von ihrer Familie ins Kloster Stuben abgeschoben wird. In einem Zeitporträt beleuchtet die Autorin den Verfall der Sitten in den Klöstern Stuben und Springiersbach im ausgehenden 18. Jahrhundert.

Wir verlassen den Hunsrück und wollen zum Calmont-Gipfelkreuz oberhalb von Bremm. Nach der Brückenüberquerung befinden wir uns wieder am Rande der Eifellandschaft. In steilen Kehren und unzähligen Windungen führt die Straße nach oben. Das Gipfelkreuz steht hoch über Bremm, weit über der engsten Moselkehre des gesamten Flusslaufs. Die extrem steile Schieferfelsformation des Calmonts versperrt den Blick zur engen Moselkehre. »Es sieht so aus«, meint Wolfgang » als würde der Hunsrück auf der gegenüberliegenden Seite der Eifel die Hand reichen«. Wir stehen hoch über dem steilsten Weinberg Europas, sehen tatsächlich die enge Kehre der Mosel nicht, die die beiden Mittelgebirgslandschaften Hunsrück und Eifel trennt. Mir scheint es, als wolle der Hunsrück die Eifel küssen.

Zurück vom Berg ins Moseltal. Der letzte Teil unserer Exkursion führt uns in die Kirche St. Martin nach Ediger. Dort ist ein Werk des Trierer Meisters Hans Ruprecht Hoffmann aus dem 16. Jahrhundert zu sehen: »Christus in der Kelter«. Das weit über die Grenzen Deutschlands bekannte, ikonografisch ungewöhnliche Steinrelief versinnbildlicht Leid und Freude, Qual und Erlösung: Die Traube muss gekeltert und zerquetscht werden, ehe aus ihr freudespendender Wein wird. Das Steinrelief ist allerdings nur ein Abguss des Originals in der Kreuzkapelle oberhalb von Ediger.

Ruine des ehemaligen Frauenklosters Stuben

Der Hunsrück lädt Dich auf

Ein Schieferportal zeigt uns den Einstieg in die Traumschleife »Altlayer Schweiz«. Dort bin ich mit Jörn Winkhaus, Geschäftsführer, Marketingchef und Projektmanager der Hunsrück Touristik verabredet. Jörn befürchtet, meinem Wandertempo nicht folgen zu können. Ich versichere ihm, dass meine Wanderambitionen nicht in der Schnelligkeit liegen, sondern dass der Erlebnisfaktor an erster Stelle steht. Wandern und Erleben mit allen Sinnen, Zeit spielt dabei keine Rolle. Ein erleichtertes Lächeln zieht über sein Gesicht.

Der Saar-Hunsrück-Steig ist das Vorzeigeprodukt der Region. Als der Fernwanderweg von Idar-Oberstein bis zum Rhein verlängert werden sollte, lag eine scheinbar unlösbare Aufgabe auf dem Tisch. »Eine Wegstrecke zu planen ist das Eine, die unzähligen Grundstückeigentümer ausfindig zu machen und Pachtverträge und Genehmigungen auszuhandeln ist eine Mammutaufgabe«, erzählt Jörn Winkhaus unterwegs. Im Frühjahr 2015 erfuhr der Saar-Hunsrück-Steig eine Verlängerung von 190 Kilometern.

Traumschleife und Saar-Hunsrück-Steig verlaufen ein längeres Wegstück auf der gleichen Wegtrasse. Der Weg in die »Altlayer Schweiz« führt weit oberhalb des Morschbachtals vorbei an schroffen, scharfkantigen Felsformationen. Soweit der Bewuchs es zulässt, können wir tief ins eingeschnittene Morschbachtal und über die bewaldeten Kuppen des Hunsrücks blicken. Jörn hält Kugelschreiber und Fotoapparat stets griffbereit. Die Wanderung von Altlay nach Blankenrath ist für ihn auch ein Kontrollgang. Sind alle Wegweiser vorhanden, sind einzelne Wegpassagen zugewachsen oder ungepflegt, sind die Wiesenabschnitte gemäht? Jörn macht sich Notizen und wo es sinnvoll erscheint, dokumentiert er per Foto.

Von einer Felsnase geht der Blick ins Hitzelbachtal und zur gegenüberliegenden Siedlung »Briedeler Heck.« Danach folgen wir einem steilen serpentinenartigen Wegabschnitt entlang riesiger Schieferfelsen ins Tal. Kurz bevor wir am Hitzelbach ankommen, rasten wir in einer Waldhütte. Danach folgt der Abstieg zum Hitzelbach. Begleitet vom Plätschern des Wassers, windet sich der Weg zwischen Wasserlauf und Totholz durchs feuchte Waldidyll. Das laute Glucksen oder leise Dahinplätschern des Baches ist das einzige Geräusch in einer sonst lautlosen Umgebung. Hohe Tannen und Fichten sowie dichtes Buschwerk vermitteln ein Gefühl von Geborgenheit mitten in der Einsamkeit des Hunsrücks.

Auf einem Forstweg verlassen wir die Bachlaufpassage und steigen über einen mit Stahlseilen gesicherten Klettersteig auf felsigem Untergrund. Hier trennen sich Fernwanderweg und Traumschleife.

Unterwegs philosophiert Jörn über weitere Überlegungen, den Hunsrück für Besucher noch attraktiver zu machen: »Das Alleinstellungsprofil des Hunsrücks kann nicht nur durch Themenkompetenzen wie zum Beispiel ›Wandern‹ oder ein herausragendes Projekt wie den ›Saar-Hunsrück-Steig‹ aufgebaut werden. Alleinstellung und Profil resultieren aus der Einbeziehung bzw. Veredelung der touristischen Angebote mit den regionalen Besonderheiten und Eigenarten. Das kulturelle, geschichtliche und kulinarische Erbe sowie die Natur spielen dabei eine große Rolle. Das Hunsrück-Profil wird mit den Attributen ›gesund-kräftigend‹, ›nachhaltig-authentisch‹, ›spirituell‹, ›wohltuend‹ oder mit Begriffen, wie ›Ankommen‹ und ›Heimat‹ beschrieben. Der Hunsrück gibt damit ›Lebensenergie‹. Er ist Energie- und Kraftquelle für den Besucher, die Gegenwelt, wenn man so will, zu Stress und Hektik des urbanen Alltags, nach dem Motto: ›Der Hunsrück lädt Dich auf‹.Bergauf, bergab wandern wir weiter. Ein steiles Wegstück bringt uns zur Marienkapelle mitten im Wald, im Volksmund »Bildchen« genannt. Im Innern der Waldkapelle befindet sich ein barocker Marienaltar. Vor der Kapelle steht eine hölzerne Kanzel, die bei Freiluftmessen genutzt wird. Die Kapelle gehört zur Gemarkung des Ortes Peterswald, der in einiger Entfernung auf einer Anhöhe liegt. Am 1. Mai und an Christi Himmelfahrt finden Bittprozessionen aus Altlay und Peterswald zum »Bildchen« statt.

Von der Waldkapelle wandern wir weiter nach oben. Zunächst verläuft unser Weg durch einen Wald, später über freie Feldflächen bis zur Kreisstraße K 57. Rechter Hand gut zu erkennen liegt Peterswald-Löffelscheid, linker Hand die Orte Tellig und Schauren. Ein Dreihundertsechzig-Grad-Blick, der uns von dieser Stelle auch noch den Idarkopf erkennen lässt.

Dann steigen wir für längere Zeit bergab ins Tal, zunächst parallel zum Langwieser Bach, später parallel zum Hühnenbach. In den Bachtälern bewundern wir bizarre Schieferfelsformationen. Vom Hühnenbachtal müssen wir ein weiteres Mal aufwärts steigen. Hinter Schauren wird es laut. Wir müssen die B 421 überqueren. Über Feldwege erreichen wir schließlich die K 49, die wir auf dem Weg nach Blankenrath ebenfalls überqueren. Abermals laufen wir über einen Feldweg. Wir gelangen, leicht bergab wandernd, zur Mariengrotte am Dorfrand von Blankenrath und folgen anschließend der Wegmarkierung zur Ortsmitte.

Über die Galgenflur nach Mörsdorf

An der Pfarrkirche »Maria Himmelfahrt« starten wir und wandern durch den Ort. Bald darauf gelangen wir oberhalb von Blankenrath in den Wald Richtung Hanosiusmühle. In den Gebäuden der ehemaligen Getreide- und Ölmühle ist jetzt eine Fachklinik für Suchtkranke untergebracht. Von der Kapelle hinter der Fachklinik geht es weiter zur Anhöhe vor Mittelstrimmig.

Im Herbst dominiert hier großflächig die lila blühende Phacelia, umgangssprachlich auch als Hunsrücker Lavendel, Bienenweide, Bienenfreund oder Büschelschön bezeichnet. Sie dient auch Landwirten als Gründüngung.

Vorbei an Feldern und Wiesen genießen wir Weitblicke über das Moseltal und die Eifel. Linker Hand sehen wir die Schockkapelle, von Einheimischen auch als Armesünderkapelle bezeichnet. Sie steht am Weg zur mittelalterlichen Richtstätte der Grafen Winneburg-Beilstein. Noch heute wird die Anhöhe »Galgenflur« genannt.

Die Traumschleife »Layensteig Strimmiger Berg« und der Saar-Hunsrück-Steig treffen hier zusammen. Auf erdigen verschlungenen Waldpfaden sind wir unterwegs ins Mörschieder Bachtal. Im Verlauf des Abstiegs treffen wir auf den Bildbach, der uns bis zum Mörsdorfer Bach begleitet, wo sich Fernwanderweg und Traumschleife trennen. Unser Weg schlängelt sich nun entlang des Bachs durchs Waldgebiet unterhalb von Mörsdorf. Über einen ausgeschilderten Zuweg erreichen wir nach längerem Anstieg Mörsdorf.

Nervenkitzel in luftiger Höhe

Am Besucherzentrum in Mörsdorf starten wir nach Bell. Dabei erwartet uns eine der größten Attraktionen im Hunsrück: die Geierlay-Hängeseilbrücke, 360 Meter lang und 100 Meter über dem Mörsbacher Bachtal. »Adrenalin pur«, konnte ich in einer Zeitung lesen oder »Nichts für Angsthasen« oder »Über dem Abgrund«. Ein weiterer Artikel war mit »Mutprobe in schwindelerregender Höhe« überschrieben. Die Geierlay gehört zu den längsten Hängebrücken Europas.

2015 wurde die Brücke innerhalb eines halben Jahres gebaut. Ein weiteres halbes Jahr später haben bereits 300.000 Menschen die Brücke überquert.

Es ist früher Sonntagmorgen. In der 620-Seelen-Gemeinde herrscht schon hektische Betriebsamkeit. Autolawinen rollen auf Mörsdorf zu und eine Völkerwanderung scheint sich durch den Ort zu wälzen. Direkt am Besucherzentrum erhalte ich eine gute Nachricht: Emma darf mit über die Brücke. Wie gesagt: der Weg ist nichts für Angsthasen, und davon ist Emma weit entfernt.

Als ich vor zwei Jahren mit einigen Freunden die Saar-Hunsrück-Steig-Verlängerung von Idar-Oberstein nach Boppard mit GPS-Daten erwanderte, übernachteten wir in Mörsdorf. Ein beschauliches Dorf, mit einem Rathaus von 1645, in dem auch das Backhaus des Dorfes untergebracht ist und einem Heimatmuseum in einem schmucken Fachwerkhaus. Damals im Herbst 2014 begegnete uns kaum eine Menschenseele. Jetzt sind hier Menschen aus ganz Europa unterwegs, um den Nervenkitzel der Geierlay-Brücke zu erleben. Vom Besucherzentrum ist der Fußweg zur Brücke ausgeschildert. Wir reihen uns in die Massen ein, die sich Richtung Brücke bewegen.

Der Name der Brücke folgt der Flurbezeichnung Geierslay, den ein Felsabhang trägt. Bei einem Namenswettbewerb entschied sich die Mehrheit der Bevölkerung dafür. Je näher wir der Brücke kommen, umso dichter wird die Menschenschlange, die sich Richtung Brücke drängt. Erste Besucher kommen bereits zurück. Die einen gut gelaunt, die anderen eher still mit leichter Blässe. Videoaufnahmen belegen, dass jeder fünfte Besucher umkehrt und durch den Talgrund des Mörschieder Bachtals wandert. Am Brückenkopf herrscht reges Treiben. Nachdem wir den steilen Weg zur Brücke gemeistert haben, beginnt das Abenteuer Geierlay.

Mit Emma an der Leine lasse ich mich von dem gigantischen Besucherstrom zur anderen Seite des Tales schieben. Es bleibt kaum Zeit unterwegs ein Foto zu machen, denn es schiebt von beiden Seiten. Ich habe das Gefühl, alle Sprachen der Erde hier zu hören. Eine Frau, die nur wenige Meter vor uns mit ihrem Hund die Brücke betreten hat, will umkehren. Es staut von beiden Seiten, die Brücke schwankt. Ob Frauchen oder Hund zurück wollen, weiß ich nicht. Einige Hunde werden getragen. Emma bleibt gelassen, sie lässt sich nicht aus der Ruhe bringen.

Die Brücke wird von sechs Tragseilen gehalten. Zwei Drahtseile bilden zugleich den Handlauf, jeweils ein Seilpaar verläuft links und rechts unter dem Boden. Auf jeder Seite sind die sechs Tragseile mit Pylonen verbunden, die die Zugkräfte und seitlichen Windkräfte aufnehmen und in die Fundamente ableiten. Diese reichen 25 m in den Fels. Als Bodenbelag wurden Holzbohlen montiert. Sie messen 85 Zentimeter in der Breite, am Handlauf sind es 1,40 Meter.

Emma bewegt sich mit sicheren Schritten. Als wir den gegenüberliegenden Brückenkopf erreichen, sehen wir fast überall in fröhliche Gesichter. Wir beobachten Händeschütteln, Schulterklopfen und hören tröstende Worte für die, die der Mut verließ und die umkehren mussten. Emma bekommt ein großes Lob. Dann steigen wir ins Tal. Mit jedem Meter nach unten wird es stiller. Im Tal treffen wir auf die Traumschleife »Masdascher Burgherrenweg« und den Saar-Hunsrück-Steig. Ein längeres Wegstück haben Traumschleife und Fernwanderweg die gleiche Wegtrasse.

Am Rastplatz Herzenauer Hannes am Mastershausener Bach rasten wir in unberührter Natur und genießen nach dem Trubel auf der Brücke die Ruhe und Stille das Tals. Danach wandern wir fußbreit neben dem Wasser. Über einen steilen serpentinenartigen Anstieg verlassen wir das Mastershausener Bachtal. Im Anstieg zum Burgberg passieren wir eine Schachtanlage, die schon in römischer oder keltischer Zeit als Brunnen genutzt worden sein könnte, so eine Hinweistafel. Vom markanten Felsvorsprung des Burgbergs bieten sich traumhafte Ausblicke in die Umgebung von Mastershausen. Ein überdachter Rastplatz mit einer überdimensionalen Bank lädt zum Ausruhen.

Auf schmalem Waldpfad geht es abwärts. Wiesen- und Feldwege bringen uns zum Waldrand. Dann folgt ein steiler Abstieg ins Tal. Dabei passieren wir Kaspers-Mühle, wandern ein Stück entlang des Baches, steigen vom breiten Waldweg über hartes Felsgestein weiter nach unten und überqueren über eine

Holzbrücke ein weiteres Mal den Mastershausener Bach. Im ausgedehnten Auenwald schlängelt sich der Weg entlang des Baches. Bald ragt vor uns die Burgruine von Balduinseck in den Himmel. 1325 hatte Erzbischof Balduin von Trier das Recht erworben, einen Burgfrieden abzugrenzen und eine Feste an der Grenze zur Grafschaft Sponheim zu errichten.

Hinter der Burgruine geht es nochmals durch das romantische Bachtal. Wir passieren einige ehemalige Mühlen, von denen teilweise nur noch wenige Mauerreste zeugen, wie die Bucher Mühle, die von 1700 bis 1946 in Betrieb war. In völliger Abgeschiedenheit wandern wir im schattig-feuchten Tal entlang des Masterhausener Baches.

Am Rastplatz Katzenloch trennen sich Fernwanderweg und Traumschleife. Unser Wanderweg führt nach oben. Auf dem Weg nach Bell bieten sich uns zwei Varianten: eine leichte über einen breiten Waldweg und später einen Wiesenweg, und eine schwerere, interessantere mit Klettersteig. Ich wähle die schwerere Variante, denn Emma liebt das Klettern über steile Felsen. Über mit Stahlseilen gesicherte Treppenstufen führt der Pfad über schroffes Felsgestein. Die Wanderung endet am Tierpark von Bell, wo ich mit Emma neben Sibirischen Tigern im Park übernachten werde.

Burgruine Balduinseck

Aug in Aug mit Sibirischen Tigern

Es herrscht Hochbetrieb im Tier-Erlebnispark Bell, als ich mit Emma ankomme. Remo Müller, der mit seiner Frau Alexandra den Tierpark im April 2015 eröffnete, bringt uns persönlich zu unserer Unterkunft. Vorbei an einem kleinen Teich, mitten im Park gelegen, gelangen wir zu einer Holzhütte zwischen Teich und schattenspendenden Bäumen. Die Holzhütte erweist sich als exklusives Holzhäuschen mit Platz für vier Personen und ist mit Bad und Sauna perfekt ausgestattet. Vor der Unterkunft ist eine Veranda mit Blick zum Tigergehege. Dort leben Rani, Vitali, Timur und Tatinka, vier sibirische Tiger, mit denen Remo Müller täglich trainiert.

Remo Müller, 1980 in der Nähe von St. Gallen geboren, hat zunächst den Beruf des Kochs erlernt. Später zog es ihn zum Zirkus, wo er als Koch arbeitete und sich zum Tierpfleger ausbilden ließ. Es folgten Auftritte in Varietés, Kochshows und schließlich ein Einsatz als Gastronomieleiter.

Während einer Tiermesse in St. Gallen lernte Remo seine Frau Alexandra kennen. Sie stammt aus dem Sauerland, ist ausgebildete Sport- und Fitnesskauffrau und studierte Tierpsychologin. 2004 gründete sie ihre eigene Hundeschule und ließ sich im Äkäskero Nature Resort in Finnland zur Hundeschlittenführerin ausbilden. Anschließend zog sie mit ihrem Hunderudel in die Schweiz und machte sich dort einen Namen mit Hundetraining, Seminaren und Vorführungen. Inzwischen leitet sie mit Remo Müller den Erlebnispark.

Nachdem ich den Rucksack in unserem Domizil deponiert habe, zeigt mir Remo im Schnelldurchgang den Park. »Unsere Philosophie ist es, unseren Besuchern ausgeglichene und glückliche Tiere zu präsentieren«, so Remo. »Die meisten Tiere haben wir aus zweiter Hand übernommen. Sie leben in großen, artgerechten Gehegen und werden von uns täglich sinnvoll beschäftigt. Die Besucher können bei einzelnen Trainingseinheiten zuschauen.« Inzwischen leben neben den vier sibirischen Tigern Minischweine, Ziegen, Schafe, Schottische Hochlandrinder, Meerschweinchen, Frettchen, Ratten, Brahma-Hühner, Shetland-Ponys, Damwild, Waschbären und Huskys und ein Uhu im Park.

Im tierischen Klassenzimmer finden sich außerdem Wellensittiche, grüne Kongopapageien, Gelbbrustaras, Emus und Reptilien. Remos Stundenplan im Tierpark ist straff organisiert. Immer wartet die nächste Vorführung.

Als wir am Tigergehege vorbeikommen, liegen die vier Tiger wie für eine Fotosession auf dem Hügel im Gehege und schauen uns an. »Das kommt sehr selten vor, dass alle vier in Foto-Pose nebeneinanderliegen«, strahlt Remo. Leider ist mein Fotoapparat noch im Rucksack. Ich werde mein Glück später nochmal versuchen.

Dann bin ich mit Emma allein auf Erkundungstour. Remo muss zurück an die Arbeit, die ihm außerordentlich viel Spaß macht.

Im Restaurant finden wir gerade noch einen freien Stuhl. Alexandras Mutter Petra, die den gastronomischen Betrieb leitet, versorgt uns mit frisch gebackenen Waffeln. Wenn um 18.00 Uhr der Park schließt, beginnt das Trainingsprogramm mit den »Neuankömmlingen«. Zwei Schottische Highland-Bullen, drei Emus und einige Schafe sind dran. Ich habe Gelegenheit Remo über die Schulter zu schauen. »Die Tiere« erklärt Remo »werden zu nichts gezwungen. Es funktioniert mit Futter, Geduld, Zuspruch und viel Liebe. Die Tiere zeigen an, was sie gewillt sind zu tun.« Nach dem Training ist Remo zufrieden. »Jeden Tag klappt es ein wenig besser«.

Ich ziehe mich mit Emma in unsere Unterkunft zurück und schlafe bald wie ein Murmeltier zwischen Uhu und Tigern. Die Nacht bleibt ruhig, kein Laut ist zu hören.

Am nächsten Morgen bin ich mit Alexandra am Eingang der Huskylodge verabredet. Ohrenbetäubendes freudiges Hundegebell setzt ein, als die Hunde merken, dass sie eingeschirrt werden sollen. Alexandra will mit einigen Gästen eine Trainingsrunde rund um den Tierpark machen. Alexandra weist uns ein. Jeder Husky hat sein eigenes Geschirr. Nach der Einweisung darf ich dann meinen ersten Husky mit Geschirr versehen. Mit Emma geht das einfacher, Halsband, Leine, fertig. Die Vorfreude der Hunde ist so groß, dass sie mich erst lautstark begrüßen, an mir hochspringen oder mich ablecken. Alexandra hat bereits vier Huskys mit Geschirr versehen, als ich immer noch beim ersten bastele. Beim zweiten Einschirren geht es schon etwas schneller. Das dritte Tier, es ist bis dahin das Kräftigste, türmt, als ich versuche, ihn an der richtigen Stelle der Zuggemeinschaft zu platzieren. Hundegebell, Hundegeheul, ich mitten drin und schweißgebadet. Mit Sanftmut, und einigen Befehlen gelingt es Alexandra, alle Tiere in die richtige Position zu bringen. Nun beginnt das heikelste Manöver. Zwei Quads, ohne Motor, nur mit Bremsen versehen, dienen als »Schlitten« fürs die Rundfahrt. Während Remo seinen Schlitten aus der Lodge ziehen lässt, fällt mir die Aufgabe zu, den zweiten Schlitten bedienen zu dürfen. Zuvor einige Anweisungen, wie ich die Hunde nach rechts oder links, zum Anziehen oder zum Bremsen bewegen kann. Dann geht alles ganz schnell. Wie Formel 1 Boliden stehen die Hunde zum Rennen bereit, höchste Anspannung bei Hunden und Trainern. Jeder Husky hat seinen Platz. Als es losgeht, herrscht Ruhe. Mit dem ersten Ruck verstummt das Bellen. Die Tiere sind voll konzentriert, bereit zur Ausfahrt. Großer Spaß für »Schlittenführer« und Huskys. Wir rollen. Ich merke, wie meine Anspannung allmählich nachlässt.

Zur Mittagszeit treffe ich mich mit Marlene Kurz und Roland Hebel, zwei ausgewiesenen Kennern der Stadt Kastellaun, in der Tourist-Information. Gadah Shatanawi, Tourismuschefin der Stadt, hat für mich einen historischen Rundgang durchs das alte Kastellaun organisiert.

Marlene hat sich für den Rundgang gekleidet »wie eine nicht ganz arme Frau zur Zeit des Mittelalters«. Roland und Marlene kennen hier jedes Haus, jeden Stein, keine Frage bleibt offen, ich komme kaum mit meinen Notizen nach.

In der malerischen Altstadt sind viele Fachwerkhäuser renoviert worden. Über allem thront auf einem großen Felsmassiv die mittelalterliche Burg. Über Treppenaufgänge gelangt man zur Burganlage. Die ehemalige Höhenburg, erstmals 1248 urkundlich erwähnt, wird 1301 Residenz des Grafen Simon II von Sponheim. 1689, im pfälzischen Erbfolgekrieg, sprengen französische Truppen die Anlage, die danach nicht wieder aufgebaut wird.

Der ehemalige Palas der Burg ist heute eine Freilichtbühne. Im Burgkeller werden Kerkeressen angeboten.

Wir beginnen unseren gemeinsamen Rundgang am Busbahnhof, beim Pavillon des Simmerner Architekten Hanfried Oertel. Großformatige Bilder zeigen unter dem Dach des Pavillions verschiedene Epochen Kastellauns. Wir spazieren zur Marktstraße und zum Hotel Restaurant Altes Stadttor, das direkt an die alte Stadtmauer gebaut wurde. Rechter Hand Haus Maull, 1775 erbaut, beherbergt heute im unteren Bereich ein »Kunst- und Kulturcafé«. Die erste und zweite Etage gewähren Einblicke in das bürgerliche Leben der Familie Maull im Verlauf der letzten 250 Jahre.

Über viele Generationen wohnte Familie Maull in Kastellaun in der Marktstraße oder in der näheren Umgebung. Der Heimatdichter Louis Frère hat in seiner trierischen Familienchronik mit dem Titel *»DRÜBEN DIE«* über die Begegnung des Medicus Johann Philipp Maull mit dem Räuberhauptmann

Schinderhannes berichtet: »*Um 1800 wohnte im Hunsrück, zu Rhaunen im Kreis Bernkastel als Wundarzt und Chirurgus, der Medicus Johann Philipp Maull, gebürtig aus Kastellaun. Schon sein Vater und Großvater waren fünfzig und hundert Jahre früher im gleichen Beruf tätig gewesen und es muß sich etwas davon auf die Nachkömmlinge vererbt haben.*

Der Medicus Johann Philipp Maull war ein betriebsamer Mann. Nicht nur daß er seine zahlreichen Patienten pünktlich versorgte; seine Ehefrau Anna Maria Bartz, Tochter des markgräflich badischen privilegierten Stadt- und Landapothekers zu Kirchberg im Hunsrück, hat ihm sieben oder acht Kinder geboren. Das vierte Kind war ein Mädchen Eleonore, geboren am 1.3. 1792 zu Kastellaun.

Der Medicus Maull war in der Umgebung von Rhaunen weit und breit bekannt. Seine meisten Klienten wohnten auf dem Lande und er besuchte sie hoch zu Roß. Eine nicht ganz gewöhnliche Patientin von ihm war auch einmal Julia, die Geliebte des bekannten Hunsrücker Räubers Schinderhannes, der Anführer von immerhin 250 Räubern war. Julia war vorzeitig niedergekommen und hatte dringend ärztliche Hilfe nötig. So klopften einige Räuber des Schinderhannes eines Nachts bei Chirurgus Maull an und nahmen ihn mit verbundenen Augen, damit er nicht sehen konnte, wohin es gehen sollte, auf einem 30 km langen Ritt zu ihrer Höhle einfach mit. Hinterher stellten sie ihm für seine Hilfe einen Freibrief aus, eine Art Passierschein, der ihm bei einem etwaigen Überfall von Räubern dieser Bande Schadensfreiheit garantierte. Solche Freibriefe stellte er mehrfach vor allem Armen und einigen bevorzugten Personen und Reisenden aus.«

Neben Haus Colditz mit einer wunderschönen Jugendstilfassade befand sich in alten Zeiten die Thurn- und Taxis'sche Posthalterei. Nur wenige Meter weiter auf der linken Straßenseite befindet sich, ebenfalls in einem Fachwerkhaus, das Gasthaus Schwan, in dem im 17. Jahrhundert die Hexenausschüsse des Amts Kastellaun tagten. Durch die Schlossstraße kommen wir zur Zehntscheune und zum Hotel-Restaurant Badische Kellerey, wo ich morgen übernachten werde. Es folgen die katholische und evangelische Kirche, dazwischen das Haus »Gehaichnis«. Auf dem Rückweg passieren wir das Geburtshaus des Keltenforschers Heinrich Zimmer.

Auf dem Weg durch die Stadt treffen wir auf Isabella und Heike. Die beiden Freundinnen aus Berlin und Nordhessen haben sich hier getroffen, um einige Tage im Umfeld von Kastellaun zu wandern. Deutschlands längste Fußgängerhängeseilbrücke hat sie in den Hunsrück gelockt.

Im Kulturcafé Haus Maull lassen wir die Stadtführung bei Milchcafé und Kuchen ausklingen.

Mein Tagesprogramm ist noch nicht zu Ende. In der Nähe des BurgStadt-Hotels verläuft der Sturmwurf-Erlebnispfad Kastellaun.

Im Januar 2007 verwüsteten Sturmböen des Sturms »Kyrill« große Waldflächen. Auf den Höhenzügen der Mittelgebirge erreichten die Orkanböen Windgeschichten von 200 km/h. In Rheinland-Pfalz war die Geschwindigkeit der Böen noch 120 km/h stark. Dabei fielen dem Sturm zwei Millionen Kubikmeter Holz zum Opfer. Die Stadt Kastellaun entschied, die 1,5 Hektar große Windwurfstelle der Natur zu überlassen und hat so ein spannendes Anschauungsobjekt geschaffen, um einen Einblick ins Leben der Natur im Wald zu vermitteln. Ein 800 Meter langer Holzbohlenweg windet sich durch die umgestürzten Baumriesen, überwindet mittels Holzbrücken und Holzstegen Baumstämme, schlängelt sich vorbei an den senkrecht in die Höhe ragenden Wurzeltellern. Nach 18 Holzbrücken über Treppen und Leitern endet der spannende Erlebnispfad.

Schlittenhunde in Bell

Der Friedensacker im Hunsrück

Bevor wir unseren Weg von Bell Richtung Kastellaun fortsetzen, will ich zurück zum Ortseingang von Bell. Das Bild einer Kuh, die Raketen auf die Hörner nimmt und mit ihren Hufen zertrampelt, ist an einer Hausfassade noch immer zu sehen. Man vermutete, dass in den 80er Jahren des vergangenen Jahrhunderts im Hunsrück das größte Atomwaffenarsenal der Bundesrepublik Deutschland lagerte. Insgesamt waren 96 Cruise-Missiles, Raketen mit Atomsprengköpfen im Hunsrück stationiert. Es formierte sich Widerstand. Die Hunsrücker Friedensbewegung errichtete auf einem Acker an der Hunsrückhöhenstraße 96 Holzkreuze für 96 Raketen auf einem Acker, der noch heute als der Friedensacker bekannt ist. 1986 versammelten sich fast 200.000 Menschen zu einer Friedensdemonstration. Wie durch ein Wunder blieb alles friedlich, keine Ausschreitungen, keine Wasserwerfereinsätze, keine Verletzten. Noch heute zeugen drei Friedenskreuze direkt neben der Hunsrückhöhenstraße von dieser Zeit.

In Bell finde ich die Trasse des Saar-Hunsrück-Steigs und wandere an Wiesen und Feldern entlang Richtung Hunsrückhöhenstraße. Zwischen Bell und Kastellaun folgen wir im Zickzack-Kurs auf schmalem Waldpfad der Beschilderung. Oberhalb von Kastellaun ein erster Blick auf die Stadt mit ihren alles überragenden Burgmauern. Wir wandern talwärts Richtung Marktplatz. Unser Nachtquartier, die Badische Kellerey, haben wir schnell gefunden.

Die »Badische Kellerey« wurde 1670 als Wohnhaus für den »Badischen Amtskellner«, Verwalter und Geldeintreiber der hinteren Grafschaft Sponheim, gebaut. Das preußische Urkataster weist 1831 den Steuereinnehmer Josef Anton Görres als Besitzer aus. 1852 wird das Gebäude an den Apotheker Johann Hermann Oberhimmighofen verkauft. Einhundert Jahre später schließt die Schlossapotheke und weicht einem Gastronomiebetrieb. Seit Januar 2014 betreiben Maria und Sebastian Kaap die Badische Kellerey mit Hotel, Restaurant, Biergarten, Weinstube und Kulturscheune.

Die »Raketen-Kuh« erinnert am Ortsrand von Bell an die Hunsrücker Friedensbewegung

Maria ist in der Nähe von Leipzig aufgewachsen. Ihre Ausbildung führte sie über die Mosel und Eifel in den Hunsrück. Sebastian stammt aus Braunschweig. Auch er durchlebte verschiedene Berufsstationen, zuletzt auf einem Kreuzfahrtschiff, wo sich Maria und Sebastian kennen lernten. Dann kam das Angebot der ehemaligen Chefin von Maria, die Badische Kellerey in Kastellaun zu übernehmen. Als dann Sebastian zum ersten Mal nach Kastellaun kam und die Badische Kellerey sah, wusste er sofort: Das ist mein neues Zuhause.

Nachdem der Rucksack verstaut ist, gönne ich mir ein heißes Bad. Emma hat sogar einen eigenen eingezäunten Garten, falls sie nachts mal raus muss. Nach meinem ausgiebigen Wannenbad sitzen wir im Biergarten. Emma hat sich sofort ins Herz der Gastgeber gewedelt und erhält ihre Lieblingsmahlzeit: Hühnchen mit Kartoffeln, Karotten und einem Schuss Sahne. Ich esse schwäbische Zwiebelsuppe und anschließend einen Hunsrücker Kloß – kann ich sehr empfehlen. Dazu trinke ich einen Wein vom Weingut Ries in Boppard: Riesling trocken, 2014, aus dem Bopparder Hamm. Hier könnte mein Urlaub beginnen.

Auf den Spuren des Räuberhauptmanns Schinderhannes

Der 37,7 Kilometer lange Premiumweg »Schinderhannespfad« von Kastellaun nach Simmern wurde als Zweitagestour konzipiert, um die Lücke zwischen den Fernwanderwegen Saar-Hunsrück-Steig und Soonwaldsteig zu schließen.

Wer war eigentlich dieser Räuberhauptmann Schinderhannes? Sein richtiger Name war Johannes Bückler. Vermutlich wurde er am 24. Oktober 1777 als Sohn einer Bauerntochter und eines Abdeckergehilfen im Taunusdorf Miehlen geboren. Als Räuberhauptmann Schinderhannes soll er zwischen 1793 und 1804 vor allem im Hunsrück sein Unwesen getrieben haben. Bei seiner Hinrichtung auf der Höhe von Mainz-Weisenau sollen mehr Menschen zugeschaut haben als bei Napoleons Einzug in Mainz.

Der Hinrichtung war ein spektakulärer Schauprozess vorausgegangen, der von den ersten Vernehmungen bis zur Urteilsverkündung umfassend dokumentiert ist.

Basierend auf einem Theaterstück von Carl Zuckmayer, wurde das Leben des Schinderhannes 1958 mit Curd Jürgens in der Rolle des Schinderhannes und Maria Schell in der Rolle seiner Geliebten Julchen verfilmt.

Zwei Tage habe ich eingeplant um, von Kastellaun über Simmern nach Gemünden zu wandern. Jetzt heißt es erstmal, die Verbindungsroute zwischen Saar-Hunsrück-Steig und Soonwaldsteig zu bewältigen. Ein letzter Blick geht über die Stadt Kastellaun, bevor wir am Jüdischen Friedhof im Wald eintauchen. Der Friedhof wurde in der heutigen Hasselbacher Straße 1879 nach altem Brauch außerhalb der Stadt angelegt. Die Inschriften der Grabsteine waren zunächst nur in Hebräisch gehalten, später gab es auch Inschriften in Deutsch oder in beiden Sprachen. Seit 1992 steht der Friedhof unter Denkmalschutz.

Wir wandern durch wunderschönen Buchenwald Richtung Gammelshausen. Hinter Laubach verlassen wir den Schinderhannespfad Richtung Horn. Dort will ich zur Galerie von Dagmar Rehberg. Die Galeristin verlegte nach 37-jähriger Schaffenszeit in Mainz ihre Ausstellungsräume in das 334-Seelen-Dorf Horn. »Wir haben den Hunsrück schon immer gemocht«, erzählt mir Dagmar Rehberg bei meinem Besuch, »wir waren oft mit den Kindern im Hunsrück.

Hier war es wild, urig und einsam. Wir haben die Gegend lieben gelernt. Und so ganz aus Mainz bin ich nicht weg, da ich dort noch einige Ehrenämter begleite. Zweimal pro Woche bin ich dann doch nochmal in der Stadt.«

Der Schwerpunkt ihrer Galerie liegt in der Bildhauerei, die Skulpturen sind teilweise in einem alten Garten ausgestellt.

Mit ihrem Mann bewohnt sie in der Wilhelm-Oertel-Straße 5, das Haus, in dem vor über 200 Jahren der Volks- und Jugendschriftsteller W.O. von Horn geboren wurde. Eine Inschrift an der Hauswand erinnert an den evangelischen Pfarrer Wilhelm Philipp von Oertel, der seine Werke unter dem Pseudonym W.O. von Horn veröffentlichte.

Seit fünf Jahren veranstaltet Dagmar Rehberg im dem kleinen Hunsrückdorf ein Kunstfest, das sich mittlerweile zu einer festen Institution in Horn und Umgebung etabliert hat.

HEIMAT ist für mich ein Ort,
an dem ich gut leben kann,
wirken kann, etwas entwickeln kann,
den meine Familie und meine Freunde
mit mir teilen können.
Heimat kann überall sein.

Dagmar Rehberg

Zurück zum Schinderhannespfad. Hinter Laubach treffen wir auf die Traumschleife »Klingelfloß«, die für eine Weile auf der Wegtrasse des Schinderhannespfades verläuft. Auf dem Weg durch den Forst hätten wir die Möglichkeit, im Landgasthof »Gesellschaftsmühle«, nur wenige Meter vom Weg entfernt, einzukehren, doch ist es noch zu früh für eine Pause. Später kommen wir mitten im Wald an einen kleinen Teich, an dem eine grün/rötlichbraun angestrichene ehemalige Waldarbeiterschutzhütte steht.

Die Schutzhütte Klingelfloß wurde nach dem Vorbild einer Karpaten-Hütte erbaut. Der Teich diente bis in die 90er Jahre der Forellenzucht. Die Bank am Teich ist ein idealer Platz zur Rast. Während wir hier sitzen, kommen aus allen Richtungen Wanderer am Klingelfloß vorbei.

Renate und Hans wollen mit ihren beiden Hunden auf der 7,9 km langen Traumschleife für zwei Stunden dem Alltag entfliehen. Werner, der ebenfalls mit Hund dazu stößt, ist auf dem Schinderhannespfad unterwegs und möchte von Gemünden aus noch einige Etappen auf dem Soonwaldsteig weiterwandern.

Traumschleife und Schinderhannespfad trennen sich am Klingelfloß. Auf dem Weg nach Neuerkirch wird es einsam. Oberhalb der Ortschaft verschnaufen wir für einige Minuten am Rastplatz mit Grillhütte und einem kleinen Teich. Später gelangen wir zum Külzbach. Nach der Überquerung des Baches müssen wir auch noch über eine Landstraße, ehe wir über einen Wiesenweg einige Höhenmeter zurücklegen. Die Stadt Simmern liegt weit unten im Tal. Von einem Wiesenweg aus, der am Waldrand verläuft, genießen wir die Aussichten über den Hunsrück und den Soonwald. Schritt für Schritt nähern wir uns der Kreisstadt Simmern. Auf dem Weg zur Innenstadt passieren wir den 60.000 qm großen Schmiedelpark, einen Freizeitpark vor den Toren der Stadt.

Am Schinderhannesturm, dem Wahrzeichen der Stadt Simmern, habe ich eine Verabredung. Ich will mehr über den Turm erfahren. Hiltrud Ley, zertifizierte Natur- und Landschaftspflegerin sowie Stadtführerin von Simmern kennt die Geschichte: »Der Turm wurde zwischen 1320 und 1330 als östlicher Eckturm der Stadtmauer von Simmern gebaut. Der mit mächtigen Mauern gesicherte Turm diente über 300 Jahre der Aufbewahrung von Pulver und Kriegsgerätschaften. Als die Stadtväter ein neues Gefängnis brauchten, wurde der Turm zu einem Gefängnis umgebaut. Das Erdgeschoss hatte keine Fenster und Türen, sondern bildete das Turmverließ. Die Gefangenen wurden über eine Klappe sechs Meter in die Tiefe herabgelassen.«

Hiltrud Ley öffnet die schwere Holztür mit einem Schlüssel und zeigt mir das Verlies. Ein Entkommen ist unmöglich. Am 26. Februar 1799 machte die Nachricht die Runde, dass ein berühmter Gefangener im Turm eingesperrt worden sei: Räuberhauptmann Schinderhannes! Der damals noch jugendliche Räuber war bereits mehrfach gefangen genommen worden, doch länger als drei Tage hielt ihm kein Gefängnis stand. Immer wieder konnte er entfliehen. In Simmern sei dies unmöglich, glaubte man. Jedoch in der Nacht vom 19. auf den 20. August 1799 gelang ihm dennoch die Flucht. Wie es gelingen konnte, liegt bis heute im Dunkeln.

Später war im Turm das Hunsrück-Museum untergebracht. Nach dessen Umzug ins Schloss wurde eine Jugendherberge im Turm eingerichtet. 2006 wurde der Schinderhannesturm nach umfangreichen Renovierungsarbeiten wieder der Öffentlichkeit zugänglich gemacht.

Seit drei Jahren treffen sich hier Menschen aus Simmern und Umgebung, um im Hunsrücker Dialekt zu diskutieren und sich zu unterhalten. Zum sogenannten »Plattschwätz-Owend«, organisiert von Dr. Volker Keller, Historiker und mundartbegeistert, kommen regelmäßig etwa zwei Dutzend Frauen und Männer zusammen. Außergewöhnliche Mundartwörter werden vorgestellt und dann wird diskutiert, geschwätzt und gerätselt, welchen Ursprung ein bestimmtes Wort haben könnte. Die Wörter werden gesammelt und den Teilnehmern per E-Mail weitergeleitet. Inzwischen ist die Anzahl der Platt-Wörter auf über 1000 gewachsen.

Vor meiner Sommerreise hatte ich Gelegenheit, einen Plattschwätz-Owend im Schinderhannesturm zu besuchen. Unter den Gästen war an diesem Abend Josef Peil aus Mastershausen, der zusammen mit Wilhelm Müller-Schulte ein Büchlein mit dem Titel »Herrgotts Routeplaner – Die 10 Gebote uff Hunsrücker Platt« herausgegeben hat. Dort heißt es:

»*Hunsrücker wissen klare Ansagen zu schätzen – nix hinnerum, sondern geradeaus!* ›*Hergotts Routeplaner*‹ *sind zeitlose Regel, die sich an 10 Fingern abzählen lassen:* ›*Unn dodermit uhs leere wulle, datt meer enanner helfe sulle.*‹«

Das erste Gebot in Hunsrücker Platt lautet:

»Das Io will ich Der sahn: Eich sinn de Herr, Deine Gott.
Außer mer git's käner unn außer mer brauchst De käner.
Unn das hääßt: Gott hält Der zu, er hott Deich gere,
Dem host Dau alles ze verdanke. De traut Der unn
Dem kannst Dou traue. Bei dem bist De immer an de
richtisch Stell. Alles, was Deich aangeht, es bei dem Chefsach.«

Aus: Herrgotts Routeplaner, Josef Peil und Wilhelm Müller-Schulte

Hiltrud Ley kümmert sich mit Dr. Volker Keller nicht nur um den Plattschwätz-Owend, sondern veranstaltet im Schinderhannesturm mehrmals im Jahr einen »Maje-*Owend*«.

Man trifft sich im oberen Teil des Turmes in geselliger Runde, hört Lieder, Gedichte und »Stickelcher« aus der Feder von Peter Joseph Rottmann, der weit über die Grenzen des Hunsrücks als Mundartdichter bekannt wurde. »Wir versuchen es den Besuchern«, so Hiltrud Ley »so heimelig wie möglich zu machen. Es gibt im Hunsrücker Dialekt das Wort ›Gehaichnis‹, und genau das wollen wir unseren Gäste bieten«.

Hiltrud hat eine besondere Beziehung zu den Texten von Rottmann. »Ich sage immer scherzhaft, dass ich mit Rottmann aufgewachsen bin.«

Der Hintergrund:

»In meiner Kindheit hat meine Oma uns in der Winterzeit des Öfteren Gedichte und ›Stickelcher‹ von Peter Joseph Rottmann vorgelesen. Einige davon kenne ich noch heute auswendig. Für mich waren das ganz besondere Momente, in denen ich mich immer sehr wohl gefühlt habe – für mich war das ein ›Gehaichnis‹.

Wie das im Leben oft so ist, trat das alles ab der Jugendzeit in den Hintergrund. Erst als meine Kinder ›aus dem Gröbsten‹ raus waren und ich wieder mehr Zeit für mich hatte, erinnerte ich mich zunehmend an diese angenehmen Stunden in meiner Kindheit. In mir machte sich allmählich der Wunsch breit, anderen Menschen aus dem Rottmannbuch vorzulesen und ihnen damit annähernd ein solches Wohlgefühl zu bereiten, wie ich es viele Jahre zuvor erfahren hatte. Was mir allerdings dazu fehlte, waren sowohl die Örtlichkeit als auch die Gelegenheit. Diese ergaben sich endlich 2009 während meiner Ausbildung zur Gästeführerin von Simmern.

Als Wahrzeichen der Stadt war natürlich auch der Schinderhannesturm ein Ausbildungsschwerpunkt. Bei der Besichtigung schauten wir uns unter anderem die ›Wachstube‹ an. Mit den Holzvertäfelungen und den an den Wänden angebrachten Holzbänken verbreitet dieser Raum ein ganz besonderes Wohlbehagen. Mir war sofort klar, dass dies der Ort ist, an dem sich eine Veranstaltung, wie sie mir vorschwebte, verwirklichen lassen könnte. Ich machte mich an die Arbeit und erstellte ein Konzept. Dieses stellte ich den Gästeführerkollegen vor und fragte, wer von ihnen sich vorstellen könnte, sich bei dem Maje-Owend einzubringen. Vier der Kollegen waren sofort überzeugt und so verfeinerten wir das Konzept. Wir lehnen uns bei der Durchführung an den alten Brauch des Majens an, daher finden die Veranstaltungen nur im Winterhalbjahr von September bis März statt. Mittlerweile läuft der Maje-Owend im achten Jahr mit großem Erfolg; die Karten sind über mehrere Monate im Voraus ausverkauft«.

Wer war eigentlich dieser im Hunsrück überall bekannte Mundartdichter Peter Josef Rottmann? Als Sohn des Buchbinders und Lokalpolitikers Johann Lorenz Rottmann und dessen Ehefrau Maria Margarethe Koch wurde Peter Joseph 1799 in Simmern geboren. Zwischen 1817 und 1822 entstand sein erstes Gedicht. Er widmete es seiner Verlobten Wilhelmine Maull zum Namenstag. 1822 heiratete das Paar und hatte zehn Kinder.

Im heutigen Rottmann-Haus in Simmern betrieb er kurzzeitig den Gasthof »Zum Hunsrücken«. Während dieser Zeit entstanden die ersten Gedichte in Hunsrücker Mundart. 1840 veröffentlichte Rottmann auf Anregung des Dichters Karl Josef Simrock sein Buch »Gedichte in Hunsrücker Mundart«.

Rottmann beschreibt in seinen Gedichten vor allem das Alltagsleben der Hunsrücker in humoristischer Weise. Seit 1833 war Rottmann Mitglied des Simmerner Stadtrats. Auf Grund seines Engagement und seiner Beliebtheit wurde er 1846 zum Bürgermeister von Stadt und Amt Simmern ernannt, nach zwei weiteren Ernennungen war er bis 1870 Bürgermeister seiner Heimatstadt.

Der alte Bauer an seinen Sohn

Eine Parodie auf das Lied: »Sohn, hier hast Du meinen Speer«.

Suhn, Io hoste meine Gaul!	Sohn, hier hast du meinen Gaul!
Eich sinn kroobig, alt unn faul;	Ich bin schwach, alt und faul;
Nemm de Blug unn aag die Eh,	Nimm den Pflug und auch die Egge,
Zacker Dau, – eich kann nitt meh.	Ackere du, – ich kann nicht mehr.
Guck! eich honn schunn grohe Hoor,	Schau! Ich habe schon graue Haare,
Zack're aag schunn fuffzig Johr;	Ackre auch schon fünfzig Jahre;
Alle Johr iß meer die Soot	Jedes Jahr ist mir die Saat
Unn die Ähre gut geroth.	Und die Ernte gut geraten.

Uhs Här Scholles hott de Wahn	Unser Herr Bürgermeister hat den Wagen
Meer geschenkt, eich kann der't sahn;	Mir geschenkt, ich kann dir's sagen;
Dann eich honn'em trei unn reegd,	Denn ich habe ihm treu und recht,
Fuffzeh Johr gedient aß Kneegd.	Fünfzehn Jahre gedient als Knecht.
Uhs Hannickel – datt war hart! –	Unser Johann Nikolaus – das war hart! -
Hott gehuult de Bonebart;	Hat geholt den Bonaparte;
Doruff iß Dei Mutter ball	Darauf hin ist Deine Mutter fast
Aag vor lauter Lääd verfall.	auch vor lauter Leid gestorben.
Nau hall eich m'r in dem Haus	Nun halte ich mit in dem Haus
Meine Sitz unn Wahning aus,	Meinen Sitz und Wohnung aus,
Unn darr-eich aß alder Mann	Und dass ich als alter Mann
Meich am Uhwe währme kann.	Mich am Ofen wärmen kann.
Vor-em Schaffe grauel nitt!	Vor der Arbeit fürchte dich nicht!
Dann Dau siehst jo alle Ritt,	Denn Du siehst ja jeden Augenblick,
Datt die Faule nitt bestehn	Dass die Faulen nicht bestehen
Unn dann noh Bresilje gehen.	Und dann nach Brasilien gehen.
Mach käh Hebbedeck uff't Haus!	Nimm keine Hypothek aufs Haus!
Hall D'r nor dett Hussje draus!	Halte Dir nur den Gerichtsvollzieher draußen!
Unn dann drick as braver Bu	Und dann drück als braver Bube
Meer am Enn die Aue zu!	Mir am Ende die Augen zu!

Peter Joseph Rottmann

Nach der Besichtigung des Turmes treffe ich Otto Prochnow auf dem nahen Schlossplatz. Im September 1942 wurde er in Castrop-Rauxel im Emscherland, dem nördlichen Teil des Ruhrgebiets geboren. Nach der Schule ist er zunächst bei der Stadtverwaltung in Koblenz beschäftigt, anschließend bei der Kreisverwaltung in Simmern. Die rauhe Landschaft hat ihn sofort in seinen Bann gezogen, hat ihn inspiriert und fasziniert.

Der Maler Prochnow schafft unzählige Landschaftsbilder des Hunsrücks. Jakob Melcher und Erwin Hegemann geben seiner künstlerischen Entwicklung entscheidende Impulse. In Lötzbeuren, einem kleinen Dorf oben auf dem Hunsrück, das auch als Moselbalkon bezeichnet wird, betreibt er mit Jürgen Rösner die Galerie »Das Tor«.

In der Kreisverwaltung in Simmern war er Leiter der Ordnungsbehörde. Als der Filmemacher Edgar Reitz mit den Dreharbeiten im Hunsrück begann, wurde Otto Prochnow zur Betreuung des Teams in behördlichen Fragen abgestellt. Er erinnert sich: »In ›Heimat 1‹ waren fünfundvierzig verschiedene Drehorte geplant, Gebäude und Straßen mussten umgebaut, verändert oder gesperrt werden. Ich war fast täglich draußen vor Ort. Als ich einmal ankam und der Filminspektor krank geworden war, wurde ich kurzerhand in die Maske geschickt. Da ich dem ›Kollegen‹ ähnlich sah, sollte ich ihn einen Filmtag lang vertreten. Aus dem einen Tag wurden zwanzig Tage, und ich durfte den Königlichen Polizeiinspektor in ›Heimat 1‹ spielen.«

Bereits in seiner alten Heimat im Ruhrpott hatte Otto Prochnow mit der Malerei begonnen. »Edgar Reitz hat mir die Augen für den Hunsrück geöffnet. Ich habe später teilweise die Filmkulissen in meinen Bildern umgesetzt, wie zum Beispiel die alten Bauernhäuser in Sagenroth.«

Während der Dreharbeiten zu »Heimat 2« war das Filmteam in Simmern unterwegs, um nach einem besonderen Schauplatz Ausschau zu halten. Als Otto Prochnow vom Dienst nach Hause kam, saßen Franzi Bauer und Gernot Roll, die er bereits von den Dreharbeiten zu »Heimat 1« kannte, auf der Mauer gegenüber seines Hauses. Sie suchten eine Perspektive, wo der junge Hermann Klavier spielen und im Hintergrund die Kirche von Simmern zu sehen sein sollte. Das Haus, vor dem sie standen schien die richtige Perspektive zu gewährleisten. Die Freude war groß, als sie erfuhren, dass das Haus Otto Prochnow gehörte. Nach einigen Umräumaktionen wurde das Wohnhaus zum Drehort in »Heimat 2«.

Die Schauspielerei habe ihm gefallen, erzählt er mir. Er liest auch gerne Geschichten vor, mag seine Malerei, und kocht für sein Leben gern. Manchmal hadert er damit, zu viele Talente zu besitzen.

> HEIMAT ist da, wo ich mich wohlfühle.
> Wo Freunde leben, die meiner Familie und mir etwas bedeuten.
> Heimat muss nicht unbedingt »schön« sein,
> aber mir ein Gefühl von Geborgenheit geben.
> Heimat ist da, wo ich sagen kann »Ich bin zu Hause«.
> Heimat ist da, wo ich Spuren hinterlassen habe.
>
> Otto Prochnow

Den zweiten Teil des Schinderhannespfades beginne ich am Hotel »Bergschlößchen« am Rande der Stadt. Durchs Simmerbachtal wandern wir über Bach-, Wiesen- und Waldwege Richtung Ohlweiler. Dort treffen wir auf die Traumschleife »Domblick« die sich ein längeres Wegstück auf der Trasse des Schinderhannespfades befindet. Entlang weit geschwungener Bachschleifen wandern wir vorbei an naturbelassenen Wiesenabschnitten. Über uns kreisen ein halbes Dutzend Milane, es duftet nach frisch gemähtem Gras, selbst das emsige Summen der Bienen ist im stillen Tal zu hören.

Bis nach Belgweiler geht es zwei Mal über schmale, teils felsige Pfade nach oben. Am Aussichtspunkt »Schwarzer Kopf« bietet sich ein wunderbarer Ausblick übers Simmerbachtal und zu den Orten Schönborn und Oppertshausen.

Eine Informationstafel am Dorfrand berichtet, dass Belgweiler nach siedlungsgeschichtlichen Erkenntnissen ein sogenanntes »Wilari« war, ein einzelnes landwirtschaftliches Anwesen, das später zu einem Dorf heranwuchs.

Hinter Belgweiler sind wir nochmals entlang des Simmerbachs unterwegs. Von einer Sinnenbank am Waldrand schweift der Blick zum Hunsrückdom. Der Dom von Ravengiersberg überragt auf einem Felsmassiv in einer Simmerbachschleife den Ortskern.

Bereits 1074 wurde vom Ehepaar Graf Bertholf und Hedwig von Ravengiersburg das älteste Kloster der Hunsrückregion gegründet. Die Klosterkirche ist dem heiligen Christophorus geweiht. 1410 wurde das gesamte Propsteigebiet an das neu geschaffene Herzogtum Pfalz-Simmern-Zweibrücken übertragen. Es umfasste die Landgerichte Nunkirch und Biebern mit zahlreichen Ortschaften. Bis zur Reformationszeit entwickelte sich das Kloster zum größten Grundbesitzer zwischen Mosel und Nahe. Während des Dreißigjährigen Krieges wurde es 1631 von schwedischen Truppen niedergebrannt.

Auch der Hunsrückdom in Ravengiersburg spielte in den Heimat-Filmen von Edgar Reitz eine Rolle. In »Heimat 3« war der Dom Drehort, um die Taufe von Antons Enkel in Szene zu setzen. Die gesamte Familie Simon und zahlreiche Komparsen waren im Hunsrückdom versammelt.

Zurück zum Wanderweg: Die Wegtrasse verläuft weiterhin auf der Anhöhe vor Ravengiersburg, überquert die Landstraße und führt anschließend in den Oberbrunnenwald, wo sich Traumschleife und Schinderhannespfad trennen. Ein schmaler Waldpfad führt über die Höhe, immer wieder öffnen sich Waldfenster mit Blick nach Ravengiersburg und dem alles überragenden Dom. Dann bin ich wieder einmal mit Emma in totaler Abgeschiedenheit unterwegs. Ich verlangsame meinen Schritt, um diesen Wegabschnitt intensiv genießen zu können. Wir passieren mitten im Wald eine Weide mit sattem Grün und glücklichen Kühen. Was für ein unbezahlbares Gut in der heutigen Zeit, Ruhe, Stille und eine scheinbar unberührte Natur erleben zu dürfen.

Das Wegstück nach Neuhof ist mühsam. Der Hohlweg nach oben treibt Schweißperlen auf meine Stirn. Hinter Neuhof beglücken mich ungeahnte Fernblicke, die mich an meinen Flug mit Heiko Stemmler erinnern. Der Blick reicht von Kirchberg bis zur Wildenburg, in der Bildmitte präsentiert sich der alles überragende, völlig bewaldete Idarkopf. In der Blickachse zum Idarkopf bilden unzählige Wiesen, Weiden, Koppeln und Felder einen besonderen Flickenteppich. Das sind Bilder, die sich festsetzen. Jetzt, Mitte August, ist Erntezeit. Von den Maschinen, die das Korn abernten, steigen zartgelbe Staubsäulen auf.

Vorbei an Panzweiler wandern wir durchs Simmerbachtal Richtung Gemünden, wo unsere Wanderung unterhalb des Gemündener Schlosses am Hotel Gemündener Hof unmittelbar am Simmerbach endet.

Schauplatz im Film »Heimat 3«: Der Hunsrückdom in Ravengiersburg

Zehn Häuser, sechzehn Einwohner, ein Dorf: Steffenshof

Durch kleine Gassen führt der heutige Weg vom Marktplatz in Kastellaun Richtung Burg. Unterhalb der Burganlage mit ihren teilweisen noch erhaltenen wuchtigen Mauern wandern wir vorbei an der katholischen Kirche Hl. Kreuz zum Stadtweiher Kastellauns, der vom Trimmbach gespeist wird. Unsere Wandertrasse verläuft durchs Trimmbachtal. Nachdem wir die Brücke der B 327 unterquert haben, wird's ländlich. Am Uhler Kopf schweift mein Blick von einer Sinnenbank über Kastellaun und seine Burganlage.

Nachdem Uhler durchquert ist, folgen wir einem von Obstbäumen gesäumten Wiesenweg. Nochmals müssen wir über eine Straße ehe es leicht bergab ins Tal geht.

Direkt am Wegesrand am Deimersbach liegt das Gasthaus »Junkersmühle«. Dort sind Wanderer herzlich willkommen. Nach kurzer Rast bringt uns ein Waldwiesenweg nochmals auf Höhe. Aus dem Wald kommend führt die Wandertrasse über einen Wiesenweg durch landwirtschaftliche Flächen. Ein kleiner Weiher mit Erlebnisbiotop, Spielplatz und Kunstwerken gehört zum Mannebächer Energie- und Erlebnispfad, der in einer 3,5 Kilometer Schleife rund um Mannebach führt. Wir durchqueren den Ort und haben im Hunsrücker Hexenhaus die Möglichkeit einer Rast.

Die Chefin des Hunsrücker Hexenhauses, Martina Bauman, ist auf der Schwäbischen Alb aufgewachsen. Die gelernte Kauffrau kam der Liebe wegen in den Hunsrück, allerdings war es nicht die Liebe zu einem Mann, sondern zu ihrem Pferd. Ihr Pony war krank und benötigte dringend einen offenen Stall.

Da für Martina ihr Pony das Wichtigste auf der Welt war, musste eine Lösung her. Da auf der Schwäbischen Alb kein geeignetes Grundstück zu finden war, durchstöberte sie unzählige Zeitungsinserate und wurde schließlich im Hunsrück fündig. Zuerst musste aber ein Atlas her, um nachzusehen, wo sich dieser Landstrich in Deutschland befand. Mit Sack und Pack und Pony kam sie schließlich 1992 nach Mannebach.

Abendstimmung in Steffenshof

Nach einigen Berufsstationen in Kirchberg, Simmern, Neuwied und Andernach entschloss sie sich, mit ihrem Lebenspartner Tomas, der damals noch in der Schweiz arbeitete, einen Biergarten zu eröffnen. Nach zwei Jahren begann das Konzept zu greifen.

Heute ist das Hunsrücker Hexenhaus zu einer Institution geworden. Die Gäste, die längere Anfahrtswege aus Simmern, Koblenz oder Boppard in Kauf nehmen, schätzen die frischen Produkte, die Martina Baumann raffiniert komponiert und auf den Tisch bringt. Ich entscheide mich für vegetarischen Maultaschen und bin begeistert.

Vorbei an der Biomasse-Heizzentrale von Mannebach erreichen wir den Aussichtspunkt »Hunsrück-Eifel-Blick.« Später kommen wir zu einem Zwillingsbaum, der sich mächtig in die Höhe reckt. Filmemacher Edgar Reitz hat hier zwei Filmsequenzen des Heimatepos gedreht. Auf einer Informationstafel lesen wir:

»An diesem Zwillingsbaum lässt sich das Ehepaar Molz zu ihrer goldenen Hochzeit kurz vor Rudi Molz' Tod fotografieren. Der Tod des Schabbacher Gastwirts trifft Hermann und Clarissa tief, denn das Paar war immer eine Art Leitstern der ewigen Liebe für die beiden. Das symbolhafte Foto kauft Hermann als Andenken in einem Fotogeschäft in Simmern ...

... Kurz darauf kommt Hermann genau an die Stelle, an der das Foto gemacht wurde. Am Fuße des magischen Baumes unweit von Schabbach liegt der erschöpfte Hermann und schläft ein. Seine Rückkehr nach Schabbach erlebt er in einer endlosen Kette von Alpträumen, die ihm vor Augen führen, dass seine Heimat für immer verloren ist.«

Wenig später verlasse ich die Wegtrasse des Fernwanderweges, um nach Steffenshof zu gelangen. Dort habe ich bei Maria und Karli Mies eine Unterkunft gefunden.

»Der ehemalige Lehrer Johann Steffens aus Zilshausen kam auf seinem Schulweg nach Gondershausen öfter an der Stelle des heutigen Dorfes vorbei. Er kaufte vom Grafen Boos von Waldeck diesen Fleck und gründete 1832 den Steffenshof mit einem Fachwerkhaus mit Stall und Scheune. Anfang der 60er Jahre des vergangenen Jahrhunderts eröffnete Bauer Pies eine Pension für ›Sommerfrischler‹. Daraus entstand das Gasthaus Thea Pies, ›wo sich viele Wandervögel zum Singen trafen‹ «, lesen wir an einer Info-Tafel am Rande des Dorfes.

Martinas Quarkklößchen mit knusprigen Nussbröseln

(kann im Winter auch mal ein schöner Hauptgang sein)

Zubereitung:
- 20 g Butter mit 30 g Zucker, 1 Ei, etwas Vanille (Mark) und einem Spritzer Zitronensaft schaumig schlagen.
- 200 g Speisequark und 50-60 g Semmelbrösel unterrühren. Den Teig 15 Minuten ruhen lassen.
- Leicht gezuckertes Wasser erhitzen und aus dem Teig Klößchen formen (etwas größer als Tischtennisbälle). Die geformten Klößchen ins Wasser legen und 10-15 Minuten ziehen (köcheln – nicht sprudelnd kochen) lassen. Wenn alle Klößchen oben schwimmen, sind sie fertig.

WICHTIG: Den Quark am besten einige Stunden in einem Sieb abtropfen lassen. Je trockener der Quark ist, umso weniger Semmelbrösel benötigt man und umso cremiger ist die Konsistenz der Klößchen.

- Für die Nussbrösel 3 EL gemahlene Haselnüsse, 3 EL Zucker und 1-2 EL Semmelbrösel mischen und auf einem kleinen Backblech im Ofen rösten (ca. 160 °C), öfter wenden.
Wer mag, kann unter die gerösteten Nussbrösel gerne noch 1 großen EL gemahlenen Mohnsamen mischen.
- Die heißen Quarkklößchen in den Bröseln wälzen.

Die Klößchen teilt man am besten mit zwei Gabeln, damit sie nicht zerdrückt werden.
Besonders gut schmecken die heißen Klößchen auf einer kalten Vanillesoße.

Von Karlheinz Mies erfahre ich später, dass der 1795 in Zilshausen geborene Johann Steffen sein Ur-Urgroßvater war, der mit Hilfe seiner wohlhabenden Frau Feldflächen und Wald aufkaufte, um einen Hof zu gründen. Fortan waren die Steffens und deren Nachfahren Bauern und Landwirte. Karlheinz erlernte ebenfalls den Beruf des Landwirts, den er fast neun Jahre ausübte. Durch erblich bedingte Flächenteilungen konnte der Hof seines Vaters die Familie nicht mehr ernähren. Karlheinz schulte um. In einer Diskothek in Buch lernte er seine Frau Maria aus Macken kennen.

»Ich bin Gott dankbar, dass ich im Hunsrück geboren wurde«, erzählt Maria strahlend »hier wollte ich nie weg«. Gemeinsam mit ihrem Mann betreibt die gelernte Erzieherin die Pension Mies.

Die Trasse der Traumschleife »Baybachtal« verläuft unmittelbar an ihrem Grundstück. Als die Planungen für die Traumschleife begannen, war Karlheinz von Anfang an als Wegescout mit dabei und brachte sein Wissen rund um sein Heimatdorf Steffenshof mit ein. Oft ist er mit Maria auf »ihrem« Wanderweg unterwegs, den sie beide ehrenamtlichen pflegen. »Das es änfach use Wäsch«, lacht Maria, »da misse mir doch helfe.«

Über einen Fußweg von gerade einmal 20 Minuten gelangt man vom Steffenshof zur Burgruine Waldeck.

Die Burg, 1243 durch vier Ritter »von Waldeck« dem Kölner Erzbischof zu Lehen aufgetragen, wurde zwischen 1964–1969 durch die ersten Open-Air-Festivals bekannt.

Burg Waldeck gilt als Keimzelle der Deutschen Liedermacherbewegung.

Die mittelalterliche Burg Waldeck, erbaut auf einem Bergsporn im Baybachtal, war Stammsitz derer von Waldeck. Die Burg wurde während des Pfälzischen Erbfolgekrieges 1689 zerstört. Seit 1910 sind die Reste der Burg und das Vorgelände ein beliebter Treffpunkt. Zunächst waren die Bündische Jugend, danach bis heute die Nerother Wandervögel Eigentümer des Burggeländes.

Anfang der 60er Jahre des vergangenen Jahrhunderts entstand die Idee zu einem »Bauhaus des Liedes.« Die Zwillingsbrüder Hein & Os Kröher aus Pirmasens gehören zu den Pionieren, die mit dem ersten Waldeck-Festival »Chanson Folklore International – Junge Europäer singen« den Gedanken in die Tat umsetzten. Die Karieren von namhaften Künstlern wie Reinhard Mey, Hannes Wader und Franz Josef Degenhardt begannen auf Burg Waldeck.

400 Besucher kamen zum ersten Festival, vier Jahre später waren es bereits 6000 Festivalbesucher. Hanns Dieter Hüsch stand auf der Waldeck-Bühne ebenso wie Wolfgang Niedecken. Im September 1969 fand das sechste und letzte Festival statt.

»Die Festivals auf Burg Waldeck waren die vermutlich wichtigsten Daten in der Geschichte der bundesdeutschen Folkbewegung«, wertet das Folk-Lexikon.

Während des Spaziergangs zur Waldeck erzählt mir Karlheinz, dass seine Schulfreunde Klaus und Michael Mohri auf der Waldeck wohnten. Das Gelände rund um die Burg war ein beliebter Treffpunkt und Spielplatz für die Kinder. So ist es auch nicht verwunderlich, dass Karlheinz alle Festivals auf der Waldeck miterleben konnte. Er bekommt strahlende Augen wenn er von dieser Zeit erzählt. Ein Zeitzeuge der ersten Stunde.

Felsbilder im Hunsrück

Auf dem Weg zum nahen Wald kann man sich bei gutem Wetter an den Aussichten über die Hunsrückhöhen erfreuen. Auf dem Weg zur Schmausemühle folgen wir der Traumschleife »Baybachtal«. Wir steigen im Wald ins Prinzbachtal und erreichen später nach kurzem Anstieg mitten im Wald »Klöckners Kaul«, einen alten Stollen im Schiefergestein, der mit Stahlstreben verschlossen ist. Während der kurzen Wanderung werden wir einige Stolleneingänge sehen. Früher wurde im gesamten Hunsrück Schiefer abgebaut.

Wir steigen weiter bergab bis ins Baybachtal, wo wir auf die Trasse des Saar-Hunsrück-Steigs treffen, der vom Wanderparkplatz Heyweiler kommend Richtung Morshausen führt.

Der Weg entlang des Baches ist eine Mischung aus Abenteuer und Wanderspaß. Immer wieder geht es über schroffe Felsen, oftmals wandern wir nur fußbreit neben dem Wasser. Stahlseile hautnah am Fels sichern steile und glitschige Passagen. An einigen Stellen ragen die senkrecht abfallenden Felsen bis zum Wasser. Mal tost das Wasser über mächtige Steine nach unten, mal fließt es leise und sanft durchs Tal.

Im Hotel-Restaurant Schmausemühle habe ich ein Zimmer reserviert. Als ich kurz vor Mittag ankomme, ist die Gartenwirtschaft schon bis auf den letzten Platz gefüllt. Bevor ich mein Zimmer aufsuche, reserviere ich einen Platz für den Abend.

Jetzt bleibt zum Essen keine Zeit. Thomas Biersch, Leiter der Tourist-Information Emmelshausen im Rhein-Mosel-Dreieck, und Wolfgang Welker vom Verein für fachübergreifende und angewandte Archäologie e.V., kurz ARATA, warten bereits auf mich. Mit dem Auto nehmen wir die Serpentinen nach oben. Dort angekommen, bewegen wir uns über Feld- und Wiesenflächen und anschließend über einen sehr steilen rutschigen Abhang talwärts. Wir befinden uns in einem bewaldeten Hang oberhalb des Baybachtals. Dann stehen wir plötzlich vor einem kerzengerade nach oben steigenden Schieferfelsen. Archäologe Wolfgang Welker bekommt noch immer leuchtende Augen, wenn er sich den Zeichnungen nähert. Obwohl wir im dichten Waldhang stehen, kommen

Unzählige, schroffe Schieferfels-Formationen prägen den Hunsrück

einige Sonnenstrahlen durch, doch im Gegenlicht ist wenig erkennbar. Wolfgang Welker hat vorgesorgt. Eine Taschenlampe sorgt für genügend Licht. »Versuchen Sie mal die Spuren im Schiefer auszumachen und zu deuten«, stachelt er meine Neugier an. Das große Pferd in Schiefer gemeißelt oder geritzt erkenne ich schnell, beim zweiten kleineren Pferdchen wird es schon schwieriger. Dann zeigt mir Wolfgang Welker die Gesamtheit des Bildes, erklärt mir die einzelnen Figuren und Zusammenhänge.

In seiner Abhandlung: »*Felsbilder im Hunsrück – Erste paläolithische Felskunst in Deutschland*« schreibt Welker unter anderem:

»*Erstmals wurden nun auch in Deutschland paläolithische Felsgravierungen entdeckt. Die Fundstelle befindet sich im Hunsrück und gehört zum Rheinischen Schiefergebirge in Rheinland-Pfalz. Damit handelt es sich um den vorläufig nördlichsten Fundpunkt paläolithischer Felskunst1 in Europa überhaupt. Bislang ist paläolithische Felskunst in Europa vor allem in Portugal, Spanien und in Frankreich entdeckt worden. Erstmals erkannt wurde sie 1981 in Mazouco, unweit des Flusses Douro, im Nordosten von Portugal. Ungefähr zur gleichen Zeit wurde auch in Domingo Garcia in Spanien die erste paläolithische Felskunst identifiziert. Etwa zwei Jahre später kam es zur Entdeckung des auf einer Höhe von 800 m befindlichen Schieferfelsens von Fornols in den französischen Pyrenäen. Im Jahre 1991 wurden im Coa-Tal, am Zusammenfluss mit dem Douro, weitere Fundstellen paläolithischer Felskunst entziffert, die durch ein umstrittenes Staudammprojekt gefährdet waren. Bis heute konnten dort über 417 Felsen mit paläolithischen Gravuren auf insgesamt 30 Fundplätzen lokalisiert werden. Seit diesen ersten Entdeckungen gelang es, weitere bedeutende Freilandfundplätze mit Felsgravierungen wie beispielsweise Siega Verde in Spanien mit mehr als 500 gepickten und teils geritzten Felsbildern zu erkunden. Hinsichtlich der eiszeitlichen Jäger- und Sammlerkulturen ist der Hunsrück ein bislang unbeschriebenes Blatt; jungpaläolithische Fundplätze sind nur in den Randbereichen, in den Tallagen von Nahe, Mosel und Rhein bekannt geworden; während mittelsteinzeitliche Fundplätze noch fehlen. Zu nennen sind die beiden Anfang des 20. Jahrhunderts entdeckten, in das Gravettien datierenden Lagerplätze Rhens-Brey8 am Rhein sowie Heddesheim9 bei Bad Kreuznach im Guldental*

Rund dreißig Jahre nach der Entdeckung der ersten paläolithischen Felskunst in Südeuropa kann nun erstmals auch in Deutschland, im Hunsrück am Südrand des Rheinischen Schiefergebirges, eiszeitliche Kunst im Freien festgestellt werden.

Die tiefen Gravierungen, die eine erste Schaffensphase einer internen Chronologie verkörpern, wurden teilweise in der Flachrelieftechnik angefertigt. Sie befinden sich auf einer ca.1,2 m² großen Schieferfläche und stellen die typische Thematik paläolithischer Kunst dar. Das Hauptthema wird durch zwei zueinander versetzt, nach links gewandte und rund 0,5 Meter lange im Profil dargestellte Pferde dominiert. Die beiden sich polarisierenden Pferde bilden dabei eine schräge Achse, an der sich die anderen Tierdarstellungen im Gleichgewicht verteilen. Die Komposition wird zudem durch ein kleines Pferd, das durch eine Rückenlinie eines unbestimmten Tieres umrahmt wird und auf der anderen Seite der Achse durch ein vollständiges unbestimmtes Tier geprägt. Die enge Beiordnung der Tiere, die aufwändige Herstellungstechnik und auch die gleichen Stil- sowie Gestaltungselemente sprechen für ein geplantes Kunstwerk eines Künstlers. Der Stil der Tierdarstellungen entspricht einem verhaltenen Naturalismus, der durch Schematisierung der vollständigen Tiere und durch Abkürzungstechnik einiger Tierdarstellungen geprägt ist; bestimmte Tierkonturen, vor allem die übergroßen rechteckigen Pferdeköpfe und die Hals-Rückenlinien mit den Schweifwurzeln, unterliegen einem sich wiederholenden Schema. Auffällig ist die Überbetonung bestimmter Körperteile. Prägnante stilistische, technische und auch thematische Parallelen legen eine enge Verwandtschaft mit den tiefen Gravuren in der Höhle Pair-non-Pair nahe. Nicht weniger bemerkenswert sind stilistische Ähnlichkeiten zum Schwarzen Fries in der Höhle Pech Merle, wodurch zunächst eine vorläufige, auf stilistischen Vergleichen beruhende Datierung in das mittlere Jungpaläolithikum in Betracht gezogen werden kann. Ausgrabungen werden in Zukunft einen Beweis erbringen müssen. Feinritzlinien, die vor allem geometrische Muster ergeben, entstanden später und schneiden die Tierdarstellungen. Aufgrund der Einzigartigkeit dieses Felsbildes, die zunächst in ihrer kunstvollen und handwerklichen Qualität – über alle vorgeschichtlichen Epochen hinweg – beruht, aber auch in ihrer geographischen und kulturellen Alleinstellung in Deutschland liegt, macht dieses Kunstwerk nicht nur für die paläolithische Kunst zu einer der wichtigsten Entdeckungen unserer Zeit.«

Spektakulär durchs Baybachtal

Zum Frühstück bin ich wieder mit Thomas Biersch an der Schmausemühle verabredet. Er wird uns nach Morshausen begleiten. Die Baybachklamm, die Traumschleife »Murscher Eselsche« und die Gegend rund um Morshausen sind seine Heimat. Hier ist er geboren, hier lebt er mit seiner Familie. Heimat, so schreibt er mir später in mein Heimatbildersammelbuch ist »Mursche, Baybachklamm, Ehrbachklamm usw.«

Als wir losziehen, erzählt Thomas, dass es früher über 30 Mühlen im Baybachtal gab, die als Säge-, Öl- und Getreidemühlen betrieben wurden. Die Geschichte der Schmausemühle, die etwa in der Mitte des Baybachtals liegt, lässt sich bis in die Zeit des 30jährigen Krieges zurückverfolgen. Die Getreidemühle wechselte öfter den Besitzer. Mal hieß sie Scheidmühle, Piesmühle, Pingermühle und zuletzt Schmausemühle. 1920 stellte der damalige Müller Schmaus den Mahlbetrieb ein und machte aus der Mühle eine Pension und Gaststätte für Naturliebhaber. 1978 übernahmen Elke Dieler und ihr Mann den Betrieb.

Der Saar-Hunsrück-Steig und die Traumschleife »Baybachklamm« liegen auf der gleichen Wegtrasse. Entlang des Baybachs folgt der Weg dem Wasserlauf. Nach wenigen Minuten passieren wir schroffe Steilwände. Die Hohe Rabenley ragt hier 70 Meter steil in die Höhe.

Neben den vielen Mühlen wurden im Baybachtal auch etliche Dachschiefergruben betrieben. Abraumhalden und alte Stolleneingänge zeugen noch davon. Wir verlassen kurz den Weg durchs Tal. Thomas will mir etwas zeigen. An einem steilen Weg Richtung Steffenshof ereignete sich 1862 an einer der Schiefergruben ein tragisches Unglück. Der Bergarbeiter Jakob Valerius wohnte mit seiner achtköpfigen Familie in einem kleinen Häuschen, das eng an die Felswand angelehnt war. Durch einen Felsrutsch wurde das Haus samt Familie verschüttet, nur die beiden ältesten Söhne überlebten das Unglück. Heute zeugen nur wenige Mauerreste von dem schlimmen Unglück. Der Hunsrücker Heimatdichter Jakob Kneip aus Morshausen hat das Ereignis in einer Erzählung dichterisch verarbeitet.

Wasserfall in der Baybachklamm

Zurück ins Bachtal: Über Felsgestein, Geröll, Wurzeln und Waldboden bleibt der schmale Pfad weiterhin abenteuerlich. Schwierige Passagen sichern Stahlseile als Steighilfen. Über Schieferplatten und Schieferwacken sucht sich das Wasser seinen Weg. Dort, wo die Sonne das Bachbett erreicht, glitzert und schimmert das nasse Schiefergestein silbrig. Auf dem schmalen Pfad kommen wir dem Wasserlauf immer wieder sehr nahe. Die Passagen über felsigen Untergrund erfordern Trittsicherheit. Ein ums andere Mal ziehe ich mich mit meinem schweren Rucksack an den Stahlseilen nach oben. Dieser Wegabschnitt durchs Baybachtal gehört zu den spektakulärsten und schönsten Streckenabschnitten des gesamten Saar-Hunsrück-Steigs.

Später verlässt die Traumschleife das Baybachtal, der Saar-Hunsrück-Steig verläuft weiterhin im Baybachtal, mal unmittelbar am Wasser, mal nach kleineren Steigungen 20 Meter oberhalb des Bachlaufs.

2,7 Kilometer von der Schmausemühle entfernt weist ein Hinweisschild auf die Burgruine Waldeck hin, die über einen Anstieg von 200 Metern zu erreichen ist.

Kaum hat sich das Tal in einen grünen Wiesenteppich geöffnet, passieren wir die erste Mühle auf unserem Weg. Linker Hand steht seit Jahrhunderten die Gastemühle. Auf dem Weg Richtung Franzenmühle biegt die Wegtrasse nach rechts zum »Perdskimpel« ab. Die Traumschleife »Murscher Eselche« und der Saar-Hunsrück-Steig befinden sich nun auf der gleichen Wegtrasse. Ein Holzsteg führt über den Bach. Früher wurden die tiefen Stellen des Baches zum Schwimmenlernen genutzt. Vielen Bänke und Tische im Schatten des Waldes stehen direkt am Bachlauf. Wir machen eine ausgedehnte Rast. Etliche Bäume stehen unmittelbar am Bachbett. Das Wasser hat hier einige Wurzeln freigespült, feingliedrige, hauchdünne Wurzeladern versorgen die Bäume mit Wasser.

Nach der Bachüberquerung steigen wir nach oben, wo sich Traumschleife und Fernwanderweg für ein kurzes Wegstück trennen. Unser Weg führt nach rechts. Über Treppenstufen kehren wir zur Traumschleife zurück. Wenige Meter später verlassen wir das Bachtal. Der Anstieg über die Felsformation des Murscher Eselsche beginnt über einen steilen Serpentinenweg. Anschließend geht es gesichert durch Haltgriffe und Haltetaue über Felsgestein nach oben. Emma hat sich in Windeseile davongemacht, genießt die Felspassagen unter ihren Pfoten.

Die imposante Aussicht ins Baybachtal belohnt uns für den schweißtreibenden Anstieg. Kurz vor Morshausen trennen sich Traumschleife und Saar-Hunsrück-Steig nochmals, um am Fernblickpunkt übers Moseltal und die Eifel erneut zusammen zu treffen. Kurz vor dem Ende der Wanderung kommen wir zur alten Schule in der Jakob-Kneip-Straße. Der Straßenname ehrt den Dichter und Schriftsteller Jakob Kneip, den bekanntesten Sohn der Gemeinde. Im Museum im Obergeschoss des alten Backhauses kann man sich über Leben und Werk des Dichters informieren.

Jakob Kneip wurde 1881 als erstes von drei Kindern des Landwirtsehepaares Johann Joseph und Elisabeth Ludovika geboren. Nach dem Abitur in Koblenz besuchte er das Priesterseminar in Trier. Das Studium der Theologie brach er jedoch bald ab. In Bonn, London und Paris studierte er Philosophie, Germanistik und Neuphilologie. Nach dem Staatsexamen 1908 war er Lehramtskandidat und Lehrer für Englisch, Französisch und Deutsch. 1912 gehörte Jakob Kneip neben Josef Winkler und Wilhelm Vershofen zu den Mitbegründern der Werkleute auf Haus Nyland, einem Künstlerbund, der nur 13 Jahre Bestand hatte. Die Künstlergruppe bildete die Avantgarde der Industriedichtung, welche die Voraussetzungen für die Anerkennung der Arbeiterliteratur schuf. Allerdings fühlte sich Kneip zeitlebens seiner ländlichen Herkunft verpflichtet. Die Aufwertung der dörflichen Idylle dominiert in seinen bäuerlich geprägten Romanen und Erzählungen:

> Wenn hinterm Pflug ich in der Furche ging,
> Der Himmel über mir voll Lerchen hing,
> Mein Ackerland
> Lag blauumspannt
> Vom Horizont der Welt:
> Wie schritt ich hoch!
> Wie fühlt ich auserlesen mich bestellt!

Ab 1921 war er Lehrer an der Oberrealschule in Köln. Er regte 1925 die »Rheinischen Dichtertagungen« an und gründete 1926 gemeinsam mit anderen Kollegen den »Bund rheinischer Dichter«. 1927 wurde sein erster Roman »Hampit der Jäger« veröffentlicht. 1929 verließ Kneip den Schuldienst und wirkte fortan als freier Schriftsteller.

Im Frühjahr 2015 wurde in Morshausen die Verlängerung des Saar-Hunsrück-Steigs von Idar-Oberstein nach Boppard offiziell eingeweiht.

Die Erlebnisdichte ist nirgends so intensiv wie auf dem Steig durch den Hunsrück, es ist der schönste Steig Deutschlands, vielleicht sogar der schönste Europas. Die damalige Ministerin für Wirtschaft, Klimaschutz, Energie und Landesplanung Reinlands-Pfalz, Eveline Lemke, sprach davon, dass durch den gesamten Steig der Wandertourismus auf eine besondere Höhe gehoben wird. Das Projekt, so Lemke, sei bei Wanderfreunden in aller Munde. Und weiter: »Die Natur ist in den Mittelpunkt gerückt worden, Heimatkunde und Geschichtsunterricht werden dabei nicht vernachlässigt. Zur Ursprünglichkeit und Urtümlichkeit gehören natürlich auch die Menschen, der Wein und das regionale Essen. Acht Prozent der arbeitenden Bevölkerung verdienen ihr Geld im Tourismus, 7 Milliarden Umsatz pro Jahr sind eine stolze Zahl. Tourismus stärkt die Wirtschaftskraft«.

Hier ist ein Leuchtturm grenzüberschreitender Zusammenarbeit geschaffen worden. Ein Erfolgsmodell das seines Gleichen sucht, eine Erfolgsgeschichte die weiter geschrieben werden darf.

Steiler Aufstieg am »Murscher Eselsche«

Was für eine schöne Landschaft

Der Startpunkt der Traumschleife »Murscher Eselsche« in der Jakob-Kneip-Straße an der »Alten Schule« ist auch der Startpunkt der Etappe des Saar-Hunsrück-Steigs von Morshausen nach Oppenhausen. Allerdings trennen sich die Wege schon nach 100 Metern.

Meine Frau Bernadette hat meinen 9jährigen Enkel Philip nach Morshausen gebracht. Zum ersten Mal wollen Enkel und Opa gemeinsam wandern. Als ich ihm im Vorfeld meiner Sommertour erzählte, dass ich auf einer Burg übernachten werde, war er sofort begeistert. Die Etappe von Morshausen nach Oppenhausen habe ich vorsorglich zweigeteilt. Während meine Frau das Gepäck zur Burg bringt, starten Emma, Philipp und ich, ausgestattet mit reichlich Proviant, zu unserer ersten Halbetappe.

Wir verlassen Morshausen leicht bergab wandernd. Nach einem kurzen Wiesenstück entlang der Landstraße, stoßen wir auf ein Kreuz zum Gedenken an Maräikätt und ihre Tochter Annemarie, die im Dreißigjährigen Krieg von schwedischen Soldaten geschändet und ermordet wurden. Wir überqueren die Landstraße Richtung Wald. Philip ist begeistert von dem schmalen Pfad, der sich wie ein riesiger Lindwurm durch den Wald schlängelt. Nachdem wir aus dem Wald kommen, steigt ein Wiesenweg zu einem Jägersitz, den Philip ausgiebig inspiziert. Eine Blumenwiese, wie ich sie selten im Hunsrück gesehen habe, begeistert ihn besonders. Wir sind Teil der Landschaft, in der wir uns bewegen. Um uns herum bewaldete Hügel, die vom Sonnenlicht in intensives Grün getaucht werden. Auf der Blumenwiese gaukeln unzählige Falter und Schmetterlinge hin und her. »Was für eine schöne Landschaft«, bricht es aus dem Neunjährigen heraus.

Über einen Mix von Wald- und Wiesenwegen sind wir unterwegs Richtung Ehrenfelstal, einem kleinen Dorf weit unten im Tal. Auf dem Weg dorthin können wir von einem Waldfenster erstmals einen Blick auf die Ehrenburg erhaschen. Philip stößt einen Begeisterungsschrei aus, als er die Burg sieht, die majestätisch auf dem Bergsporn thront.

Imposante Aussicht ins Baybachtal

Am Wegesrand steht ein überdimensionierter Ritter aus Holz geschnitzt. Der Gedanke an die Burg beflügelt Philips Schritt. Ein langer Abstieg bringt uns entlang des Ehrbachs nach Ehrenfelstal. An der Brücke über den Bach machen wir eine längere Pause und stärken uns für den Anstieg. Ein gut erhaltener Mahlstein und eine Tafel erinnern an die ehemalige Apfelmühle.

Schnell durchwandern wir das Dorf. Danach müssen wir steil nach oben. Hoch über dem Tal erhebt sich Burg Ehrenfels. Als »Castrum Eremberch« wird die Burg, die Anfang des 12. Jahrhunderts als Stauferburg auf einem Bergsporn in 230 Meter Höhe entstand, in einer Schlichtungsurkunde des Stauferkaisers Friedrich I (Barbarossa) erwähnt. Sie entstand im Zentrum einer kleinen Reichsherrschaft mit Besitz zwischen Untermosel und Mittelrhein.

1331 schlossen sich die Besitzer der Burgen Waldeck, Schöneck, Ehrenburg und Eltz zu einem Bund zusammen und kämpften gemeinsam gegen die Territorialpolitik des Trier Kurfürsten Balduin von Luxemburg. In der Eltzer Sühne verpflichtete sich der Burgen-Bund zum Frieden und erkannte die Oberherrschaft Kurtriers an.

Mein Enkel Philip

Während des Pfälzischen Erbfolgekrieges, besetzten französische Truppen 1688 die Burg und zerstörten ein halbes Jahr später große Teile der Anlage.

1798 fiel die Burg an die Freiherren vom Stein. 1831 wurden die Grafen von Kielmannsegg die neuen Besitzer, denen die Freiherren von der Gröben und ab 1924 die Grafen von Kanitz folgten. Seit 1991 ist die Ehrenburg in Privatbesitz und wird durch den gemeinnützigen Freundeskreis der Ehrenburg e.V. aus privaten Mitteln erhalten und wiederaufgebaut.

Über eine Holzbrücke betreten wir das Burggelände. Wir befinden uns in einer anderen Welt. In den mächtigen Mauern der Burganlage sind dreizehn Kemenaten zu Hotelzimmern umgebaut. Hier werden wir die nächsten drei Tage verbringen.

Vor dem Abendessen bleibt genügend Zeit, durch die Burganlage zu streifen, der Ausblick vom Burgturm ins Ehrbachtal begeistert auch Philip.

Naturschauspiele in der Ehrbachklamm

Von der Burg schlängelt sich ein schmaler Waldpfad in das Ehrbachtal, wo wir nach zirka zwei Kilometern auf die Traumschleife »Ehrbachklamm« treffen. Ein fantastisches Naturschauspiel erwartet uns. Spektakuläre Wegverläufe entlang des Wassers, über schmale Pfade, Trittsteine und mit Stahlseilen gesicherten Passagen werden uns fordern. Mal erleben wir das intensive Rauschen eines Wildbachs, mal plätschert das Wasser kaum hörbar um die nächste Bachbiegung. Wasseramseln suchen ihren Weg übers Wasser, Zaunkönige fliegen mit schnellen Flugmanövern von Ast zu Ast. Wenn wir Glück haben, wird ein Feuersalamander unseren Weg kreuzen. Trittsicherheit und gutes Schuhwerk ist beim Wandern durch die Klamm unbedingt erforderlich. Immer wieder müssen wir an engen Stellen im Tal den Ehrbach über Holzbrücken und Stege überqueren. Auch sind an einigen Stellen Stahltrittstufen in den Fels getrieben. Philip ist begeistert, das fröhliche Lachen und die erstaunten Blicke, wenn er etwas Neues entdeckt hat, lassen alle Anstrengung vergessen.

Auf unserem Weg durch die Ehrbachklamm passieren wir die Brandengrabenmühle und die Eckmühle. In völliger Abgeschiedenheit wandern wir auf schmalem Pfad entlang des Bachs. Im wild-romantischen Tal sind die Faltung und Schrägstellung der Gesteinsschichten von Schiefer und Grauwacken gut erkennbar. Philip steht wie ein kleiner Zwerg vor den mächtigen Felswänden, die hinter den Baumkronen ins Unendliche zu ragen scheinen. Staunend steht er davor, »So riesige, schwarze Felsen habe ich noch nie gesehen«, sprudelt es aus ihm heraus. Holzstege führen unmittelbar am feuchten Fels vorbei, Emma und Philip rennen manchmal um die Wette.

Abrupt müssen wir das märchenhafte Bachtal verlassen und über eine steile Stiege nach oben steigen. Etliche in den Fels gehauene Treppenstufen erleichtern das Gehen über den geröllartigen, rutschigen Untergrund. Der Aufstieg scheint nicht enden zu wollen. Emma und Philip haben leichtes Spiel, sie kraxeln zusätzlich noch über jeden Fels. Beide haben Spaß miteinander, scheinen überhaupt nicht müde zu werden. Endlich kommt eine Bank zum Ausruhen. Von der Felsflanke »Schöneckblick« aus zeige ich Philip Schloss Schöneck. Da wollen wir hin. Er kann sich gar nicht vorstellen, dass wir dort zu Fuß hinkommen sollen. Wenige Meter nach diesem traumhaften Ausblick geht es gottlob bergab.

An der Daubisberger Mühle mit Gastwirtschaft besteht die Möglichkeit, eine Rast einzulegen. Philip will weiter. Ich kann ihn dann doch überzeugen, eine Pause einzulegen. Um die Mittagszeit sitzen hier viele Wanderer. Mein »Strammer Max« mit viel guter Butter von der Chefin des Hauses persönlich zubereitet, schmeckt vorzüglich. Philip ist lediglich für ein Eis zu begeistern. In seinem Rucksack ist noch genügend Proviant vom gestrigen Tag übriggeblieben. Anschließend wandern wir zunächst weiter durchs lauschige Tal. Bevor sich der Weg über steile Serpentinen wieder einmal nach oben windet, passieren wir im Talgrund eine mittelalterliche Schiefergrube. Der abgebaute Schiefer wurde wahrscheinlich für den Bau der ehemaligen Mühlen im Tal verwendet. Karrenspuren im Felsgestein, die wir beim Aufstieg zum Schloss im Seitental entdecken, deuten darauf hin, dass der Schiefer auch für Schloss Schöneck verwandt wurde. Philip kann sich überhaupt nicht vorstellen, dass hier in diesem schmalen, engen Tal der Schiefer mit Karren nach oben transportiert wurde. In unzähligen Serpentinen zieht sich der Weg nach oben. Irgendwann sind Emma und Philip verschwunden. Nur einmal dreht sich Emma kurz zu mir um, dann sind beide weg. Mit Leichtigkeit und Schnelligkeit meistern die Beiden den Anstieg. Vorwurfsvolle Blicke treffen mich, als ich endlich oben ankomme.

Die Traumschleife führt zwar nicht direkt zum Schloss, man sollte sich allerdings die Zeit nehmen, den Innenhof des Schlosses, das um 1200 von Konrad von Boppard zunächst als Burg errichtet wurde, zu besichtigen. Im 17. und 18. Jahrhundert wurde die Burg erstmals als Schloss bezeichnet. Der Frankfurter Maler Wilhelm Steinhausen (1846-1924) erwarb es 1910 das Schloss und richtete dort eine Familienstiftung ein.

Zurück zum Weg: Im nahen Wald kommen wir zum Ausblick »Schwedenschanze«. Schloss Schöneck ist von hier gut zu erkennen. Von dieser Stelle hatten schwedische Truppen 1632 die damalige Burg Schöneck im Visier, als sie diese belagerten. Wir rasten auf der Bank und genießen dabei den schönen Blick zum Schloss. Nachdem wir den Wanderparkplatz unterhalb von Windhausen überquert haben, geht es kurz durch den Wald. Dann trennen sich Traumschleife und Fernwanderweg. Über Weideland und Streuobstwiesen erreichen wir bald den Wanderparkplatz am Orteingang von Oppenhausen. Dort erwartet uns meine Frau, um uns zur Ehrenburg zurückzubringen. Emma und ich verleihen Philip die »Goldene Pfote« für ausgezeichnete Kletterqualitäten auf dem Weg durch die Ehrbachklamm (rechts).

Operngesang und Ritterspiele

In Zusammenarbeit mit der finnischen Sopranistin Riikka Hakola findet am Abend eine einzigartige Veranstaltung auf der Ehrenburg statt. Unter dem Motto: »Amore, Amore – Klänge es Herzens« steht die Liebe im Mittelpunkt einer Operngala mit ausgesuchten Arien aus italienischen Opern. Der erste Teil des Abends findet im Burghof statt. Nach einem Erlebnisbüffet erleben wir den zweiten Teil dieses wunderbaren Abends im Burgsaal. Mittendrin Emma und Philip.

Am nächsten Morgen lerne ich den Besitzer der Ehrenburg kennen. Gerhard Kurz stammt aus Wetzlar und war während seiner Sturm- und Drangzeit Ende der sechziger Jahre des vergangenen Jahrhunderts oft mit Freunden im Hunsrück unterwegs. »In der Eckmühle bei Hermann haben wir so manche Nacht durchzecht und durchgesungen. Beim Lagerfeuer mit der Klampfe in der Hand habe ich davon geträumt, dass mir die Burg irgendwann einmal gehören würde«, erzählt er beim Kaffee im Burghof, während um uns herum geschäftiges Treiben einsetzt. Heute finden Ritterspiele auf dem Burggelände statt. Philip kann es kaum erwarten.

Gerhard Kurz wurde erfolgreicher Unternehmer in der Elektronik-Branche mit über 500 Mitarbeitern. Zum damaligen Besitzer der Burg, Graf von Kanitz, entwickelte sich ein freundschaftliches Verhältnis. Nach vielen Gesprächen geht der Jugendtraum von Gerhard Kurz in Erfüllung, 1991 übernimmt er die Burganlage. Es beginnen Jahre intensiver Bautätigkeit mit dem Ziel, eine lebendige Burg zu bauen und die Burganlage der Bevölkerung durch viele verschiedene Aktivitäten zugänglich zu machen. Gemeinsam mit dem Kultusministerium Rheinland-Pfalz entwickelte Kurz mit seinen Burgmitarbeitern für Schulkinder das Programm »1 Tag im Mittelalter«.

Erste Besucher betreten die Burganlage. Inzwischen hat ein Schmied sein Feuer entfacht, ein Töpfer in einer Nische schräg gegenüber beginnt mit der Arbeit. Im hinteren Teil der Burg dürfen Kinder unter Aufsicht mit Pfeil und Bogen hantieren. Philip ist hin und her gerissen. Dann wird's ernst. Mit viel Getöse und Tamtam betreten zwei Ritter in Ritterrüstung und mit riesigen Schwertern die Szene. Oben auf dem Gelände des Burgturms soll gekämpft werden. Alle Besucher, Kinder, Erwachsene und Ritter ziehen durch den nur spärlich erleuchteten Turmaufgang nach oben. Schon bald beginnt das erste Duell der beiden Rittersleute. Die schweren Schwerter krachen aufeinander. Der laute Aufschrei eines Ritters dringt zu uns herüber. Erschrockene Kinderaugen suchen nach der Ursache. Nach dem Kampf werden die Kinder in zwei Gruppen eingeteilt. Es beginnt ein »Wettkampf« der friedlichen Spiele, mit verschiedenen, kindgerechten Varianten von Ritterspielen. Zwischendurch finden mit viel Kampfgeschrei und Getöse immer wieder »ernsthafte« Ritterkämpfe statt. Am Ende sind alle zufrieden. Die Kämpfe der Ritter und Kinder enden unentschieden. Jedes Kind darf ins Zaubersäckchen greifen und einen edlen Stein mit nach Hause nehmen. Philip hat seine Prüfungen hervorragend gemeistert, Emma ist froh dass das laute Geschrei ein Ende hat.

Ankommen im Weltkulturerbe »Mittleres Rheintal«

Philip ist wieder zu Hause. Seine Eltern haben ihn nach den Ritterspielen abgeholt. Vom Wanderparkplatz am Ortseingang von Oppenhausen starte ich mit Emma zur letzten Etappe auf dem Saar-Hunsrück-Steig. Am Nachmittag werden wir oberhalb von Boppard den ersten Rheinblick erleben.

Schon nach wenigen Metern treffen wir auf die Traumschleife »Hasenkammer«. Bis zum Heiligenhäuschen zwischen Udenhausen und Herrschwiesen liegen Traumschleife und Fernwanderweg auf der gleichen Trasse. Auf dem Hunsrückplateau zwischen Rhein und Mosel ist die Fernsicht bei guten Wetterverhältnissen überwältigend. Die Nürburg und die Hohe Acht, über 40 Kilometer entfernt, sind gut auszumachen.

Der Weg führt talwärts. Wir passieren den alten Steinbruch des Dorfes. Hier präsentieren sich in dem senkrecht aufsteigenden Felsgestein 400 Millionen Jahre Erdgeschichte. Kurze Zeit später erhalten wir am Aussichtspunkt »Auf dem Eichels« den ersten Einblick ins Brodenbachtal tief unter uns. Die Orte Nörtershausen und Udenhausen auf den Hunsrückhöhen ergänzen den Ausblick zu einem harmonischen Ganzen.

In einem großen Bogen wandern wir rund um Herschwiesen. Bevor der Weg ins Brodenbachtal führt, sehen wir für wenige Momente nochmals Herschwiesen mit seiner alles überragenden barocken Pfarrkirche Sankt Pankratius.

Hinter dem Aussichtspunkt »Große Kanzel« beginnt der Abstieg ins Brodenbachtal. Neben dem dahin plätschernden Wasser wandern wir wieder einmal in völliger Abgeschiedenheit. In den steilen Hängen links und rechts vom Bach modert Totholz, das von dicken Moospolstern überwachsen ist. Im Talgrund ist es kühl. Die Sonne hat kaum eine Chance bis hierhin vorzudringen.

An der Einmündung des Buchhöller Baches geht es wieder aufwärts, zunächst über einen Waldwiesenweg und später über einen breiteren Forstweg.

Unterwegs laufen wir weitere Aussichtspunkte wie den »Buchhöller Kopf« und »Pankratiusblick« an.

Nach langer Waldpassage erreichen wir einen geteerten Feldwirtschaftsweg. Rechter Hand auf dem Bergrücken entdecken wir wieder Herschwiesen, linker Hand die Gemeinde Udenhausen.

Am Heiligenhäuschen mit Ruhebank trennen sich Traumschleife und Saar-Hunsrück-Steig.

An einer Imbissbude wollen wir eine Pause einlegen, da wir von dort bis zum Vierseenblick ausschließlich im Wald unterwegs sein werden. Doch es ist Montag, und montags sind viele Ausflugsgaststätten geschlossen. So auch heute, so auch hier. Wir müssen hungern! Wir überqueren die Bundesstraße und anschließend führt eine Fußgängerbrücke über die Bundesautobahn A 61.

Im großen Waldgebiet zwischen Pfaffenheck und Boppard lassen wir den Verkehrslärm hinter uns. Nach einem Anstieg erreichen wir mit dem »Horstkopf« den höchsten Punkt der Etappe. Er bietet fantastische Aussichten in alle Himmelsrichtungen. Unterhalb des »Steinigkopfs« und des »Speierloh« wandern wir mit etlichen Richtungswechseln und einigen Auf- und Abstiegen auf dem letzten Teilstück des Fernwanderweges. Die Strecke zwischen Pfaffenheck und Engelseiche ist die unattraktivste Wegstrecke des gesamten Saar-Hunsrück-Steigs. Breite Forstwege, beim Abstieg Richtung Engelseiche mit Schotter belegt, sind kein besonders schönes Wandervergnügen.

Zwischen Fesserhöhe und Hirschkopf unweit des Vierseenblicks treffen Saar-Hunsrück-Steig und die Traumschleife »Mittelrhein Klettersteig« aufeinander. Vor zwei Jahren war ich mit meinem Sohn auf dem Klettersteig unterwegs. Schon damals erlebte ich die außerordentlich schöne, aber auch sehr anspruchsvolle Kletterpartie oberhalb des Rheins. Vom Vierseenblick, einer Gaststätte hoch über dem Rheintal, sind vier Teilabschnitte des Rheins, die sich wie Seen präsentieren gut zu sehen.

Wenig später erreichen wir einen weiteren spektakulären Aussichtspunkt: vom Gedeonseck erblicken wir im Tal die Rheinschleife von Boppard in ihrer vollen Schönheit.

Der Aussichtspunkt ist benannt nach Jean Baptiste Berger, 1833 bis 1888 Pfarrer von Sankt Severus in Boppard, der unter dem Pseudonym »Gedeon von der Heide« zahlreiche Kirchenlieder und Gedichte veröffentlichte.

Vor den letzten Metern, die mich bergab ins Rheintal führen werden, gönne ich mir im Gartenlokal des Gedeonseck Kaffee und Kuchen und genieße lange den wunderbaren Blick in das Mittelrheintal.

Das letzte Teilstück der Wanderung führt über »die Ripp«, Gesteinsrippen und in den Fels gehauene Treppenstufen. Unterhalb der Sesselbahn geht es steil nach unten. Emma ist wieder in ihrem Element.

Auf Empfehlung des Bürgermeisters von Boppard habe ich mich in Hotel »Ebertor« einquartiert. Morgen will ich mit ihm und meinem Freund Gerd gemeinsam die Traumschleife »Rheingold« wandern. Sie gehört für mich unter die TOP 5 aller 111 Traumschleifen.

Wir sitzen unter gelben Sonnenschirmen auf der Freiluftterrasse mit Blick zum Rhein. Nur eine schmale geteerte Fahrstraße trennt uns vom Ufer. Schwere Lastkähne schieben gegen den Strom, Fahrgastschiffe, die entgegenkommen, bieten ihren Gästen Unterhaltungsmusik. Inzwischen ist mein Freund Gerd eingetroffen, er konnte im »Ebertor« eines der letzten Zimmer ergattern.

Als wir unser Abendessen bestellen, frage ich, ob man im »Ebertor« auch für Emma etwas kochen könne. Der Kellner schaut mich nur fragend an. Als er die Getränke bringt, hat er noch immer keine Essensbestellung aufgenommen. Dafür kommt eine junge Frau um nachzufragen, ob ich tatsächlich auch etwas für den Hund bestellen möchte. Als ich bestätige, sagt sie »Da muss ich erst einmal in der Küche nachfragen« und verschwindet Richtung Küche.

Nach geraumer Zeit erscheint der Hoteldirektor höchstpersönlich. Mein Ansinnen, für Emma etwas Essbares zu erhalten, verweigert er strikt. Er belehrt mich, er sei selbst Hundebesitzer und wenn er mit seinen Hunden unterwegs sei, habe er das Futter stets dabei. Meine Erklärung, dass ich nicht für zweieinhalb Monaten Futter für Emma mitführen könne, prallt an ihm ab. Die Stimme des Hoteldirektors wird lauter, er baut sich förmlich vor uns auf, überblickt seine Freiluftterrasse, die inzwischen gut gefüllt ist. Er erklärt uns barsch, dass er für seine Gäste keine Extrawürste braten würde. Meine Frau Bernadette, Gerd und ich schauen uns ungläubig an und fragen uns, ob wir richtig gehört haben. Nochmals versuche ich dem Hoteldirektor zu erklären, dass es doch möglich sein müsse, etwas Fleisch zu zerschneiden und ungewürzt zu braten und mit Kartoffeln, Nudeln oder Reis zu mischen. Der Hoteldirektor lässt sich nicht erweichen. »Ich kann doch von meinen Köchen nicht verlangen, dass sie in einer Pfanne oder einem Topf ein Gericht für einen Hund zubereiten, in denen später meinen Gästen das Essen zubereitet wird«, sagt er laut, wohl damit es möglichst viele hören und verschwindet wutentbrannt. Als hätte ich von ihm verlangt, eine Dose Hundefutter zu braten. So etwas habe ich noch nie erlebt!

Vor sechs Jahren bin ich mit Emma acht Monate lang rund um Deutschland gewandert, 247 Mal haben wir übernachtet, 247 Mal bekam auch Emma etwas zu Essen. Nun wandere ich mit Emma seit über 70 Tagen kreuz und quer durch den Hunsrück, überall ist Emma satt geworden nur im »Ebertor« in Boppard wird ihr das Essen verweigert. Was soll man dazu sagen? Wir sind entsetzt. Gerd, selbst Gastronom, ist fassungslos ob des Gebarens seines Kollegen. Emma und ich verleihen dem Hoteldirektor für seinen tollen Auftritt die »rostigste Pfote aller Zeiten«. Das Hotel »Ebertor« werden wir nicht mehr betreten.

Ich erinnere mich an die Worte von Katrin Stegmaier, Hoteldirektorin des 5-Sterne Hotels Schloss Berg in Nennig:

»Jeder Gast kann jederzeit zu uns kommen, wenn er besondere Wünsche hat. Und wir versuchen, ihm möglichst jeden Wunsch zu erfüllen. Schließlich wollen wir, dass jeder Gast zufrieden wieder nach Hause fährt und dazu gehören auch die Vierbeiner, die unsere Gäste begleiten«.

Nur wenige Gehminuten von Rheinufer entfernt, befindet sich in der Leiergasse in Boppard das Atelier des Schieferkünstlers Aloys Rump, der in Boppard geboren wurde und dort bis zu seinem Kunststudium lebte.

Rump begann sein Studium an der Kunstakademie in Düsseldorf bei den Malern und Objektkünstlern Peter Brüning und Gerhard Richter. Später zog er mit seiner Frau Clementine nach Berlin und studierte an der Hochschule der Künste unter Fred Thieler. Als er dabei war, Fuß zu fassen und namhafte Galerien in Berlin auf ihn aufmerksam wurden, wollte seine Frau Clementine wieder zurück in die alte Heimat. »Es war damals ein harter Bruch, von Berlin zurück nach Boppard in die Landschaft des Mittelrheins. Es hat nach der Rückkehr in die alte Heimat lange gedauert, bis man wieder auf mich aufmerksam wurde«, erzählt Rump zwischen Objekten, Wandskulpturen, Spraydosen, Farben und Werkzeugen. Sein Atelier gleicht einer Werkstatt und mittendrin wirkt Aloys Rump im Blaumann, Farbkleckse inklusive.

Schon in Berlin hatte er erste Bilder mit Graphit, Ruß und Asphaltlack gemalt. Dort traf Rump den Ausstellungsplaner und Kunstschriftsteller Manfred de la Motte, der ihn zeitlebens förderte und ein guter Freund wurde. In der Abgeschiedenheit Boppards begannen verschiedene Schaffensperioden. Dabei hat er die Zweidimensionalität der Malerei immer wieder verlassen. Querverbindungen zur Literatur wurden zu einem Leitmotiv seiner Arbeiten, vor allem Texte von Paul Celan, den er besonders schätzt, finden sich in einigen Werken wieder.

Mittelrhein-Klettersteig

Das Zusammenkomponieren verschiedener Materialien kennzeichnet sein Kunstschaffen, Bilder aus Schiefermehl und Marmorstaub auf verschiedenen Trägern wie Leinwand, Holz oder Bütten.

Einige seiner Schiefermehlbilder hängen in der Werkstatt, sie heißen »Aus großer Höhe« oder »Der Staub der Türme«. Die Darstellung »Aus großer Höhe« erinnert mich an den Flickenteppich des Hunsrücks, den ich während meines Flugs mit Heiko Stemmler von oben sehen und erleben durfte. Mein Flickenteppich hatte viele leuchtende Farben, die Flickenteppiche Aloys Rumps, geschaffen mit Schiefermehl und Marmorstaub auf Leinen, erinnern mich an Winterlandschaften des Hunsrücks.

Aloys Rump

Traumschleife Rheinblick – Traumblicke ins Rheintal

Zum verabredeten Zeitpunkt warten wir auf den Bürgermeister von Boppard, doch dann meldet sich seine Sekretärin und informiert mich, dass er kurzfristig verhindert ist. Vielleicht können wir die gemeinsame Wanderung nachholen.

Zu Beginn des Zeitalters der Industrialisierung wandten sich Künstler und Literaten der Natur und der Vergangenheit zu. Friedrich Schlegel beschreibt den Eindruck seiner Rheinfahrt im Jahr 1806: »*Für mich sind nur die Gegenden schön, welche man gewöhnlich rau und wild nennt; denn nur diese sind erhaben, nur erhabene Gegenden können schön sein, nur diese erregen den Gedanken der Natur.*« Weiter schreibt er: »*Nichts aber vermag den Eindruck so zu verschönern und zu verstärken als die Spuren menschlicher Kühnheit an den Ruinen der Natur, kühne Burgen auf wilden Felsen – Denkmale der menschlichen Heldenzeit, sich anschließend an jene höheren aus der Heldenzeit der Natur.*«

Das ist sie: Rheinromantik in höchster Vollendung.

Wir starten die Traumschleife »Rheingold« durch das hölzerne Einstiegstor und steigen über einen Wiesenweg Richtung Holzfeld. Minuten später sind wir am Aussichtspunkt Wingertsberg mit dem ersten eindrucksvollen Ausblick ins Mittlere Rheintal. Das obere Mittelrheintal von Bingen/Rüdesheim bis Koblenz gehört seit 2002 zum Weltkulturerbe der UNESCO. Die auf den Felsvorsprüngen aufgereihten Burgen gelten als Inbegriff der Rheinromantik. Heinrich Heine wurde hier zur Dichtung seines Loreleylieds inspiriert.

Auf den kommenden Kilometern erleben wir, wie auf einer Perlenschnur aneinandergereiht, einzigartige Ausblicke und Einblicke ins Rheintal: steile und schroffe Hänge, ausgedehntes Rebland, die Burgen Maus, Liebenstein und Sterrenberg. Ich kann mich nicht entscheiden, welcher Blick ins Tal der schönste ist. Am Aussichtspunkt Europakuppel klettern wir zunächst über eine ehemalige Wingerttreppe und anschließend über einen Felsgrad steil nach oben. Die Ausblicke ins Rheintal, jeder für sich, einfach nur phänomenal.

Im Wald hoch über dem Rheintal überqueren wir im Abstieg den Padelsbach und durchqueren die ehemalige Weinbergslage Propsteiberg. Unten im Tal am Ufer des Rheins liegt Hirzenach. Die Rheininsel Ehrenthaler Werth ist sehr gut auszumachen. Wir kommen zum Aussichtspunkt »Ploweslay (der blaue Fels)« wo wir vom imposant abfallenden Felsmassiv den vorläufig letzten Blick ins Rheintal haben. Anschließend sind wir schnell am »Ginsterstück« angekommen. Der Weg wendet sich weg vom Rhein. Über die stark abfallende Hangkante des Weilerbachtals nähern wir uns einer ehemaligen keltischen Höhensiedlung. Die Siedlung war durch einen 10 Meter hohen und circa 100 Meter langen Absperrriegel gesichert. Weitere Sicherheit sollte ein zwei Meter tiefer Graben bringen, der immer noch erkennbar ist.

Die Perspektiven aus schwindelerregender Höhe entlohnen uns für den Anstieg. Am Aussichtspunkt Niederwald bieten sich uns Postkartenansichten von der Kante der Rheinhöhen.

Nur einen Steinwurf vom Aussichtspunkt Niederwald entfernt erleben wir den inzwischen so bezeichneten »Edgar-Reitz-Blick« ins Rheintal. In der zweiten Staffel »Die Mitte der Welt« seines Spielfilmzyklus »Heimat« kommt Eduard Simon von einer Reise nach Berlin zurück in sein Heimatdorf Schabbach. In Berlin hat er Luzie kennengelernt. Der Höhepunkt der Reise von Berlin nach Schabbach ist das Picknick hoch über dem Rhein mit Blick ins Rheintal unterhalb der Ortslage Rheinbay.

Wenn man auf der Bank sitzt und ins Rheintal blickt, versteht man, warum Edgar Reitz gerade diesen Platz ausgesucht hat. Es ist der vielleicht schönste Aussichtspunkt der Tagestour.

Ein Wiesenweg bringt uns sanft nach unten. Das abfallende Wiesenstück vor uns scheint am Ende in den Rhein zu rutschen. Für mich der emotionalste Punkt der Rheingold-Wanderung. Über Wiesen- und Waldwege steuern wir auf das Ende der Tour am Waldparkplatz zu. Gerd muss zurück nach Wiesbaden, ich habe noch ein Rendezvous mit Helma Schmidt. Martin Strömann, Ortsvorsteher von Boppard, hat mir zu diesem Kontakt verholfen.

Die fast 99jährige Dame begrüßt mich mit wachen Augen und will sofort wissen, wer ich bin, wo ich herkomme und wie und warum ich nach Boppard gekommen bin. Normalerweise bin ich der fragende Journalist, der von seinem Gegenüber etwas erfahren will. Helma Schmidt hat sofort den Spieß umgedreht. Geduldig beantworte ich ihre Fragen.

Helma und ihr Mann Josef gewährten 1985 dem damaligen Jesuitenpater Jorge Mario Bergoglio aus Argentinien für einige Wochen eine Unterkunft. Im Sommer 1985 besuchte der Jesuitenpater am Bopparder Goethe-Institut einen

Deutschkurs und wohnte während dieser Zeit zur Untermiete bei den Schmidts.

Helma Schmidt erinnert sich und zeigt dabei auf einen Stuhl am Kopf ihres Esstischs vor einem großen Fenster ihres Hauses: »Hier hat er oft gesessen, und die tolle Aussicht ins Rheintal genossen.«

Nachdem Jorge Mario Bergoglio Boppard wieder verlassen hatte, begann ein Briefwechsel zwischen dem Jesuitenpater und Helma Schmidt. In seinen Briefen, die regelmäßig zu Ostern und Weihnachten bei den Schmidts eintrafen, brachte er immer wieder zum Ausdruck, wie gut es ihm in Boppard und vor allem bei Helma und Josef Schmidt gefallen habe. »Ich bete für Sie« schreibt er in seinen Briefen und bittet, dies auch für ihn zu tun.

Dann kam die Überraschung, als der Jesuitenpater Jorge Bergoglio aus Argentinien zum Papst gewählt worden. Helma war entzückt, als sich Papst Franziskus auf der Loggia des Petersdoms zum ersten Mal den Gläubigen zeigte. »Er war ein sehr bescheidener, ganz normaler Mensch«, erzählt sie mir, »in den Wochen seines Aufenthalts haben wir über Gott und die Welt geredet. Er hat in unsere bescheidenen Familienverhältnisse gepasst. Sonst wäre es niemals zu einem solch netten Verhältnis gekommen. Aber ich hätte niemals damit gerechnet, dass unser ehemaliger Untermieter einmal Papst sein würde.« Viele Briefe sind seither geschrieben worden. Wenn Helma ihm heute einen Brief schreibt, spricht sie ihn mit Heiliger Vater an.

Nach meinem Besuch bei Helma Schmidt spaziere ich Richtung Rhein, um ein wenig Rheinluft zu schnuppern. Entlang der Uferpromenade bin ich mit Emma Richtung Marktplatz unterwegs. Von dort sind es nur wenige Meter zum Weingut von Walter Perll in der Oberstraße.

Ich bin erstaunt, als ich von Walter Perll erfahre, dass nur noch sieben Winzer in Boppard vom Weinbau leben. Das Weinbaugebiet Mittelrhein beginnt in Bingen und zieht sich durch die Rheinschleifen bis zum Siebengebirge bei Bonn. Mit 110 Kilometern ist es zwar das längste Weinanbaugebiet in Deutschland, aber auch das zweitkleinste.

nächste Doppelseite: Blick ins Rheinthal während der Wanderung
auf der Traumschleife »Rheingold«

Die Vorfahren von Walter Perll stammen vermutlich aus der saarländischen Weinbaugemeinde Perl an der Obermosel. Trotz einiger Lücken können die Perlls ihre Familiengeschichte über viele Jahrhunderte zurückverfolgen. Seit vielen Generationen leben die Perlls in Boppard. Früher kam es öfter zu falschen Postzustellungen, da verschiedene Perlls auch noch in der gleichen Straße wohnten. Damals schrieben sich die Perlls noch Perl. Da sich der Ur-Urgroßvater von Walter Perll über die falschen Postzustellungen ärgerte kaufte er ein zweites »l« für seinen Namen. Fortan schrieben sie sich Perll.

Im »Bopparder Hamm«, wo die Reben an den Hängen des Hunsrücks wachsen, fühlt sich Walter Perll zu Hause. In den Steilhängen wird der Weinbau per Handarbeit betrieben. 70 % der Anbaufläche ist mit Rieslingreben bewachsen, 15 % mit roten Trauben und die restlichen 15 % der Rebflächen sind mit Rivaner und anderen Weißweinreben bepflanzt. Walter Perll ist stolz, dass 90 Prozent seiner Kunden aus dem Umkreis von 50 Kilometern den Weg in sein Weingut finden. Der persönliche Kontakt, vor allem auch mit Kunden aus dem Hunsrück, wo er sich selbst gerne aufhält, ist ihm wichtig.

Über den RheinBurgenWeg zum Günderodehaus

Die Geschichte von »Heimat 3« beginnt am 9. November 1989. Am Abend des Mauerfalls treffen sich zwei von Karrierestress und Heimatlosigkeit geplagte Musiker in einem Westberliner Hotel. Es sind die die Sängerin Clarissa Lichtblau und der Dirigent Hermann Simon. Sie waren einmal ein Liebespaar, hatten sich 17 Jahre lang aus den Augen verloren. Angesteckt von der Aufbruchs-Euphorie der Deutschen und ihres Wiedervereinigungstaumels entfacht ihre Liebe aufs Neue. Noch in der Nacht machen sie sich auf den Weg in den Hunsrück. Clarissa hat hoch über dem Rhein ein altes, romantisches Fachwerkhaus entdeckt. Dieses Haus soll fortan der Mittelpunkt ihres ruhelosen Lebens werden. Was hier beginnt und über ein ganzes Jahrzehnt erzählerisch verfolgt wird, ist die Geschichte einer Liebe mit einem Happyend.

Das alte Fachwerkhaus, das Hermann und Clarissa liebevoll restauriert haben, wird zum Schnittpunkt der Geschichte und Geschichten. Hier lösen sich die Konflikte. Von hier starten die Jungen ins Leben und hierher kehren sie zurück, um in der Silvesternacht – mit der »Heimat 3« endet – das neue Jahrtausend zu begrüßen.

Wie jedes Haus, hat auch das Günderodehaus seine Geschichte, in diesem Fall eine ganz besondere Geschichte; denn bevor es zum Filmhaus wurde, stand es im kleinen Hunsrückdorf Seibersbach und wartete auf den Abriss.

Und hier beginnt auch meine Geschichte. Ende der Siebziger Jahre des vergangenen Jahrhunderts hatte ich zum Ende meines Studiums einige Schulpraktika zu absolvieren. Für drei Wochen verschlug es mich an die Gesamtschule Türkismühle. Dort unterrichtete unter anderem Willi Baumgärtner, der zu meinem Mentor im Schulfach Sport wurde. Nach meinem Schulpraktikum verloren wir uns aus den Augen, hörten über Jahrzehnte nichts voneinander. Während Recherchearbeiten über das Günderodehaus hatte ich erfahren, dass das Filmhaus einmal das Elternhaus von Willi Baumgärtner gewesen sein sollte. Also griff ich zum Telefon und rief ihn an. Willi bestätigte mir die Vermutung, hatte allerdings sein ehemaliges Elternhaus als Filmhaus in Oberwesel noch nicht gesehen. Wir verabredeten uns zu einen gemeinsamen Ausflug dorthin.

Meine Recherchen gingen weiter. Ich fragte mich: Wie kam das Haus aus Seibersbach, dessen Ursprünge auf das Jahr 1870 zurückgehen, auf die Höhe vor Oberwesel? Die Antwort wusste Thomas Bungert. Der Verbandsbürgermeister Oberwesels hat die erste Begegnung mit dem Filmteam Edgar Reitz noch gut im Gedächtnis: »So begann eigentlich ein sehr verrückter Zeitabschnitt in der Verbandsgemeinde. Eines Tages kamen Robert Busch und Edgar Reitz von der Edgar Reitz Filmgesellschaft in mein Büro und teilten mir mit, dass sie vierzehn Tage das ganze Rheintal auf und ab gefahren waren und den schönsten Platz jetzt gefunden hätten. Wenn ich sie unterstützen könnte, würden sie hier gerne einen Film drehen.«

Das Genehmigungsverfahren wurde eingeleitet, Edgar Reitz und seinem Filmteam wurde der Standort zugesichert.

Dann begann die Suche nach einem entsprechenden Haus. Unweit von Simmern wurde man fündig. In Münchwald, einem kleinen Dorf im Soonwald, zwischen Bad Kreuznach und Bad Sobernheim fand man in Uwe Rumeney den richtigen Ansprechpartner. Sein Slogan lautet: »Handwerkliche Lösungen sollen ihre Zeit überdauern«.

Uwe Rumeney erinnert sich: » Da kam ein Anruf von Robert Busch, der mir mitteilte, dass die Filmgesellschaft von Edgar Reitz ein geeignetes Haus suchte, das man auf den Hunsrückhöhen wieder auferstehen lassen konnte. Zwei Wochen später trafen wir uns und waren sofort auf einer Wellenlänge. Die Entscheidung, welches Haus für den Film am ehesten geeignet war, fiel dann schnell. Es war dieses ehemalige Fachwerkgebäude aus Seibersbach, das wir vor langer Zeit abgebaut hatten, um es vor dem endgültigen Verfall und dem Schicksal als Bauholz, zumindest was das Fachwerk betrifft, zu bewahren. Das Gebäude, das der Erweiterung eines örtlichen Lebensmittelladens im Weg stand, war von außen verputzt und hatte dadurch seinen Charakter als repräsentatives, ländliches Fachwerkhaus komplett eingebüßt.«

Uwe Rumeney und sein Team bauten es dann mit Herzblut und viel Liebe zum Detail so auf, wie man es heute kennt. Allerdings war das Filmhaus ursprünglich als sogenannter fliegender Bau nur für drei Jahre genehmigt. Die Kreisverwaltung hatte nach den Dreharbeiten einen Abriss verfügt, da das Haus

an exponierter Stelle mitten im Landschaftsschutzgebiet steht. Im Außenbereich gelegen, ohne Endversorgung, verfügte es über keinen Kanalanschluss, keine Stromversorgung und keine Trinkwasserleitung. Aber mit vereinten Kräften gelang es schließlich, den Abriss zu verhindern. Dazu nochmal Verbandsbürgermeister Thomas Bungert: »Noch acht Tage vor der Beseitigung des Hauses war niemand bereit, die Geldmittel aufzubringen, um das Haus am Standort zu sichern, das Haus sollte im Prinzip in den Hunsrück zurückgebracht werden. Letztendlich ist es mir dann doch gelungen, einen guten Freund zu bewegen, mit einem Compagnon das Haus zu erwerben, um es dann hier für die Nachwelt zu erhalten. Es ist ein wahnsinniger Magnet für diese schöne Landschaft geworden.«

Am romantischen Günderode-Fachwerkhaus wird meine Sommerreise enden. Wie sagte doch einst im Film Hermann Simon zu seiner Geliebten Clarissa Lichtblau: »Unser Haus wartet auf dich. Es hat Sehnsucht wie ein Hund.« Die beiden haben im Film in dieser »schicksalsträchtigen« Umgebung ihr Glück gefunden, in einem Haus, das den Namen der Schriftstellerin Karoline von Günderrode trägt.

Karoline von Günderode, 1780 in Karlsruhe geboren, zählt zur Generation der Frühromantiker und gehörte während ihres kurzen Lebens zum Freundeskreis von Bettina von Armin und Clemens Brentano. Unglücklich verliebt, nahm sie sich am Rheinufer in Winkel im Rheingau mit 26 Jahren das Leben. In Oberwesel hat sie nie gelebt. Der Name »Günderodehaus« ist eine Erfindung von Edgar Reitz.

Es war ein ganz besonderer Moment, als ich mit Willi Baumgärtner und seiner Frau das Günderodehaus besuchte. Willi ist in diesem Haus aufgewachsen, allerdings in Seibersbach in der Hauptstraße 8. Nun steht sein ehemaliges Elternhaus weit weg von Seibersbach, hoch über dem Rheintal. Seit seiner Kindheit hatte er das Haus nicht mehr betreten. Seine Schwester wohnt nur fünf Kilometer Luftlinie entfernt in Bieberheim. Sie hatte ihm schon früh erzählt, dass das Haus hier aufgebaut wurde. »Als es fertig war, hatte sie uns eingeladen und dann sind wir an einem Nachmittag hierher gefahren. Also erst einmal war ich total überrascht – die Handwerker haben das Haus in einen Topzustand hergestellt, so schön war es vorher nie. Leider konnten wir damals nicht ins Haus hinein, aber bereits vom Äußeren war es ein freudiges Wiedersehen.«

Es wird spannend, als wir durch die alte Haustür, die er damals beim Verkauf gerne demontiert hätte, sein ehemaliges Elternhaus betreten. Wir gehen nach oben in sein ehemaliges Kinderzimmer, das er 1965 verlassen hat:

»Es ist ein bisschen geändert worden, mein Zimmer war ein wenig kleiner, hier habe ich aus dem Fenster geguckt, hinter dem Haus war ein Hof und dort stand auch ein Schuppen. Im Hof habe ich sehr oft gespielt, weil in dem Schuppen viele Bretter und Balken lagen, war mein Lieblingsspiel Häuser bauen. Mein Zimmer hatte keine Heizung, im Winter war es dort unglaublich kalt. Ich kann mich an Winter erinnern, wo die Fenster gefroren waren und mein Atem als Nebel im Zimmer zu sehen war.

Als wir dann »Heimat 3« gesehen haben, da bin ich mit den Schauspielern in Gedanken mitgegangen, habe die einzelnen Zimmer wiedergesehen, das war eine Wiederkehr von Kindheitserinnerungen. Ich bin jetzt froh, dass ich hier war, weil ich sehe, dass es dem Haus gut geht.«

Der Film »Heimat 3« hat dem Elternhaus von Willi Baumgärtner zu neuem Glanz und neuen Ehren verholfen. Vom alten verputzten Fachwerkhaus in Seibersbach zum Filmstar in »Heimat 3«. Stolz steht es hoch über dem Rhein, versehen mit einer neuen Biografie und man könnte sagen, geadelt zum »Günderodehaus« und Hauptschauplatz in »Heimat 3«.

Heimat schmecken im Günderodehaus

Die Zugfahrt von Boppard nach St. Goar dauert weniger als 15 Minuten. Dort bin ich mit Elke Bolland verabredet. Die Unternehmerin des Jahres 2005 in Rheinland-Pfalz, deren Familie das BollAnts Parkhotel in Bad Sobernheim betreibt, hatte das Günderodehaus Ende 2007 als Pächterin übernommen. Mit der Erfahrung von 30 Jahren Hotellerie und Gastronomie wollte sie, dass das Kulturerlebnis und die atemberaubende Schönheit der Natur an einer der schönsten Stellen des Rheintals absolut dominieren. Sie ist zum Glücksfall des Günderodehauses geworden.

Sie begleitet mich heute. Wie sie zur Pächterin wurde, erzählt sie mir, als wir St. Goar verlassen: »Eigentlich kam ich zu dem Haus wie die Jungfrau zum Kinde. Bei einer Chorreise nach Rom hatte ich den Kantor von Oberwesel kennen gelernt und bei einem abendlichen Glas Wein habe ich eben so ein bisschen erzählt, dass ich nach der Übergabe meines Hotels an der Nahe ein bisschen Freizeit habe, manchmal ein bisschen zu viel Freizeit. Da hatte er die glorreiche Idee, ich könnte doch das Günderodehaus übernehmen. Das sagte mir zu diesem Zeitpunkt, muss ich gestehen, gar nichts, obwohl damals die Buchpräsentation von Edgar Reitz »Heimat 1« bei uns im Hotel stattgefunden hatte, »Heimat 3« hab' ich nicht wirklich mitbekommen.

Zwei Tage nachdem ich von Rom zurück war, sprach mich mein Schwager auf das gleiche Objekt an und das hat mich hellhörig gemacht. Nun bin ich halt doch ein wenig schicksalsgläubig und hab‹ dann schon am nächsten Tag einen Termin zur Besichtigung vereinbart. Ich war von dem Blick genau so fasziniert wie jeder Gast, der dorthin kommt und hab mich nach Absprache mit dem Bürgermeister gerne bereit erklärt, innerhalb von fünf Tagen das Haus wieder gästebereit herzurichten«

Wir steigen vom Rheintal Meter für Meter in die Höhe. Ab und zu bleiben wir stehen, gönnen uns einen Blick zurück und sind begeistert von den unterschiedlichsten Bildern.

Wenn Elke Bolland vom Günderodehaus erzählt, kommt sie ins Schwärmen: »Es gibt ja Plätze oder auch Häuser, da geht man rein und man hat vom ersten Moment das Gefühl: hier kann ich mich wohlfühlen, das gehört eigentlich schon fast zu einem. So habe ich mich wirklich auch von der ersten Nacht an beheimatet gefühlt, und so komme ich immer wieder erwartungsvoll und freue mich, wenn ich mit dem Auto um die Kurve von Urbar fahre und den Blick über den Rhein über Oberwesel auf das Günderodehaus habe. Das ist einfach einzigartig und jedes Mal neu«.

Inzwischen haben wir die Beschilderung des »RheinBurgenWeges« gefunden. Der Sommer zeigt sein schönstes Himmelblau, die Sonne wärmt mit jedem Sonnenstrahl. Wir sind auf dem Weg zum Aussichtpunkt »Maria Ruh«.

Das gesamte Areal, das an vom des Aussichtspunkt überblicken kann, wurde 2005 zum Landschaftspark »Loreleyblick Maria Ruh« umgestaltet. Der Blick auf den gegenüberliegenden sagenumwobenen Loreleyfelsen hat etwas Magisches. Etliche Dichter, Denker und Maler ließen sich hier inspirieren. Der Blick zur engsten Rheinstelle unterhalb des Loreleyfelsens und weiter flussabwärts zu den Burgen Katz und Maus ist unvergesslich.

Eine Bronzetafel erinnert an die drei Väter des Loreleyliedes: Clemens Brentano, Heinrich Heine und Friedrich Silcher. Clemens Brentano hat 1800 mit seiner Ballade »Lore Lay« den mythischen Ort des Loreleyfelsens aufgegriffen. In Heinrich Heines Lied von der Loreley, von 1824 heißt es in der ersten Strophe:

> »Ich weiß nicht was soll es bedeuten,
> Dass ich so traurig bin;
> Ein Märchen aus uralten Zeiten,
> Das kommt mir nicht aus dem Sinn.«

Heinrich Heines Verse haben der Gestalt der Jungfrau eine Form gegeben. Durch die einfühlsame und volksliedhafte Melodie Friedrich Silchers erlangte das Lied größte Popularität.

Hoch überm Rheintal wandern wir Richtung Oberwesel. Unterwegs begegnen uns Claudia und Reinhold aus Braunschweig, die für eine Woche auf dem »RheinBurgenWeg« unterwegs sind. Vom Günderodehaus haben sie noch nie etwas gehört. Wir überzeugen sie, dort eine Pause einzulegen.

Gemeinsam mit Ulrich Grober, freier Journalist und Buchautor, war ich vor einigen Jahren ein Stück entlang des »RheinBurgenWeges« unterwegs. In seinem Buch »Vom Wandern – Neue Wege zu einer alten Kunst« beschreibt er seine Ankunft in Oberwesel:

»*Das letzte Schiff aus Richtung Kaub erreicht Oberwesel kurz vor 18 Uhr. Noch Zeit, um im Ort zu bummeln. Durch die Gassen der Altstadt erreicht man am Ochsenturm die mittelalterliche Stadtbefestigung. Ein Weinlehrpfad steigt zum Klöppelberg hinauf. Nur ein kurzes Stück, die ersten 100 Meter, gelten unter Kennern als eine der schönsten Strecken am Mittelrhein. Unvergleichlich die Harmonie von altem Städtchen, Flusslandschaft und Weinkultur. Abrupter Kontrast: ein Neubaugebiet. Hat man es hinter sich, ist es nicht mehr weit zu einem Aussichtspunkt an der Hangkante.*

Rheinkilometer 551. Auf der Wanderkarte ist er als ›Sieben-Jungfrauenblick‹ eingezeichnet. Seit 2002 steht dort unter Kastanien und Birken ein schiefergedecktes Fachwerkhaus mit einer Laube, Tischen und Bänken. Das Ensemble ist Filmarchitektur, eine Kopfgeburt des Autors und Regisseurs Edgar Reitz. Als ›Günderrode-Haus‹ spielt es die Hauptrolle im dritten Teil seines Epos Heimat. Da dient es als Inbild des deutschen Traums von neu gefundener und erworbener Heimat. Das Panorama umfasst zwar nicht – wie im Film – die Loreley, ist aber in jeder Hinsicht grandios. Die Blickachsen reichen tief ins Land: nach Osten über den Rossstein hinweg auf die von einem Gemenge aus Wald und Feld bedeckte Hochfläche bis in der Vordertaunus hinein; südlich den mächtigen Steilhang des rechten Reinufers entlang bis nach Burg Gutenfels und dem Pfalzgrafenstein; über Oberwesel hinweg zur Schiffanlagestelle, zur Basilika der Liebfrauenkirche und dem schmalen Bergsporn mit der Schönburg.«

Damals wanderten wir vom Günderodehaus auf dem RheinBurgenWeg zum Aussichtspunkt »Maria Ruh«, tranken dort einen Schoppen Wein mit wunderbaren Ausblicken ins Rheintal, und kamen anschließend wieder zurück zum Günderodehaus. Derzeit beschrieb er mir seinen Eindruck so: »Der Ort hat eine Aura, und die wird durch dieses eigentlich neue Haus durch die Zutat verstärkt und nicht etwa geschwächt. Das ist die Aura, die das Wort Heimat hat, die ist hier in dieser Architektur einfach aufgebaut worden. Es ist ein poetischer Ort. Wanderer, die zum Günderodehaus kommen, sollten sich Zeit nehmen für diesen Ort und versuchen, diese Atmosphäre der Blicke, des Lichts, das ganz besonders exquisit hier ist, aufzunehmen und dann sich wieder langsam, eben wandernd, entfernen und auch die Blicke zurückrichten. Dann hat man, glaube ich, diesen Ort in sich aufgenommen und er wird zu etwas Unvergesslichem«.

Als wir am Günderodehaus anlangen, herrscht Hochbetrieb. Inzwischen hat Elke Bollands Schwester Petra Litz den gastronomischen Betrieb des ehemaligen Filmhauses übernommen. Auf der Bank unter dem schattenspendenden Kastanienbaum nehmen wir Platz mit Blick ins Rheintal Richtung Oberwesel und Schönburg. Einige Jahre hatte Elke Bolland den Betrieb persönlich geleitet. Zunächst hatte sie die Option für ein Jahr. Dann wollte sie sich entscheiden: bleiben oder gehen. Sie blieb fünf Jahre: »Es war für mich ein Ort, um Heimatküche zu machen, einfache Hunsrückkost mit Produkten aus der Region und keine Fertigprodukte.« Das Konzept ist aufgegangen. Mit Fleiß, Kreativität und dem Charme einer liebevollen Gastgeberin ist das Günderodehaus zu einem besonderen Ort geworden und beherbergt viele Besucher aus nah und fern. Es zieht Spaziergänger und Wanderer, Touristen und Menschen, die einfach nur den wunderbaren Blick auf den Rhein genießen wollen, sofort in ihren Bann. Der Sieben-Jungfrauenblick hat etwas Magisches, ja Zauberhaftes, ein Ort der Ruhe, Einkehr und Besinnung.

Heimat ist ein Geheischnis
der Duft von frisch gebackenem Kuchen
eine Wolldecke im Liegestuhl an sonnigen Januartagen
Blicke die sich verstehen
Heimat schmecken und erleben im Günderodehaus

Elke Bolland

Das Günderodehaus

Mein Dank gilt:

Ministerium für Wirtschaft, Arbeit, Energie und Verkehr, Saarland
Ministerium für Umwelt und Verbraucherschutz, Saarland
Sparkassenverband Saar
Saarschleifenland Tourismus GmbH
Projektbüro Saar-Hunsrück-Steig
Hunsrück-Touristik GmbH
Tourist Information Kastellaun
Verbandsgemeindeverwaltung Simmern

Außerdem möchte ich mich bei denjenigen bedanken, die mir hilfreiche Tipps haben zukommen lassen und bei denen, die mich teilweise begleitet haben. Mein besonderer Dank gilt meinen Freunden Marianne, Frenz und meiner Frau Bernadette, die intensiv an meinen Texten mitgearbeitet haben.

Fotografen
Fotolia Thomas Söllner: S. 5 · Weingut Schmitt-Weber (privat): S. 28 · Michael Sänger: S. 61 · Rolf Ruppenthal: S. 39, 93 · Dr. Axel Didion: S. 40 · Erlebnis Akademie AG/Baumwipfelpfad Saarschleife: S. 50 · Saarschleifenland Tourismus GmbH: S. 56 · Winfried Götzinger: S. 64 · Gerhard Hänsel: S. 91, 142, 143, 146, 150, 159, 160 · Harfenmühle (privat): S. 176 · Tourist-Information Idar-Oberstein: S. 195 · Werner Bach: S. 196, 252, 256 · Tourist-Information VB-Kirchberg: S. 200 · Anja Bierwirth: S. 224 · Hans Weigel: S. 247 · Historische Schlossmühle (privat): S. 248 · Erlebnispark Bell (privat): S. 282, 287 · Isa Steinhäuser: S. 332

Weitere Bücher des Autoren beim Best off Verlag:

5200 km bei Fuß

Mit Beagle Emma entlang der deutschen Grenze

Softcover · 307 Seiten · ISBN 978-3-96133-080-5

Zum Frühlingsanfang 2010 startet der saarländische Journalist Günter Schmitt zum Abenteuer seines Lebens: Zu Fuß will er mit seiner Beagle-Hündin Emma ohne Unterbrechung entlang der Grenze rund um Deutschland wandern. Vom Saarland aus führt sein Weg an den Grenzen zu Frankreich, Luxemburg, Belgien und den Niederlanden Richtung Norden.

Es folgen die Küstenabschnitte an Nord- und Ostsee sowie der Weg entlang der Grenze zu Dänemark. Im Osten läuft er entlang der Oder-Neiße-Linie Richtung Süden, an den Grenzen zu Polen, Tschechien und Österreichs. Nach der Alpenquerung von Berchtesgaden im Südosten zum Bodensee im Südwesten bringen die Wege entlang der Grenzen zur Schweiz und Frankreich, Günter Schmitt und Emma wieder zurück ins Saarland.

Im November 2010 schließt sich nach 247 Tagen und 5200 zurückgelegten Kilometern der Kreis einer erlebnisreichen Reise am Startpunkt.